SCHOLA VERBI

LEHRBUCH
DES NEUTESTAMENTLICHEN GRIECHISCH

VON
JOSEPH DEY

WEITERGEFÜHRT VON
BERNHARD DUMBRUCH

ASCHENDORFF MÜNSTER

Vorwort zur siebten Auflage

Herr Dr. Joseph Dey ist im Jahre 1982 gestorben. Ihm gilt ein herzliches Wort des Gedenkens, aber auch des besonderen Dankes für seine verdienstvolle Arbeit auf dem Gebiet der Didaktik und Methodik des Unterrichts im neutestamentlichen Griechisch. Bei der Neuauflage des Lehrbuches, das sich in mehr als 30 Jahren bewährt hat, bestand zu grundlegenden Änderungen kein Anlaß. Ziel und Methode des Unterrichtswerkes haben auch bei den Fachkollegen vorwiegend Zustimmung gefunden.

Es sind eine Anzahl von Druckfehlern, Unklarheiten, besonders im Vokabular, sowie einige sachliche Fehler, die übersehen waren, beseitigt worden.

Neben eigenen Unterrichtserfahrungen wurden auch Anregungen der Benutzer des Buches verwendet.

Münster, Ostern 1984   Bernhard Dumbruch

Unveränderter Nachdruck der 9. Auflage 1996
30. bis 31. Tausend
© 2006 Aschendorff Verlag GmbH & Co. KG, Münster

Gesamtherstellung: Druckhaus Aschendorff, Münster, 2006

Gedruckt auf säurefreiem, alterungsbeständigem Papier ⊚

ISBN 3-402-03193-0

Vorwort zur vierten Auflage

Vor 25 Jahren ist die „Schola Verbi" zum ersten Mal erschienen. Die Notwendigkeit eines Lehrbuches des neutestamentlichen Griechisch ist seitdem noch gewachsen. Fremde und eigene Erfahrungen im Unterricht haben gezeigt, daß die sprachwissenschaftlichen und didaktischen Überlegungen, wie sie in dem Buch verwirklicht worden sind, einen geeigneten, gangbaren Weg zur Vermittlung der für den Theologen nötigen Sprachkenntnisse haben finden lassen. Es bestand daher kein Grund, von dem Aufbau und der Anlage im ganzen abzugehen. Im einzelnen ist neben unbedeutenden Abweichungen und Ergänzungen folgendes geändert. Eine Anzahl von Sätzen, die in den früheren Auflagen nur durch die Stellenangabe bezeichnet waren, erscheint jetzt im Wortlaut. Selten im Neuen Testament vorkommende Wörter sind nicht mehr in Anmerkungen angegeben, sondern, mit * versehen, in das Vokabular der Übungsstücke aufgenommen. Die Regeln zu den Lektionen sind manchmal erheblich erweitert. Dem Wunsch von Benutzern entsprechend sind die Stammformen nach den üblichen Wortklassen übersichtlich aufgestellt.

„Lucerna Verbum" (Ps. 118/119, 105): Möge die Kenntnis des natürlichen Wortes, das dem Erkennen und Mitteilen der Wahrheit dient, hinführen zum Verständnis des offenbarenden und weisenden Wortes Gottes im Neuen Testament und zu Christus, der Gottes Wort und erhellendes Licht zugleich ist!

Hofheim am Taunus, Ostern 1976   Joseph Dey

Einführung

Die frohe Botschaft, das Wort Gottes im Neuen Testament, ist in der griechischen Sprache auf uns gekommen. Es ist aber nicht das Griechisch der klassischen Zeit, wie es auf unseren Gymnasien gelehrt und durch die Lektüre der Schriftwerke geübt und den Schülern erschlossen wird, die Sprache der Epen Homers, der Tragödien, der großen Geschichtsschreiber wie Herodot und Thukydides oder der philosophischen Schriften Platons. Durch die Ausweitung des griechischen Sprachraums infolge des Zuges Alexanders des Großen ist zu dem früheren Griechisch, das sich nach den sprachlichen Eigentümlichkeiten der griechischen Stämme in das Dorische, Äolische, Jonische und Attische unterschied, das „Hellenistische" getreten, und wenn auch die genannten Dialekte in einzelnen Erscheinungen sich erhalten haben oder durch die Bemühungen von Gelehrten einzelne sprachliche Erscheinungen wieder eingedrungen sind, wie es vor allem für das als vorbildlich geltende Attische zutrifft, so spricht man doch mit Recht von der „Koine", κοινὴ διάλεκτος, einer „gemeingriechischen" Sprache, die in allen Ländern des östlichen Mittelmeers gesprochen und verstanden wurde. Wenn innerhalb dieser Sprache ein „neutestamentliches Griechisch" herausgehoben wird, so ist das im Gegenstand der neutestamentlichen Schriften, in ihrer Entstehung und in ihrem Zusammenhang mit der LXX begründet. Die sprachgeschichtlichen Fragen, die sich hier erheben, können in diesem Buch nicht behandelt werden. In „Bibel und Leben", 1. Jahrgang (1960), S. 39–50, habe ich die Sprache des NT. darzustellen und zu kennzeichnen versucht; ferner sei verwiesen auf die Ausführungen von G. Friedrich im „Theol. Wörterbuch zum Neuen Testament", Band X, S. 21 ff., die zugleich ein Beitrag zur Geschichte der Erforschung von Eigenart und Abgrenzung des ntl. Griechisch sind. Wie die einzelnen Schriftsteller sich in Wortwahl, Formen und Stil unterscheiden, ist dem Kenner des Neuen Testaments bekannt und kann in den größeren Kommentaren und den sprachlichen Werken zum Neuen Testament nachgelesen werden.

Es ist leicht einzusehen, daß jeder, der sich ernsthaft mit dem NT. beschäftigen will, das ntl. Griechisch genügend kennen muß, um den Urtext verstehen und die Richtigkeit einer Übersetzung beurteilen zu können, daß ohne diese Kenntnis das Studium der Theologie einer wichtigen, ja notwendigen Grundlage entbehrt.

Wer das klassische Griechisch kennt, kann sich unschwer mit den Eigentümlichkeiten in Formenbildung, Wortschatz und Wortgebrauch, Syntax und Stil vertraut machen, wie er sie in den ntl. Schriften antrifft. Dabei wird als systematische Darstellung die besten Dienste leisten das Werk von Fr. Blaß/A. Debrunner, Grammatik des neutestamentlichen Griechisch. Bearbeitet von Fr. Rehkopf. 14., völlig neubearbeitete und erweiterte Auflage, Göttingen 1970. Für die wissenschaftliche Beschäftigung mit dem NT. ist es unentbehrlich; es setzt aber die Kenntnis der Sprache voraus und ist schon wegen der verwirrenden Vollständigkeit kein Buch für den Anfänger, ganz abgesehen davon, daß es nicht nach didaktischen Grundsätzen aufgebaut ist und keinen Übungsstoff enthält.

Das vorliegende „Lehrbuch zur Einführung in das neutestamentliche Griechisch" ist gedacht für diejenigen, die ohne Kenntnis der griechischen Sprache zum Studium der Theologie oder des NT. kommen. Es will ohne den Umweg über das klassische Griechisch unmittelbar an die Sprache des NT. heranführen. Folgende Gesichtspunkte waren für die Anlage des Ganzen und die Ausführung im einzelnen maßgebend:

Von vornherein wurde alles dem Zweck der griechischen Sprachkenntnisse für den Theologen untergeordnet, so sehr man auch wünscht, daß ihm die Sprache und die Werke der klassischen Zeit des Griechentums bekannt wären. Daher ist als Quelle für die Beispiele und Übungen das Neue Testament, gelegentlich auch die LXX und altchristliche Schriftsteller herangezogen worden. Mit den fortschreitenden Kenntnissen kam dabei immer mehr der genaue, unveränderte und unverkürzte Wortlaut zur Geltung, und etwa von der 11. Lektion an kommen fast nur Sätze des Neuen Testaments selbst vor, die mit den bis dahin erworbenen Kenntnissen übersetzt werden können (bei einer ganzen Reihe dieser Sätze wurde nur die Stelle, nicht der Wortlaut angegeben; sie sind also einer Ausgabe des Neuen Testaments zu entnehmen; wenn nur ein Teil des angeführten Verses für die gerade vorliegende Übung in Frage kommt, ist das erste oder letzte Wort des zu übersetzenden Teils angegeben). Die wörtliche Übernahme des Urtextes gewährleistet eine ständige Wiederholung und verhindert, daß Sätze nur im Blick auf den Gegenstand der Lektion geformt werden.

Zu weiteren Übungen dienen zusammenhängende Stücke, die zu einzelnen Übungsstücken entsprechend dem gerade durchgenommenen Stoff ausgewählt sind; dabei läßt es sich freilich nicht vermeiden, daß einige noch nicht behandelte Wörter und Formen in

Anmerkungen angegeben und erklärt werden müssen. Der Einwand, daß diese Stellen wie auch die ntl. Sätze der Lektionen in der Übersetzung nachzulesen seien, also keine Anforderungen an die eigene Arbeit des Lernenden stellten, ist weder gegenüber dem erfahrenen Lehrer noch gegenüber dem eifrigen Studenten stichhaltig; im übrigen braucht nur auf die Bedingungen des Unterrichts im Hebräischen und in den klassischen Sprachen hingewiesen zu werden, wo ja auch Übersetzungen zur Verfügung stehen.

Zu jedem Stück gehört auch eine kleine Übung zur Übersetzung ins Griechische. Sie dürfte willkommen sein, da die sprachlichen Kenntnisse gering und oberflächlich bleiben, wenn nur aus der Fremdsprache übersetzt wird. Für diese deutsch-griechischen Stücke, deren Zweck vor allem das Erlernen der Formen ist, wurden einfache Sätze zusammengestellt, da eine Nachahmung des Stils der neutestamentlichen Bücher nicht erstrebt wird. Auch hier ergibt sich, anders als bei der Bildung von Einzelformen, die Möglichkeit umfassender Wiederholung.

Die Wortkunde zu den einzelnen Übungsstücken stellt die Wörter nach Wortarten zusammen, wobei die gerade geübten Wörter an erster Stelle stehen. Die Verben sind nicht im Infinitiv, sondern in der 1. Pers. Sing. Präs. aufgeführt; die Form der Verba contracta ist dabei nicht kontrahiert. Das Buch enthält auch ein alphabetisches griechisches Wörterverzeichnis mit Hinweis auf die Wortkunde zu den Übungsstücken und auf die Anmerkungen zu den zusammenhängenden Stücken, ferner ein deutsches Wörterverzeichnis. Die Eigennamen sind in einem eigenen Verzeichnis zusammengestellt.

Das Buch will keine Grammatik ersetzen, aber es enthält in dem grammatischen Abschnitt der einzelnen Stücke die wichtigsten Angaben zur Formenlehre und die notwendigsten Regeln der Syntax; nach dem zugehörigen Stichwortverzeichnis sind sie leicht aufzufinden. Außerdem sind in Tabellen oder Übersichten Beispiele zur Formenlehre gegeben, so daß eine vollständige Grammatik neben dem Lehrbuch nicht unbedingt erforderlich ist.

Wer aber darüber hinaus sein Wissen erweitern will, auch im Hinblick auf die Lektüre griechischer Literatur außerhalb des NT., kann eine gute Schulgrammatik benutzen. An dieser Stelle sei als systematische Grammatik des klassischen Griechisch mit ausführlichen Angaben auch zur Laut- und Sprachgeschichte das Werk des in diesen Tagen verstorbenen E. Bornemann, meines verehrten Kollegen, empfohlen, der sich als Lehrer am Gymnasium und an der Universität, als Verfasser von Lehrbüchern und Ausbilder von Lehrern um den Unterricht in den klassischen Sprachen sehr verdient gemacht hat, „Griechische Grammatik", Frankfurt am Main 1973. Wenn der Schüler sofort an das Neue Testament herangeführt wird, so ist doch das Buch als Elementarbuch auch für diejenigen von Wert, die dazu das Griechisch der klassischen Texte erlernen möchten. Denn, abgesehen von einer Reihe von Sonderformen, die dem Neuen Testament und der Sprache seiner Zeit eigen sind, und von lautlichen Verschiedenheiten gegenüber dem Attischen, herrscht doch eine so weitgehende Übereinstimmung in den Formen, daß der Zugang zu jenen Texten dem Theologen auch von dem vorliegenden Übungsbuch aus möglich ist. Wenn man dem Schüler des humanistischen Gymnasiums den Übergang von den Anfangsschriftstellern zur Lektüre der Odyssee ohne weiteres zugemutet hat, so kann auch angenommen werden, daß, wer die Sprache des NT. gelernt hat, sich in die klassischen Schriftsteller einlesen wird, wie ja auch ein Hellenist des 1. Jahrhundert n. Chr., dessen Muttersprache die Koine war, klassische Schriftsteller lesen konnte oder wie wir ohne besondere Schwierigkeiten Lessing und Grimmelshausen verstehen. „Jedenfalls ist", wie ich es einmal ausgedrückt habe („Bibel und Leben", 2. Jahrgang (1961), S. 128), „der Schritt von der ntl. Koine zu Platon nicht so weit wie der Sprung von Xenophon zu Homer."

Da das Buch nur der ersten Einführung in das neutestamentliche Griechisch dienen soll, wurden Besonderheiten, selten vorkommende Formen, vereinzelter Gebrauch usw. höchstens gelegentlich erwähnt. So fehlt, um nur weniges zu nennen, ein Hinweis auf die Formen der attischen Deklination, auf die Behandlung mancher Eigennamen, auf Latinismen, Semitismen u. a. Wer die Mannigfaltigkeit der syntaktischen Verhältnisse im Neuen Testament kennt, weiß, daß es schwierig ist, sie in kurze Regeln zu fassen, wie es in diesem Buch, seinem Zweck entsprechend, geschehen muß. Darum war vieles zu übergehen, manches nur kurz zu behandeln. Wenn man sich eingehend mit dem Text des Neuen Testaments befassen will, muß man doch zu den ausführlichen Grammatiken oder Spezialliteratur greifen; bei dem Zweck des vorliegenden Buches würde die Fülle nur verwirren und das Erlernen der Sprache erschweren.

Beim Aufbau des Buches wurde versucht, folgende Forderungen vereint zu berücksichtigen: 1. Fortschritt vom Einfachen und Leichten zum Schwierigen; 2. möglichst rasche Erzielung einer gewissen Vollständigkeit und damit auch Sicherheit in der Kenntnis eines bestimmten Gebietes der Formenlehre; 3. Auswahl des Stoffes unter Berücksichtigung des Vorkommens im Neuen Testament. Die erste Forderung findet man besonders in den ersten Stücken erfüllt, aber auch sonst soll nur das übersetzt werden, was mit den bereits erworbenen Kenntnissen zu bewältigen ist. Im Bestreben, einen möglichst umfassenden Überblick über die Konjugation der Verba vocalia zu bieten, wurde die 3. Deklination ziemlich weit zurückgestellt; dagegen werden die Optative erst spät durchgenommen, weil sie im Neuen Testament selten sind.

Es wurde auch nicht übersehen, daß bei dem Zweck des Buches nicht zu langsam vorgegangen werden darf. Daher werden manchmal verschiedene Dinge in demselben Stück gebracht, wenn man annehmen kann, daß dadurch keine Verwirrung entsteht, und erst recht, wenn eine gegenseitige Stützung und Festigung der Kenntnisse davon zu erwarten ist. So wird z. B. von der Möglichkeit Gebrauch gemacht, dieselben lautlichen Erscheinungen am Verbum und am Substantivum kennenzulernen; daher die Verbindung der konsonantischen Stämme der 3. Deklination mit der Perfektbildung der entsprechenden Verbalstämme.

Die – gelegentlich kritisierte – Fülle von Übungsbeispielen, die eine Auswahl ermöglicht, soll nicht nur mit den Flexionsformen bekannt und vertraut machen, sondern auch die Wörter in ihrer mehrfachen Verwendung und Bedeutung zeigen. Dagegen wurde auf eine exegetische Auslegung, wie man sie in Büchern ähnlicher Art finden kann, verzichtet; das Buch soll der Exegese nicht vorgreifen, sondern – durch die Vermittlung der sprachlichen Grundlagen – dienen.

Inhaltsverzeichnis

Übersicht über den Inhalt der 41 Übungsstücke

X

Leseübungen

ΖΑΧΑΡΙΑΣ	ΜΑΡΙΑ	ΔΕΡΒΗ	ΣΤΕΦΑΝΟΣ
Ζαχαρίας	Μαρία	Δέρβη	Στέφανος
ΚΟΡΝΗΛΙΟΣ	ΠΙΛΑΤΟΣ	ΘΕΟΦΙΛΟΣ	ΚΥΡΟΣ
Κορνήλιος	Πιλᾶτος	Θεόφιλος	Κῦρος
ΤΥΡΟΣ	ΠΕΤΡΟΣ	ΦΙΛΙΠΠΟΣ	ΚΟΡΙΝΘΟΣ
Τύρος	Πέτρος	Φίλιππος	Κόρινθος
ΤΙΜΟΘΕΟΣ	ΧΡΙΣΤΟΣ	ΝΑΖΑΡΕΤ	ΒΑΒΥΛΩΝ
Τιμόθεος	Χριστός	Ναζαρέτ	Βαβυλών
ΣΥΡΙΑ	ΒΗΘΑΝΙΑ	ΦΙΛΟΣΟΦΟΣ	ΜΑΓΟΣ
Συρία	Βηθανία	φιλόσοφος	μάγος
ΚΥΡΙΟΣ			
Κύριος			
ΓΑΛΙΛΑΙΑ	ΦΑΡΙΣΑΙΟΣ	ΚΑΙΣΑΡ	ΚΑΙΣΑΡΕΙΑ
Γαλιλαία	Φαρισαῖος	Καῖσαρ	Καισάρεια
ΣΑΜΑΡΕΙΑ	ΚΡΟΙΣΟΣ	ΚΥΝΟΜΥΙΑ	ΣΑΥΛΟΣ
Σαμάρεια	Κροῖσος	κυνόμυια	Σαῦλος
ΚΛΑΥΔΙΟΣ	ΖΕΥΣ	ΛΟΥΚΑΣ	ΛΟΥΚΙΟΣ
Κλαύδιος	Ζεύς	Λουκᾶς	Λούκιος

Ἀνδρέας	Ἀνανίας	Ἰσραήλ	Ἑρμῆς
Ἠλίας	Ὀλοφέρνης	Ὀδυσσεύς	Ὠκεανός
Ἰησοῦς	Ἰουδαία	Ἰόρδανης	Ἰουδᾶς
Ῥωμαῖος	Ῥεβέκκα	Σάῤῥα	Σάρρα
Πύῤῥος	Πύρρος	Ἠσαΐας	Μωϋσῆς
Αἰθίοψ	Εὐρώπη	Εὐθύφρων	Αἴγυπτος
Αἴγινα	Αἵμων	Εὔα	Ἦλθον
ἦλθον			
Ἄννας	ὕμνος	Ἔρως	Ἄσσος
εἶπον			
Ἡρῴδης	τῷ Θεῷ	ἐν ἐκείνῃ τῇ ὥρᾳ	Ἅιδης Ὠιδεῖον

Καὶ ὅτε εἰσῆλθον, εἰς τὸ ὑπερῷον ἀνέβησαν, οὗ ἦσαν καταμένοντες ὅ τε Πέτρος καὶ Ἰωάννης καὶ Ἰάκωβος καὶ Ἀνδρέας, Φίλιππος καὶ Θωμᾶς, Βαρθολομαῖος καὶ Ματθαῖος, Ἰάκωβος Ἀλφαίου καὶ Σίμων ὁ ζηλωτὴς καὶ Ἰούδας Ἰακώβου.

Καὶ πῶς ἡμεῖς ἀκούομεν ἕκαστος τῇ ἰδίᾳ διαλέκτῳ ἡμῶν, ἐν ᾗ ἐγεννή-θημεν, Πάρθοι καὶ Μῆδοι καὶ Ἐλαμῖται, καὶ οἱ κατοικοῦντες τὴν Με-σοποταμίαν, Ἰουδαίαν τε καὶ Καππαδοκίαν, Πόντον καὶ τὴν Ἀσίαν,

Φρυγίαν τε καὶ Παμφυλίαν, Αἴγυπτον καὶ τὰ μέρη τῆς Λιβύης τῆς κατὰ Κυρήνην, καὶ οἱ ἐπιδημοῦντες Ῥωμαῖοι, Ἰουδαῖοί τε καὶ προσήλυτοι, Κρῆτες καὶ Ἄραβες, ἀκούομεν λαλούντων αὐτῶν ταῖς ἡμετέραις γλώσσαις τὰ μεγαλεῖα τοῦ Θεοῦ. Μετὰ ταῦτα χωρισθεὶς ἐκ τῶν Ἀθηνῶν ἦλθεν εἰς Κόρινθον. καὶ εὑρών τινα Ἰουδαῖον ὀνόματι Ἀκύλαν, Ποντικὸν τῷ γένει, προσφάτως ἐληλυθότα ἀπὸ τῆς Ἰταλίας, καὶ Πρίσκιλλαν γυναῖκα αὐτοῦ, διὰ τὸ διατεταχέναι Κλαύδιον χωρίζεσθαι πάντας τοὺς Ἰουδαίους ἀπὸ τῆς Ῥώμης, προσῆλθεν αὐτοῖς.

Ὡς δὲ κατῆλθον ἀπὸ τῆς Μακεδονίας ὅ τε Σίλας καὶ ὁ Τιμόθεος, συνείχετο τῷ λόγῳ Παῦλος, διαμαρτυρόμενος τοῖς Ἰουδαίοις εἶναι τὸν Χριστὸν Ἰησοῦν.

Πάλιν λέγω, μή τίς με δόξῃ ἄφρονα εἶναι· εἰ δὲ μήγε, κἂν ὡς ἄφρονα δέξασθέ με, ἵνα κἀγὼ μικρόν τι καυχήσωμαι. ὃ λαλῶ, οὐ κατὰ Κύριον λαλῶ, ἀλλ᾽ ὡς ἐν ἀφροσύνῃ, ἐν ταύτῃ τῇ ὑποστάσει τῆς καυχήσεως. ἐπεὶ πολλοὶ καυχῶνται κατὰ σάρκα, κἀγὼ καυχήσομαι. ἡδέως γὰρ ἀνέχεσθε τῶν ἀφρόνων φρόνιμοι ὄντες· ἀνέχεσθε γὰρ εἴ τις ὑμᾶς καταδουλοῖ, εἴ τις κατεσθίει, εἴ τις λαμβάνει, εἴ τις ἐπαίρεται, εἴ τις εἰς πρόσωπον ὑμᾶς δέρει. κατὰ ἀτιμίαν λέγω, ὡς ὅτι ἡμεῖς ἠσθενήκαμεν.

1. Schreibung

Mit großen Anfangsbuchstaben werden in unsern Ausgaben außer den Eigennamen im allgemeinen nur die Wörter am Anfang eines Abschnitts geschrieben. Am Ende eines Wortes gebraucht man ς, sonst σ.

Sämtliche Buchstaben werden auch, ergänzt durch drei ältere, nicht mehr gebrauchte, als Zahlzeichen verwendet (s. S. 171).

2. Aussprache

γ vor γ, κ, χ, ξ lautet wie unser n in der Verbindung ng, nk. ι ist immer Vokal, also nicht wie Jot zu sprechen, ebenso lautet τι immer ti, nicht zi wie in „Nation". σχ muß getrennt, nicht als sch gesprochen werden.

3. Einteilung der Laute

a) Vokale: Lang sind immer η und ω, kurz ε und ο; α, ι und υ können lang und kurz sein.

Eigentliche Diphthonge mit ι: αι, ει, οι, υι; mit υ: αυ, ευ, ηυ, ου. Uneigentliche Diphthonge nennt man die Verbindung eines ᾱ, η, ω mit verstummtem ι, das unter den klein geschriebenen und hinter

2

den groß geschriebenen Vokal gesetzt wird: ᾳ, ῃ, ῳ (iota subscriptum); ᾽Αι, ᾽Ηι, ᾽Ωι (iota adscriptum).

b) Konsonanten: Die Konsonanten werden nach den verwendeten Sprachwerkzeugen und nach der Eigenart ihres Klanges eingeteilt (s. Tabelle S. 163). Unter den Liquidae versteht man manchmal auch die Nasale mit.

Doppelkonsonanten sind ζ = ds, ξ = κσ und ψ = πσ.

4. Spiritus

a) Jeder anlautende Vokal oder Diphthong hat den spiritus, das Hauchzeichen, und zwar den spiritus asper (ʽ) = h oder den spiritus lenis (ʼ), der nicht ausgesprochen wird.

b) Anlautendes ρ hat den spiritus asper: ῾Ρώμη, ῥῆμα[1], doppeltes ρ im Wortinnern entweder keinen oder doppelten Spiritus: Πύρρος oder Πύῤῥος: Pyrrhus.

5. Akzente

Die Betonung der griechischen Wörter bezeichnen drei Akzente: der Zirkumflex (῀), der Akut (ʹ), der Gravis (ʼ).

6. Die Stellung der Spiritus und Akzente

Sie stehen

a) bei einfachen Vokalen in kleiner Schrift über dem Vokal: ὁ ἀνήρ, in großer Schrift oben vor dem Vokal: ᾽Αδάμ;

b) bei Diphthongen über dem zweiten Vokal: εὐθύς, Αἰγύπτιος, σοφοί, φιλεῖν.

c) Treffen Spiritus und Akzent auf einem Vokal zusammen, so steht der Spiritus vor dem Akut und Gravis, aber unter dem Zirkumflex: ἔθνος, Αἴγυπτος, ἦσαν, αἷμα.

d) Bei den uneigentlichen Diphthongen stehen Spiritus und Akzent bei großer Schrift nicht über dem iota adscriptum, sondern vor dem ersten Vokal: ῞Αιδης.

7. Das Trema

Die Trennungspunkte über einem Vokal zeigen an, daß er nicht mit dem unmittelbar vorausgehenden zusammen als Diphthong zu sprechen ist: πραϋπαθία, πραΰς; sie können fehlen, wenn die Trennung aus Akzent und Spiritus hervorgeht: ἀίδιος (aber auch ἀΐδιος).

8. Die Satzzeichen

Punkt und Komma werden geschrieben wie im Deutschen,

[1] daher Rheuma, Rhythmus.

3

Doppelpunkt und Semikolon als Punkt oberhalb der Linie (·), das Fragezeichen wie unser Semikolon.

9. Die Betonung

Fast alle griechischen Wörter haben einen Akzent. Für Betonung und Akzent gelten folgende Regeln:

a) Der Zirkumflex kann nur auf Silben mit langem Vokal stehen und nur auf einer der beiden letzten, auf der vorletzten (paenultima) jedoch nur dann, wenn die letzte (ultima) kurz ist, und in diesem Fall muß er stehen.

b) Der Akut kann auf langen und kurzen Silben stehen, und zwar auf einer der letzten drei, auf der drittletzten (antepaenultima) jedoch nur, wenn die letzte kurz ist.

c) An Stelle eines Akuts, der auf der letzten Silbe stehen müßte, steht der Gravis, wenn keine Interpunktion folgt. Scheinbare und wirkliche Ausnahmen kommen vor.

d) Seiner Betonung nach heißt ein Wort
mit Akut auf der ultima: oxytŏnon: καλός, πολύ;
mit Akut auf der paenultima: paroxytŏnon: λόγος;
mit Akut auf der antepaenultima: proparoxytŏnon: ἄνθρωπος;
mit Zirkumflex auf der ultima: perispomĕnon: ἡμῖν;
mit Zirkumflex auf der paenultima: properispomĕnon: δοῦλος;
ohne Akzent auf der ultima: barytŏnon: λόγος, δοῦλος.

e) Wichtig ist die Regel für die Betonung der Flexionsformen. Für die Deklination der Substantive und Adjektive gilt: **Der Akzent bleibt so lange auf der Tonsilbe des Nom. Sing., wie es die allgemeinen Akzentgesetze gestatten; dabei gilt auslautendes -αι und -οι als kurz.** Für die Konjugation gilt: **Der Akzent tritt möglichst weit vom Ende zurück, doch darf er nie über das Augment zurückgehen; auslautendes -αι und -οι gilt nur im Optativ als lang.**

10. Tonlosigkeit oder Proklisis

Atŏna (tonlose) oder Proklitika (nach vorn sich neigende) heißen zehn einsilbige Wörter, die sich in der Betonung so eng an das folgende Wort anschließen, daß sie keinen eigenen Akzent erhalten. Es sind die Formen des Artikels ὁ, ἡ, οἱ, αἱ; die Präpositionen εἰς, ἐν, ἐκ (ἐξ); die Konjunktionen εἰ, ὡς; die Negation οὐ (οὐκ, οὐχ). Sie werden betont, wenn ein enklitisches Wort (s. 11) folgt, οὐ auch vor einer Interpunktion.

11. Tonanlehnung oder Enklisis

Enklitika (sich anlehnende) heißen ein- und zweisilbige Wörter, die sich in der Betonung so eng an das vorhergehende Wort anschließen, daß sie ihren Ton ganz verlieren oder als Akut auf das vorhergehende Wort werfen. Den Vorgang der Tonanlehnung zeigen folgende Regeln und Beispiele:

a) Der Akzent des Enklitikons geht ganz verloren
nach einem Perispomenon: ἡμῶν τις, ἐλθεῖν τινα;
nach einem Oxytonon oder Atonon; diese erhalten dafür den Akut, nicht den Gravis: ἀνήρ τις, καλός ἐστιν, εἴ πως, εἴ τινα; ebenso, wenn ein Enklitikon mit dem vorhergehenden Wort zusammengeschrieben ist in einem Wort: ὥστε, οὔποτε;
nach einem Properispomenon oder Proparoxytonon: diese erhalten zu ihrem Akzent noch den Akut auf der letzten Silbe: ἄνθρωπός τις, ἄγγελοί εἰσιν, σκεῦός τι, πνεῦμά ἐστιν.

b) Nach einem Paroxytonon verliert das einsilbige Enklitikon den Akzent, das zweisilbige behält ihn: λέγει τις, λόγοι εἰσίν.

c) Folgen sich mehrere Enklitika, so wirft jedes folgende seinen Akzent als Akut auf das vorhergehende: εἴ πώς τινές εἰσιν.

d) Bei der Tonanlehnung bleiben nie mehr als zwei Silben ohne Akzent.

12. Kontraktion

Unter Kontraktion versteht man die Zusammenziehung von zwei Vokalen innerhalb eines Wortes in einen langen Laut: μναα ⟩ μνᾶ, τιμάω ⟩ τιμῶ, τιμάεται ⟩ τιμᾶται. Die Kontraktionssilbe erhält nur dann einen Akzent, wenn einer der beiden zu kontrahierenden Vokale betont war, und zwar den Zirkumflex, wenn der erste, den Akut, wenn der zweite Vokal betont war: ποίεε ⟩ ποίει, ποιέετε ⟩ ποιεῖτε, τιμαόμεθα ⟩ τιμώμεθα. Die Kontraktionsregeln werden in der Formenlehre behandelt (Lekt. 18-20).

13. Krasis

Unter Krasis versteht man die Kontraktion eines auslautenden Vokals oder Diphthongs mit dem anlautenden Vokal des folgenden Wortes; sie wird angezeigt durch die Koronis: καὶ ἐάν ⟩ κἄν.

14. Elision

Elision ist die Ausstoßung eines kurzen Endvokals vor anlautendem Vokal; sie wird durch den Apostroph angezeigt: ἀλλὰ ἐγώ ⟩ ἀλλ' ἐγώ; ἐπὶ ἐμοί〉ἐπ’ ἐμοί; ἀπὸ οὗ〉ἀφ’ οὗ; ἀντὶ ὧν〉ἀνθ’ ὧν; vgl. auch ἀπέχω aus ἀπό und ἔχω, ἐφίστημι aus ἐπί und ἵστημι.

15. Auslautsgesetz

Kein griechisches Wort kann auf einen anderen Konsonanten endigen als auf einen der Laute ν, ρ und σ (ξ, ψ). Nur scheinbare Ausnahmen sind ἐκ und οὐκ, οὐχ, die als Proklitika mit dem folgenden Wort eine Einheit bilden. Wirkliche Ausnahmen sind die ausländischen Eigennamen, soweit sie nicht die Endungen einer griechischen Deklination erhalten: Μαριάμ, Δαυίδ, Φανουήλ.

16. Bewegliche Endkonsonanten

Man versteht darunter Endkonsonanten, die in bestimmten Fällen stehen oder fehlen, und zwar ν bei einigen Formen der Deklination und Konjugation, das vor folgendem Vokal und größeren Interpunktionen stehen muß, sonst stehen oder fehlen kann, im NT. aber fast immer steht, σ in ἐξ (vor Vokal, sonst ἐκ; selten auch οὕτω statt οὕτως) und κ, χ in der Negation οὐ (οὐκ vor spiritus lenis, οὐχ vor spiritus asper): οὐ πιστεύει, οὐκ ἀεί, οὐχ ἥκει.

1.

1. Ὁ Κύριος ἅγιος καὶ ἰσχυρός ἐστιν.
2. Ὁ λόγος τοῦ Κυρίου μένει.
3. Ὁ ἀπόστολος πιστεύει τῷ ἀληθινῷ Κυρίῳ.
4. Ὁ διάκονος μεγαλύνει τὸν δίκαιον Κύριον.
5. Οἱ ἄνθρωποι θνητοί εἰσιν.
6. Ὁ τῶν ἀνθρώπων λόγος οὐκ ἀεὶ ἀληθινός ἐστιν.
7. Ἡρώδης τοῖς ἀνθρώποις οὐ πιστεύει.
8. Θεὸς τοὺς ἀνθρώπους ἐκ τῶν κινδύνων σῴζει.
9. Ὁ λόγος Θεός ἐστιν. 10. Χριστός ἐστιν ὁ ἀληθινὸς ἄρτος.
11. Οἱ Χριστιανοὶ πιστεύουσιν εἰς τὸν Κύριον Χριστόν. 12. Ἡρώδης οὐχ ἥκει εἰς Βηθλέεμ. 13. Ὁ Θεός ἐστιν ἐν τοῖς οὐρανοῖς. 14. Ὁ Χριστὸς ὁ τῶν ἀποστόλων διδάσκαλός ἐστιν. 15. Πιστὸς ὁ Θεός. 16. Ὁ δοῦλος τοῦ Κυρίου μεγαλύνει τὸν Κύριον.

1. Gott ist gerecht und heilig. 2. Das Wort Christi ist wahr. 3. Das wahre Brot kommt vom Himmel. 4. Die Worte der Menschen bestehen (bleiben) nicht. 5. Christus ist der Heilige Gottes.

I. Die Deklination der Substantive und Adjektive

1. Das Griechische hat
a) drei Numeri: Singular, Plural und Dual (für die Zweiheit, vor allem paarweise vorkommende Personen oder Gegenstände), der aber im NT. nicht mehr gebraucht wird und daher in diesem Buch unberücksichtigt bleibt;
b) drei Genera: Maskulinum, Femininum und Neutrum, erkennbar am Artikel ὁ, ἡ, τό (s. Formenlehre 3. S. 163) und z. T. an der Form des Nom. Sing. und an der Art des Bezeichneten;
c) fünf Kasus: Nominativ, Genetiv, Dativ, Akkusativ und Vokativ. Der Vok. ist im Pl. immer, im Sing. häufig mit dem Nom. gleich. Die Neutra haben im Nom., Akk. und Vok. Sing. und Pl. dieselbe Form, im Pl. immer auf -ᾰ, wenn nicht eine Kontraktion vorliegt.
2. Es gibt drei Deklinationen, die 1. oder nach dem Stammauslaut α-Deklination, die 2. oder nach dem Stammauslaut o-Deklination und die 3. mit Stämmen auf Konsonanten, -ι-, -υ- oder Diphthong.
3. Die eigentliche Endung der einzelnen Kasus hat sich, vor allem bei der 1. und 2. Deklination, häufig so mit dem Stammauslaut verbunden, daß sie nicht mehr erkennbar ist. Man zerlegt daher die Formen am besten in den (gleichbleibenden) Wortstock und den (je nach dem Kasus veränderten) Wortausgang: Stamm οἰκια- + Endung -ων > οἰκιῶν: Wortstock οἰκι + Wortausgang -ῶν; λογο- + (-sjo >) -ιο > λόγοιο > λόγοο > λόγου: λόγ- + -ου.
4. Die Adjektive werden dekliniert wie die Substantive. Bei vielen Adjektiven ist die Form des Femininums der des Maskulinums gleich (Adjektive zweier Endungen); hat das Femininum eine eigene Form, so wird es nach der α-Deklination, und zwar bei Adjektiven der 2. Deklination auf -ᾱ oder -η, bei Adjektiven der 3. Deklination auf -ᾰ dekliniert.
5. Zu beachten ist die Akzentregel: Der Akzent bleibt so lange auf der Tonsilbe des Nom. Sing., wie es die allgemeinen Akzentgesetze gestatten; dabei gilt auslautendes -αι und -οι als kurz. Regelmäßige und vereinzelte Ausnahmen kommen vor.
Ist der Ausgang im Gen. und Dat. lang und betont, so hat er den Zirkumflex.

II. Die o-Deklination

1. Zu ihr gehören Substantive mit dem Stammauslaut -o, und zwar Maskulina und wenige Feminina auf -ος und Neutra auf -ον, ferner Adjektive (im Mask. und Neutr.).
2. Die Form der Neutra weicht von der der Maskulina nur im Nom. Sing. und im Nom. und Akk. Pl. ab, und der Vok. Sing. ist gleich mit dem Nom.

III. Das Attribut

Das Attribut steht im allgemeinen zwischen Artikel und Substantiv oder nach dem Substantiv mit wiederholtem Artikel (**attributive Stellung**): ὁ δίκαιος Θεός, ὁ τῶν ἀνθρώπων λόγος, ὁ Θεὸς ὁ ἅγιος καὶ ἰσχυρός. Im NT. werden attributive Genetive häufig ohne Artikel nachgestellt: ὁ λόγος τοῦ Θεοῦ. In attributiver Stellung können auch Adverbien und Substantive mit Präposition vorkommen.

IV. Das Prädikatsnomen

1. Das Prädikatsadjektiv richtet sich nach dem Subjekt in Geschlecht, Zahl und Fall.
2. Beim Prädikatsnomen steht gewöhnlich kein Artikel: ὁ λόγος Θεός ἐστιν. Er steht aber, wenn ausgedrückt werden soll, daß das Prädikatsnomen etwas Bekanntes ist oder das Subjekt eigentlich allein diese Bezeichnung verdient: Χριστός ἐστιν ὁ ἀληθινὸς ἄρτος. Die Kopula, besonders ἐστίν, fehlt oft.

V. Der Artikel

Der Artikel steht gewöhnlich bei Θεός und Κύριος, wenn der bestimmte Gott oder Herr (Christus) gemeint ist, bei Eigennamen vielfach, in der Regel bei Ἰησοῦς und Χριστός, das zunächst Appellativum (der Gesalbte, der Messias) ist, dann als Name gebraucht wird. Durch den Artikel kann jedes Wort, z.B. auch Adverb und Infinitiv, substantiviert werden.

ὁ κύριος, ου	der Herr
ὁ λόγος, ου	das Wort, der Ausspruch, die Rede

ὁ ἀπόστολος, ου	der Abgesandte, der Apostel
ὁ διάκονος, ου	der Diener, der Diakon
ὁ ἄνθρωπος, ου	der Mensch
ὁ Θεός, οῦ	(der) Gott
ὁ κίνδυνος, ου	die Gefahr
ὁ ἄρτος, ου	das Brot
ὁ Χριστιανός, οῦ	der Christ
ὁ οὐρανός, οῦ	der Himmel
ὁ διδάσκαλος, ου	der Lehrer, der Meister
ὁ δοῦλος, ου	der Sklave, der Knecht, Diener
ἅγιος	heilig
ἰσχυρός	stark, kräftig
ἀληθινός	wahrhaftig, zuverlässig, wahr, echt
δίκαιος	gerecht
θνητός	sterblich
πιστός	glaubwürdig, zuverlässig, treu; gläubig
ἐστίν (enkl.)	er (sie, es) ist (zur Betonung s. S. 125)
εἰσίν (enkl.)	sie sind
μένει	er (sie, es) bleibt
πιστεύει	er glaubt, er schenkt Glauben, er vertraut
πιστεύουσιν	sie glauben, sie schenken Glauben, sie vertrauen
μεγαλύνει	er macht groß, erhebt, verherrlicht, preist
σώζει	er rettet, er errettet, er bewahrt
ἥκει	er ist gekommen, er ist da; er kommt
καί	und, auch
οὐ, οὐκ, οὐχ	nicht
ἀεί	immer, stets
ἐκ, vor Vok. ἐξ	aus, von — her, auf Grund von, infolge, gemäß
c. gen.	kann man im Deutschen nicht nachmachen
εἰς c. acc.	in, in — hinein, nach, auf, gegen, zu, an (wohin?)
ἐν c. dat.	in, auf, an (wo?)

2.

1. Πιστεύω εἰς τὸν Κύριον.
2. Πιστεύεις τοῖς λόγοις τοῦ ἀποστόλου.
3. Πέτρος πιστεύει, ὅτι ὁ Ἰησοῦς Θεός ἐστιν.
4. Πιστεύομεν εἰς τὸν ἀληθινὸν Θεόν.
5. Πιστεύετε, ὅτι ἀπὸ τοῦ Θεοῦ ἥκω.
6. Οἱ Φαρισαῖοι οὐ πιστεύουσιν τοῖς τοῦ Χριστοῦ λόγοις.
7. Πίστευε, ὦ ἄνθρωπε, τοῖς ἀληθινοῖς ἀνθρώποις.

8. Μὴ πιστεύετε, ὦ ἄνθρωποι, τῷ ἀπίστῳ.

9. Ὁ ἀπόστολος λέγει, ὅτι δεῖ πιστεύειν τῷ Θεῷ.

10. Οἱ Χριστιανοὶ τὸν ἀληθινὸν Θεὸν γινώσκουσιν. 11. Ψάλλετε τῷ Κυρίῳ. 12. Χριστὸς τοὺς ἀποστόλους οὐ δούλους λέγει, ἀλλὰ φίλους. 13. Δεῖ δουλεύειν τῷ Θεῷ τῷ δικαίῳ καὶ ἁγίῳ. 14. Μεγαλύνομεν τὸν Κύριον τὸν ἐν τῷ οὐρανῷ. 15. Ἔχεις θησαυρὸν ἐν τοῖς οὐρανοῖς. 16. Οἱ ἀγαθοὶ ἄγγελοι φυλάσσουσι τοὺς ἀνθρώπους. 17. Τί βλέπετε εἰς τὸν οὐρανόν;

1. Ihr vertraut den Worten des Herrn. 2. Wir retten die Freunde aus den Gefahren. 3. Du kennst den wahren Gott. 4. Dient Gott! 5. Ich glaube dem Lehrer.

I. Das Verb

1. Das griechische Verb hat zahlreiche Formen. Es weist auf:

a) drei Personen;

b) zwei (im klassischen Griechisch drei) Numeri: Singular, Plural (Dual);

c) vier Modi (nicht für alle Tempora): Indikativ, Konjunktiv, Optativ (im NT. selten), Imperativ;

d) sechs (sieben) Tempora (im Indikativ): Präsens, Imperfekt, Futur, Aorist, Perfekt, Plusquamperfekt, Perfektfutur (selten, und nicht im NT.);

e) drei Genera verbi: Aktiv, Medium, Passiv;

f) je einen Infinitiv und ein Partizip im Präsens, Futur, Aorist und Perfekt zu jedem Genus verbi;

g) zwei Verbaladjektive, das eine nur einmal im NT.

2. Es gibt zwei Konjugationen, die man nach der 1. Pers. Sing. Ind. Pr. Akt. als Verba auf -ω und Verba auf -μι bezeichnet. Zunächst haben wir es nur mit den Verba auf -ω zu tun, weil sie zahlreicher sind als die Verba auf -μι und weil zur Zeit des NT. die Verba auf -μι in einer Reihe von Formen in die Konjugation auf -ω umgebildet werden.

3. Die Formen der Tempora drücken in erster Linie den sog. „Aspekt" aus, Dauer, Geschehen, Ergebnis; die Zeitstufe, also das Tempus im eigentlichen Sinn, kommt nur im Ind. zum Ausdruck.

4. Die Tempora der Vergangenheit, Impf., Aor., Plpf., heißen Nebentempora, die übrigen, Pr., Fut., Pf., (Pf.-Fut.), Haupttempora.

5. Eine finite Verbalform wird gebildet aus dem Tempusstamm, gegebenenfalls dem Moduszeichen, der Personalendung. In vielen Formen der Verba auf -ω steht nach dem Stamm der sog. Themavokal, ε oder o, daher „thematische Konjugation": παιδεύ-ο-μεν; παιδεύ-ε-τε; mit Moduszeichen: παιδεύ-ο-ι-μεν. Da er aber in vielen Formen mit (dem Moduszeichen und) der Personalendung verschmilzt, unterscheidet man einfacher Tempusstamm und Ausgang: παιδεύ-ω; παιδεύ-ετε; παιδεύ-ουσιν. Die Formen der Verba auf -μι werden ohne Themavokal gebildet („athematische Konjugation").

6. **Der Ind. Pr. drückt Gegenwart und Dauer aus.** Als Tempus der Erzählung findet sich das Pr. historicum häufig im NT. zur Darstellung vergangener Ereignisse.

7. Das Schluß-ν in der 3. Pers. Pl. Präs. Akt. und in andern Formen der 3. Pers. auf -εν und -σιν, ebenso in ἐστίν, ist beweglich, d.h. es steht nicht immer, und zwar kann es fehlen vor Konsonanten, es muß stehen vor Vokalen und größeren Interpunktionen. Die Handschriften und Ausgaben weisen Unterschiede auf.

II. Der Vokativ

Beim Vokativ fehlt meistens das ὦ.

III. Abhängige Aussagen

Abhängige Aussagen können im a.c.i. und in Nebensätzen mit ὅτι stehen.

λέγω	sagen, sprechen, nennen → λόγος
δεῖ	es ist nötig, man muß unpersönlich
γινώσκω	erkennen, kennenlernen, kennen
ψάλλω	lobsingend preisen, lobsingen Psalm
δουλεύω	dienen (δοῦλος)
ἔχω	haben, halten
φυλάσσω	bewachen, hüten, bewahren, beobachten
βλέπω	sehen, schauen, hinblicken
ὁ Φαρισαῖος, ου	der Pharisäer
ὁ φίλος, ου	der Freund
ὁ θησαυρός, οῦ	der Schatzbehälter, der Schatz Thesaurus
ὁ ἄγγελος, ου	der Bote, der Engel
ἄπιστος + πιστος	unglaubwürdig, unzuverlässig; ungläubig (πιστός, πιστεύω)

α - priustium → kehrt den Sinn um „berauben"

ἀγαθός	gut, vollkommen, gütig
τί (immer mit Akut)	was? wozu? warum?
ὅτι	daß, weil (quot)
ἀπό c. gen.	von – her, von – weg, von
μή	nicht (in Absichtssätzen, bei Aufforderung)
ἀλλά	aber, sondern

bei vorausgehender Verneinung

3.

1. Τὸ τοῦ Κυρίου ἱερὸν καλόν ἐστιν.
2. Καλοὶ οἱ τοῦ ἱεροῦ λίθοι εἰσίν.
3. Ὁ Ἰησοῦς ἐν τῷ ἱερῷ διδάσκει.
4. Οἱ ἀπόστολοι τὸ ἱερὸν θαυμάζουσιν.
5. Τὰ τοῦ Κυρίου ἔργα θαυμαστά ἐστιν. → *Die Werke des Herrn sind wunderbar*
6. Ὁ ἐπίσκοπος τύπος καλῶν ἔργων ἔστω.
7. Ὁ υἱὸς τοῦ Θεοῦ δυνατὸς ἦν ἐν λόγοις καὶ ἔργοις.
8. Μεγαλύνετε τὰ τοῦ Θεοῦ ἔργα.
9. Τὸ ἀγαθὸν δένδρον καλοὺς καρποὺς φέρει. 10. Οὐκ ἐκ τῶν ἔργων τοῦ νόμου ὁ ἄνθρωπος δίκαιός ἐστιν. 11. Ἰωάννης τοὺς Χριστιανοὺς τέκνα Θεοῦ λέγει. 12. Τὸ εὐαγγέλιον τοῦ Παύλου οὐκ ἔστι κατὰ ἄνθρωπον. 13. Οἱ μάγοι τῷ τέκνῳ δῶρα προσφέρουσιν. 14. Ὁ Ἰησοῦς δαιμόνια ἐκβάλλει ἀπὸ πολλῶν. 15. Τὰ ἅγια τοῖς ἁγίοις. 16. Ὡς μακάρια καὶ θαυμαστὰ τὰ δῶρα τοῦ Θεοῦ.

1. Die Früchte der guten Bäume sind gut. 2. Die Engel beschützen die guten Kinder. 3. Das Wort des Evangeliums besteht (bleibt). 4. Der Diakon dient Gott im Tempel. 5. Die guten Gaben sind (!) von Gott. 6. Preiset die wunderbaren Werke des Herrn!

Kongruenz

Wie im Lateinischen richtet sich das Prädikat soweit wie möglich nach dem Subjekt in Geschlecht, Zahl und Fall. Ist jedoch das Subjekt ein Neutrum im Plural, so steht das Verbum, nicht das (adjektivische) Prädikatsnomen, (im klassischen Griechisch und gewöhnlich auch in der Koine) im Singular; im NT. steht meist der Plural, wenn Personen das Subjekt sind: τὰ ἔργα θαυμαστά ἐστιν, τὰ τέκνα ἀγαθά εἰσιν, manchmal auch bei nichtpersönlichem Subjekt.

Inkongruenz im Numerus (Subjekt im Sing., Prädikat im Pl.) findet sich öfters, wenn das Subjekt ein Kollektivum ist: ὁ ὄχλος ἔστρωσαν „die Menge breiteten aus" (vgl. im Deutschen: „eine Reihe von ... kamen").

τὸ ἱερόν, οῦ	das Heiligtum, der Tempel
τὸ ἔργον, ου	das Werk, die Tat
τὸ δένδρον, ου	der Baum
τὸ τέκνον, ου	das Kind
τὸ εὐαγγέλιον, ου	die gute Botschaft, die frohe Botschaft, das Evangelium
τὸ δῶρον, ου	das Geschenk, die Gabe, die Opfergabe
τὸ δαιμόνιον, ου	der Dämon, der böse Geist
ὁ λίθος, ου	der Stein
ὁ ἐπίσκοπος, ου	der Aufseher, der Bischof
ὁ τύπος, ου	der Eindruck (eines Schlages oder Druckes), das Abbild, die Form, das Vorbild
ὁ καρπός, οῦ	die Frucht, der Ertrag, der Nutzen
ὁ υἱός, οῦ	der Sohn
ὁ νόμος, ου	das Gesetz, die Norm, bes. das atl. Gesetz
ὁ μάγος, ου	der Magier, der Weise
καλός	schön, gut
θαυμαστός	wunderbar, bewundernswert (θαυμάζω)
δυνατός	stark, mächtig, kräftig
πολλοί	viele
μακάριος	glücklich, selig
διδάσκω	lehren, belehren (διδάσκαλος)
θαυμάζω	sich verwundern, bewundern, staunen (θαυμαστός)
φέρω	tragen, bringen
προσφέρω	herbeibringen, darbringen, opfern
ἐκβάλλω	hinauswerfen, hinausstoßen, austreiben
ἔστω	er (sie, es) soll sein
ἦν	er (sie, es) war
κατά c. acc.	längs–hin, in, auf; während, zu; gemäß, nach
ὡς	wie

4.

A. 1. Σῴζομαι ἐκ τῶν κινδύνων.
2. Μεγαλύνῃ, ὦ Κύριε, ὑπὸ τῶν ἀγγέλων καὶ τῶν ἁγίων.
3. Ἕκαστον δένδρον ἐκ τοῦ ἰδίου καρποῦ γινώσκεται.
4. Φυλασσόμεθα ἀπὸ τοῦ πονηροῦ.

13

5. Γινώσκεσθε ἐκ τῶν ἔργων.
6. Οἱ ἀγαθοὶ ἄνθρωποι ἐκ τῶν τοῦ κόσμου κινδύνων σῴζονται.
7. Γινώσκομεν τὸν κόσμον ὑπὸ τοῦ Θεοῦ ἄγεσθαι.
8. Διώκῃ ὑπὸ τῶν κακῶν ἀνθρώπων. 9. Ὁ Κύριος Ἰησοῦς εἰς τὸν οὐρανὸν ἀναλαμβάνεται. 10. Τὰ δαιμόνια ὑπὸ τοῦ Χριστοῦ ἐκβάλλονται. 11. Λέγῃ διδάσκαλος ὑπὸ τῶν ἀποστόλων. 12. Οἱ ἀπόστολοι ὡς πρόβατα ἐν μέσῳ λύκων ἀποστέλλονται. 13. Ὑπὸ τοῦ διαβόλου εἰς πειρασμὸν εἰσφέρεσθε. 14. Δοξάζομαι ὑπὸ τῶν ἀνθρώπων.

B. 1. Ἔρχομαι πάλιν εἰς τὸν κόσμον.
2. Πιστεύομεν, ὅτι ἐκ τοῦ Θεοῦ ἐκπορεύῃ.
3. Δεῖπνον γίνεται ἐν τῷ οἴκῳ τοῦ Φαρισαίου.
4. Δεχόμεθα τοὺς φίλους εἰς τὸν οἶκον.
5. Ἐν τῷ τοῦ Κυρίου νόμῳ πορεύεσθε.
6. Λόγῳ τοῦ Κυρίου πολλὰ δαιμόνια ἀπὸ τῶν ἀνθρώπων ἀπέρχονται.
7. Μὴ γίνου ἄπιστος, ἀλλὰ πιστός.
8. Προσεύχεσθε ἀδιαλείπτως τῷ Θεῷ.
9. Εἰ ἐργάζεσθαι οὐ βούλει, μισθὸν οὐκ ἀπολαμβάνεις.
10. Ὁ Παῦλος τοὺς ἀνθρώπους πείθει Χριστιανοὺς γίνεσθαι. 11. Πολλοὶ τῷ εὐαγγελίῳ πείθονται. 12. Βούλομαι τοῦ ἀνθρώπου ἀκούειν. 13. Μὴ ἐργάζεσθε κακόν, ἀλλὰ φυλάσσετε τοὺς τοῦ Κυρίου νόμους. 14. Ἀπεκδεχόμεθα τὸν Κύριον ἐκ τοῦ οὐρανοῦ. 15. Ἀσπάζεσθε οὐ μόνον τοὺς ἀδελφούς, ἀλλὰ καὶ τοὺς ἐχθρούς. 16. Εὐχόμεθα πρὸς τὸν Θεὸν τοὺς ἀδελφοὺς φυλάσσεσθαι ἀπὸ τοῦ πονηροῦ.

1. Die guten Bäume werden an (ἐκ) den guten Früchten erkannt.
2. Durch die Worte der Ungläubigen werden viele Menschen in Versuchung geführt. 3. In der Welt werdet ihr immer verfolgt.
4. Wir glauben, daß Christus von Gott ausgeht (2). 5. Nimm die Freunde auf! 6. Man muß den Worten des Evangeliums glauben.
7. Bete und arbeite!

I. Medium und Passiv

1. Das Medium (in der „Mitte" zwischen Aktiv und Passiv) enthält Bestimmungen von beiden Genera verbi: vom Aktiv, insofern die Handlung vom Subjekt ausgeht, vom Passiv, insofern sie sich auf das Subjekt richtet oder zurückbezieht als auf ihr Objekt oder Ziel

(reflexiv): κατακαλύπτω verhüllen – κατακαλύπτομαι sich verhüllen; περιβάλλω (eig. umwerfen) anziehen – περιβάλλομαι sich anziehen; ἀπολούω abwaschen – ἀπολούομαι sich abwaschen; διαμερίζω verteilen – διαμερίζομαι unter sich verteilen.

Ebenso wird das Medium gebraucht, um anzudeuten, daß das Subjekt aus eigenen Mitteln und Kräften handelt: ἐπαγγέλλομαι von sich ankündigen, versprechen.

Die Formen fallen außer im Futurum und Aorist mit denen des Passivs zusammen.

Es gibt im Griechischen auch Verben im Medium, denen im Deutschen ein Verbum im Aktiv entspricht: z.B. ἔρχομαι gehen, kommen; πορεύομαι gehen, wandeln. Sie sind als Deponentien aufzufassen. Manche haben im Futurum und Aorist oder auch nur im Aorist passive Formen (vgl. im Lateinischen die Semideponentien).

2. Die handelnde Person beim Passiv steht mit der Präposition ὑπό im Genetiv.

II. Der Dativ

Der Dativ steht als dativus instrumentalis zur Bezeichnung des Mittels, des Werkzeugs, der Ursache.

ἄγω	führen, bringen, leiten
διώκω	verfolgen, nachjagen (auch übertr.)
ἀναλαμβάνω	aufnehmen
ἀποστέλλω	ab-, weg-, aussenden (ἀπόστολος)
εἰσφέρω	hineintragen, -bringen, -führen (φέρω)
δοξάζω	rühmen, preisen, verherrlichen, ehren
ὁ λύκος, ου	der Wolf
τὸ πρόβατον, ου	das Schaf
τὸ μέσον, ου	die Mitte
ἐν μέσῳ	inmitten
ὁ διάβολος, ου	der Verleumder, der Teufel
ὁ πειρασμός, οῦ	die Prüfung, die Versuchung
ἕκαστος	jeder
ἴδιος	eigen
πονηρός	schlecht, übel
τὸ πονηρόν, οῦ	das Übel
κακός	schlecht, schlimm, böse
ὑπό c. gen.	von (beim Passiv)

ἔρχομαι	kommen, gehen
ἀπέρχομαι	weg-, hinausgehen
δέχομαι	annehmen, aufnehmen
ἀπεκδέχομαι	erwarten
πορεύομαι	gehen, wandern, wandeln
ἐκπορεύομαι	ausgehen
εὔχομαι	beten, flehen, wünschen
προσεύχομαι	beten
ἐργάζομαι	arbeiten, tätig sein, bearbeiten, schaffen (ἔργον)
βούλομαι	wollen (2. Pers. Sg. βούλει)
πείθω	überzeugen, überreden
πείθομαι (Pass.)	sich überzeugen lassen, glauben; sich überreden lassen, gehorchen
ἀσπάζομαι	grüßen
γίνομαι	entstehen, werden, geschehen, gemacht werden
ἀπολαμβάνω	annehmen, empfangen
ἀκούω (c. gen.)	hören
ὁ κόσμος, ου	der Schmuck, das Weltall, die Welt, die Erde
ὁ οἶκος, ου	das Haus
τὸ δεῖπνον, ου	das Mahl
ὁ μισθός, οῦ	der Lohn
ὁ ἀδελφός, οῦ	der Bruder
ὁ ἐχθρός, οῦ	der Feind
πάλιν (Adv.)	wiederum
ἀδιαλείπτως* (Adv.)	ununterbrochen, unablässig
εἰ	wenn
πρός c. acc.	zu – hin, auf – zu, nach, gegen, bei
οὐ μόνον – ἀλλὰ καί	nicht nur – sondern auch

5.

A. 1. Ἡ ὁδὸς καταβαίνει ἀπὸ Ἰερουσαλὴμ εἰς Ἰεριχώ.
 2. Τίς παραγίνεται ἐκ τῆς ὁδοῦ πρὸς τοὺς φίλους;
 3. Πρεσβύτερος ἐν τῇ ὁδῷ ἔρχεται.
 4. Ἑτοιμάζετε τὴν ὁδὸν τοῦ Κυρίου.
 5. Αἱ τοῦ Θεοῦ ὁδοὶ ὑπὸ τῶν ἀνθρώπων οὐ γινώσκονται.
 6. Ἔρχεσθε εἰς τοὺς φραγμοὺς τῶν ὁδῶν καὶ συνάγετε πονηρούς τε καὶ ἀγαθούς.

7. Ἐν ταῖς τῶν ἁμαρτωλῶν ὁδοῖς οὐχ εὑρίσκετε τὰ ἀγαθὰ τὰ ἀληθινά.
8. Διδάσκαλε, τὰς ὁδοὺς τοῦ Θεοῦ διδάσκεις.
9. Οἱ τῆς ἀμπέλου καρποὶ καλοί εἰσιν.   10. Ὁ πρῶτος τῆς νήσου Πόπλιος ὀνομάζεται.   11. Ὁ ἄγγελος Γαβριὴλ ἀποστέλλεται πρὸς τὴν παρθένον.   12. Ἰησοῦς τὰς νόσους πολλῶν ἀνθρώπων θεραπεύει.
13. Αἱ ἄμπελοι οἶνον τοῖς γεωργοῖς παρέχουσιν.   14. Χριστὸς τὸ ἴδιον κακὸν τῇ δοκῷ τῇ ἐν τῷ ἰδίῳ ὀφθαλμῷ παραβάλλει.

B. 1. Χριστός ἐστιν ἡ ἄμπελος ἡ ἀληθινή.
   2. Ἀναγινώσκομεν τοὺς λόγους τῆς καλῆς βίβλου.
   3. Εἰ μένετε ἐν τῇ ἀληθινῇ ἀμπέλῳ, φέρετε ἀγαθὸν καρπόν.
   4. Παῦλος τοὺς Κορινθίους παρθένον ἁγνὴν τῷ Χριστῷ προσφέρειν βούλεται.
   5. Αἱ ἀγαθαὶ ἄμπελοι οἶνον ἀγαθὸν φέρουσιν.
   6. Χριστὸς πολλοὺς ἀνθρώπους ἀπὸ τῶν κακῶν νόσων θεραπεύει.
   7. Ἐν ταῖς καλαῖς νήσοις δένδρα καὶ ἄμπελοί εἰσιν.
   8. Ἀναγινώσκετε πολλάκις τὰς ἱερὰς βίβλους.

1. Gehe nicht auf dem Weg der Sünder!   2. Die Wege des Herrn sind wunderbar.   3. Der Balken in dem eigenen Auge ist das eigene Böse.   4. Wer erkennt die Wege des Herrn?   5. Bringe dem Lehrer das Buch!   6. Wir bleiben in dem wahren Weinstock Christus.   7. Meister, heile die Krankheit des Knechtes!

ἡ ὁδός, οῦ	der Weg, die Straße; die Reise; der Wandel; die Lehre
ἡ ἄμπελος, ου	der Weinstock
ἡ νῆσος, ου	die Insel
ἡ παρθένος, ου	die Jungfrau
ἡ νόσος, ου	die Krankheit
ἡ δοκός, οῦ	der Balken
ἡ βίβλος, ου	das Buch (Bibel)
καταβαίνω	hinab-, herabsteigen, -kommen, -gehen
παραγίνομαι	ankommen, kommen, hinzukommen, auftreten
ἑτοιμάζω	bereiten, instandsetzen
εὑρίσκω	finden, antreffen, entdecken
συνάγω	zusammenführen, sammeln, versammeln (Synagoge; ἄγω); Pass. auch refl.
ὀνομάζω	nennen

θεραπεύω	dienen, pflegen, behandeln, heilen; verehren
παρέχω	darbieten, hingeben, gewähren (ἔχω)
παραβάλλω	vorwerfen, preisgeben; danebenlegen, vergleichen (Parabel = Gleichnis; βάλλω)
ἀναγινώσκω	lesen (wiedererkennen; γινώσκω)
ὁ πρεσβύτερος, ου	der Älteste, der Priester
ὁ φραγμός*, οῦ	der Zaun
ὁ ἁμαρτωλός, οῦ	der Sünder; adj. sündhaft, sündig
τὸ ἀγαθόν, οῦ	das Gute (ἀγαθός)
ὁ πρῶτος, ου	der erste, der Vornehmste
ὁ γεωργός, οῦ	der Bauer, der Winzer
ὁ ὀφθαλμός, οῦ	das Auge
ὁ οἶνος, ου	der Wein
ἀγνός	rein, schuldlos, heilig
ἱερός	heilig (τὸ ἱερόν)
τίς; (immer mit Akut)	wer? vgl. τί;
πολλάκις	oft, häufig, vielmals (πολλοί)
ἀπό c. gen.	von, von – weg, von – her, wegen, infolge, durch
τὲ (enkl.) καί	sowohl – als auch

6.

1. Ἡ γραφὴ λέγει, ὅτι ὁ Χριστὸς ὁ υἱὸς τοῦ Θεοῦ ἐστιν.
2. Τοῖς λόγοις τῆς γραφῆς οἱ ἄνθρωποι παιδεύονται.
3. Πιστεύομεν τῇ γραφῇ.
4. Τὴν γραφὴν οὐδεὶς λύει.
5. Αἱ τοῦ ἀποστόλου γραφαὶ πολλὰ λέγουσι περὶ τοῦ Χριστοῦ.
6. Αἱ τῶν ἱερῶν γραφῶν βίβλοι ὑπὸ τῶν Χριστιανῶν πολλάκις ἀναγινώσκονται.
7. Ἀπολλὼς δυνατὸς ἦν ἐν ταῖς γραφαῖς.
8. Κατὰ τὰς γραφὰς δεῖ Χριστὸν ἀποθνήσκειν καὶ ἐγείρεσθαι.
9. Χριστός ἐστιν ὁ ἄρτος τῆς ζωῆς. 10. Ἐν ἀρχῇ ἦν ὁ λόγος. 11. Λέγετε· εἰρήνη τῷ οἴκῳ. 12. Ἐν τῷ Χριστῷ οἱ ἄνθρωποι εἰρήνην ἔχουσιν.
13. Παῦλος Τιμόθεον κελεύει δικαιοσύνην, ἀγάπην, εἰρήνην διώκειν.
14. Πολλοὶ ἄνθρωποι ὁδὸν εἰρήνης οὐ γινώσκουσιν. 15. Μὴ κατακαλύπτου τὴν κεφαλήν. 16. Εἰρήνη τοῖς ἀδελφοῖς καὶ ἀγάπη ἀπὸ Θεοῦ καὶ Κυρίου Χριστοῦ. 17. Ὁ Παῦλος ἐν τῇ πρὸς τοὺς Κορινθίους ἐπιστολῇ γράφει, ὅτι κεφαλὴ τοῦ Κυρίου ὁ Θεός ἐστιν. 18. Ὑμεῖς νῦν λύπην ἔχετε. 19. Μηδεὶς ἐκ λύπης ἢ ἐξ ἀνάγκης τὸ ἀγαθὸν ἔργον ἐργα-

ζέσθω. 20. Εἰσέρχεσθε διὰ τῆς στενῆς πύλης· ἡ γὰρ στενὴ ὁδὸς καὶ ἡ στενὴ πύλη εἰς τὴν ζωὴν ἀπάγει. 21. Ὁ Ἰησοῦς ἐν ταῖς συναγωγαῖς τῶν Ἰουδαίων διδάσκει καὶ κηρύσσει τὸ εὐαγγέλιον. 22 Ὁ Ἰησοῦς τοὺς ἀποστόλους κελεύει μὴ ἀπὸ τῆς ζύμης τῶν ἄρτων προσέχειν, ἀλλὰ ἀπὸ τῆς διδαχῆς τῶν Φαρισαίων καὶ Σαδδουκαίων.

1. Lest oft in den heiligen Schriften! 2. Viele Menschen wollen nicht durch die enge Pforte eingehen. 3. Im Worte Gottes war das Leben. 4. Christus ist der Friede der Menschen, weil er den Menschen den Frieden bringt. 5. Die Lehre der zwölf (δώδεκα) Apostel lehrt den Weg des Lebens. 6. Petrus fordert die Christen auf, die Briefe des Apostels Paulus zu lesen.

α-Deklination

Im Gen.Pl. der α-Deklination ist immer der Ausgang -ῶν betont, weil er aus -άων zusammengezogen ist.

ἡ γραφή, ῆς	die Schrift
ἡ ζωή, ῆς	das Leben
ἡ ἀρχή, ῆς	der Anfang, die erste Ursache (der Urgrund, das Prinzip); die Behörde, das Amt
ἡ εἰρήνη, ης	der Friede
ἡ δικαιοσύνη, ης	die Gerechtigkeit, die Rechtschaffenheit (δίκαιος)
ἡ ἀγάπη, ης	die Liebe, das Liebesmahl
ἡ κεφαλή, ῆς	das Haupt, der Kopf
ἡ ἐπιστολή, ῆς	der Brief
ἡ λύπη, ης	die Trauer, der Kummer, die Betrübnis; die Unlust
ἡ ἀνάγκη, ης	die Nötigung, der Zwang, die Not
ἡ πύλη, ης	das Tor, die Tür, die Pforte
ἡ συναγωγή, ῆς	der Sammelort, der Versammlungsplatz, die Synagoge (als Raum, Gemeinde und Versammlung; συνάγω)
ἡ ζύμη, ης	der Sauerteig
ἡ διδαχή, ῆς	die Unterweisung, der Unterricht; die Lehre (διδάσκω, διδάσκαλος)
παιδεύω	erziehen, unterweisen, bilden, anleiten
λύω	lösen, befreien, auflösen, zerstören

ἀποθνῄσκω	sterben
ἐγείρω	aufwecken, auferwecken, aufrichten; Pass. aufwachen, auferstehen, sich erheben
κελεύω	befehlen, heißen, auffordern
κατακαλύπτω	verhüllen; Med. sich verhüllen
γράφω	schreiben (γραφή)
ἀπάγω	wegführen, führen (ἄγω, συνάγω)
εἰσέρχομαι	hineingehen
κηρύσσω	bekanntmachen, verkündigen, predigen
προσέχω	achten auf (Dat.), sich hüten vor (ἀπό)
στενός, ή, όν	schmal, eng
ὑμεῖς	ihr
οὐδείς	niemand
μηδείς	niemand (bei Aufforderung)
περί c. gen.	über, von
διά c. gen.	durch
νῦν	nun, jetzt
γάρ	denn, nämlich
ἤ	oder

7.

A. 1. Οἱ ἀγαθοὶ Χριστιανοὶ ἡ δόξα τοῦ ἀποστόλου εἰσίν. – Ἀπὸ τοῦ Θεοῦ ἐξέρχεται ἡ εὐλογία.

2. Οἱ Ἰουδαῖοι τὸν Κύριον τῆς δόξης οὐ γινώσκουσιν. – Ἡ γῆ μεταλαμβάνει τῆς εὐλογίας ἀπὸ τοῦ Θεοῦ.

3. Μέλλει ὁ υἱὸς τοῦ ἀνθρώπου ἔρχεσθαι ἐν τῇ δόξῃ τοῦ Θεοῦ. – Ἐν Χριστῷ οἱ ἄνθρωποι τῇ πνευματικῇ εὐλογίᾳ εὐλογημένοι[1] εἰσίν.

4. Ἄξιος εἶ, ὦ Κύριε, λαμβάνειν τὴν δόξαν καὶ τὴν τιμήν. – Ὁ Χριστὸς ἄξιός ἐστι λαμβάνειν τὴν εὐλογίαν.

5. Παῦλος διάκονος τοῦ εὐαγγελίου ἐστίν, ἐν ὑπομονῇ, ἐν ἀνάγκαις, ἐν φυλακαῖς, ἐν ἀγάπῃ, ἐν λόγῳ ἀληθείας, διὰ τῶν ὅπλων τῆς δικαιοσύνης, διὰ δόξης καὶ ἀτιμίας. 6. Ἀμήν· εὐλογία καὶ ἡ δόξα καὶ ἡ σοφία καὶ ἡ εὐχαριστία καὶ ἡ τιμὴ τῷ Θεῷ. 7. Τὸ πλοῖον τῶν ἀποστόλων ἐν μέσῳ τῆς θαλάσσης ἦν. 8. Ὁ Παῦλος πολλάκις ἐν κινδύνοις ἐν ἐρημίᾳ καὶ ἐν θαλάσσῃ ἦν. 9. Ἄξιοι γίνεσθε τῆς δωρεᾶς τοῦ Θεοῦ. 10. Κακόν ἐστιν τῇ τοῦ Θεοῦ δωρεᾷ ἀντιλέγειν. 11. Ὁ υἱὸς τοῦ ἀνθρώπου τῇ γενεᾷ τῶν Ἰουδαίων τὴν ἀλήθειαν τοῦ Θεοῦ κηρύσσει. 12. Ὁ

[1] εὐλογημένος gesegnet.

κόσμος ἐν τῇ σοφίᾳ τοῦ Θεοῦ οὐ γινώσκει διὰ τῆς σοφίας τὸν Θεόν· ἡ γὰρ σοφία τοῦ κόσμου μωρία παρὰ τῷ Θεῷ ἐστιν. 13. Ἰησοῦς διδάσκει τὰς ἡμέρας ἐν τῷ ἱερῷ. 14. Δεῖ ἐργάζεσθαι τὰ ἔργα τοῦ Θεοῦ, ἕως ἡμέρα ἐστίν. 15. Οὐχὶ δώδεκα ὧραί εἰσιν τῆς ἡμέρας; 16. Ἐν τῇ παραβολῇ ὁ ἄνθρωπος τῇ ὥρᾳ² τοῦ δείπνου ἀποστέλλει τὸν δοῦλον καὶ λέγει τοῖς κεκλημένοις³· ἔρχεσθε· τὸ γὰρ δεῖπνον ἕτοιμόν ἐστιν. 17. Ὁ υἱὸς τῆς Μαρίας Ἰησοῦς λέγεται, ὅτι τοὺς ἀνθρώπους ἀπὸ τῶν ἁμαρτιῶν σῴζει. 18. Μὴ βασιλευέτω ἡ ἁμαρτία. 19. Ἰησοῦς κηρύσσει τὸ εὐαγγέλιον τῆς βασιλείας. 20. Εἰ λέγομεν, ὅτι ἁμαρτίαν οὐκ ἔχομεν, ἡ ἀλήθεια οὐκ ἔστιν ἐν ἡμῖν. 21. Ἀδύνατόν ἐστι τραπέζης Κυρίου μετέχειν καὶ τραπέζης δαιμονίων.

B. 1. Ἡ ὁδὸς ἡ εἰς τὴν ζωὴν στενή ἐστιν. – Ἡ ἱερὰ γραφὴ τὴν τοῦ Θεοῦ ἀλήθειαν διδάσκει.
2. Ἰησοῦς ὁ υἱὸς τῆς ἁγνῆς παρθένου ἐστίν. – Πιστεύομεν τοῖς λόγοις τῆς ἱερᾶς βίβλου.
3. Ἐν τῇ ἀγαθῇ ἀμπέλῳ καρποὶ καλοί εἰσιν. – Πολλοὶ ἀντιλέγουσι τῇ δικαίᾳ ὁδῷ τοῦ Κυρίου.
4. Ὁ Χριστὸς θεραπεύει τὴν κακὴν νόσον. – Τὴν ἁγίαν γραφὴν πολλάκις ἀναγινώσκεις.
5. Πιστεύω, ὅτι σύ⁴ εἶ ὁ Χριστὸς ὁ υἱὸς τοῦ Θεοῦ ὁ εἰς τὸν κόσμον ἐρχόμενος. 6. Δόξα καὶ τιμὴ καὶ εἰρήνη τῷ ἐργαζομένῳ τὸ ἀγαθόν.
7. Μακάριοι οἱ πορευόμενοι ἐν νόμῳ Κυρίου· οὐ γὰρ οἱ ἐργαζόμενοι τὴν ἁμαρτίαν ἐν ταῖς ὁδοῖς τοῦ Θεοῦ πορεύονται. 8. Ὑμεῖς ἐστε ἡ ἐπιστολὴ Χριστοῦ γινωσκομένη καὶ ἀναγινωσκομένη ὑπὸ τῶν ἀνθρώπων. 9. Οἱ ἐκ τῆς συναγωγῆς τῆς λεγομένης Λιβερτινῶν καὶ Κυρηναίων ἀντιλέγουσιν τῷ Στεφάνῳ. 10. Τὰ ἐκ τοῦ ἀνθρώπου ἐκπορευόμενα τὸν ἄνθρωπον μιαίνει. 11. Ὁ Μεσσίας ἔρχεται ὁ λεγόμενος Χριστός.

1. Die kommenden Tage sind böse. 2. Werdet nicht Knechte der Sünde! 3. Wer sagt: Ich habe keine (οὐ) Sünde? 4. Widersetzt euch der schlimmen Lehre! 5. Zahlreich (viele) sind die Gefahren des Meeres. 6. Der Herr ist würdig der Herrlichkeit und der Ehre, der Danksagung und des Preises. 7. Das Evangelium vom (Gen.) Reiche Gottes ist dem Ungläubigen Torheit. 8. Verharre (bleibe) in der Danksagung! 9. Wer Gott glaubt (πείθομαι Part.), hat das Leben. 10. Rettet den Freund, der von den Fein-

---

² Dat. temporis.
³ κεκλημένος gerufen, geladen.
⁴ du.

den verfolgt wird (Part.)!   11. Wir bringen den arbeitenden
Knechten das Brot.

α-Deklination

1. Man unterscheidet sowohl beim Substantiv auf α wie auch bei
der Femininform des Adjektivs α purum und impurum.

a) Substantiv: Steht im Nominativ α nach ε, ι oder ρ, so bleibt es
im ganzen Singular (α purum), andernfalls wird es im Genetiv und
Dativ zu η (α impurum): εὐλογία, δωρεά, ἡμέρα – δόξα.

b) Adjektiv: Die Adjektive der 1. und 2. Deklination haben im
Sing. fem. α nach ε, ι, ρ, sonst η: νέος, δίκαιος, ἱερός – καλός.

2. Wie die Adjektive auf -ος, -η, -ον wird das Part. Pr. Med./Pass.
dekliniert: ἐρχόμενος, ἐρχομένη, ἐρχόμενον; λεγόμενος, λεγομένη,
λεγόμενον.

ἡ δόξα, ης	der Glanz, die Herrlichkeit, der Ruhm, die Ehre
ἡ εὐλογία, ας	der Preis, der Segen (εὖ λέγω: gut reden von)
ἡ ἀλήθεια, ας	die Wahrheit
ἡ ἀτιμία, ας	die Unehre, die Schmach (τιμή)
ἡ σοφία, ας	die Weisheit (Philosophie)
ἡ εὐχαριστία, ας	die Danksagung
ἡ θάλασσα, ης	das Meer
ἡ ἐρημία, ας	die Einöde (Eremit), Wüste
ἡ δωρεά, ᾶς	das Geschenk, die Gabe (δῶρον)
ἡ γενεά, ᾶς	das Geschlecht, die Generation, das Zeitalter
ἡ μωρία, ας	die Torheit
ἡ ἡμέρα, ας	der Tag
ἡ ὥρα, ας	die Stunde
ἡ ἁμαρτία, ας	die Sünde (ἁμαρτωλός)
ἡ βασιλεία, ας	das Königtum, die Königsherrschaft; das Königreich, das Reich
ἡ τράπεζα, ης	der Tisch
ἡ γῆ, γῆς	die Erde
ἡ τιμή, ῆς	die Ehre
ἡ ὑπομονή, ῆς	das Ausharren, die Geduld
ἡ φυλακή, ῆς	die Wache, die Nachtwache; das Gefängnis (φυλάσσω)
ἡ παραβολή, ῆς	das Sinnbild, das Gleichnis (παραβάλλω)

τὸ ὅπλον, ου	das Gerät, das Werkzeug; die Waffe
τὸ πλοῖον, ου	das Schiff, das Boot
ἐξέρχομαι	herauskommen, hinausgehen, ausgehen
λαμβάνω	nehmen, empfangen, erhalten
μεταλαμβάνω	Anteil erhalten, erhalten
μέλλω	im Begriffe sein, beginnen, wollen; mit dem Inf. dient es zur Umschreibung des Futurums
ἀντιλέγω	widersprechen, sich widersetzen, widerstehen (λέγω)
μετέχω	Anteil haben (ἔχω)
βασιλεύω	König sein, herrschen
μιαίνω	verunreinigen
εἶ	du bist
ἐστέ (enkl.)	ihr seid
πνευματικός, ή, όν	geistig, geistlich
ἄξιος, α, ον	würdig
ἕτοιμος, η, ον	bereit
ἀδύνατος, ον	unmöglich
δώδεκα	zwölf
ἡμῖν	uns (dat.)
ἕως (Konj.)	bis, solange als
οὐχί	nicht (in Fragen, auf die eine bejahende Antwort erwartet wird, lat.: nonne)
παρά c. dat.	bei

8.

1. Ἐξέρχεται ὁ λόγος εἰς τοὺς ἀδελφούς, ὅτι ὁ μαθητὴς ἐκεῖνος οὐκ ἀποθνήσκει.
2. Λαμβάνετε τὸν λόγον τοῦ μαθητοῦ.
3. Ἀρκετόν ἐστι τῷ μαθητῇ εἶναι ὡς ὁ διδάσκαλος.
4. Δεῖ τὸν μαθητὴν πιστεύειν τῷ διδασκάλῳ.
5. Μαθητά, γίνου ὡς ὁ διδάσκαλος.
6. Οἱ μαθηταὶ ἔρχονται πρὸς τὸν Κύριον καὶ λέγουσιν· Τίς ἐστιν ἡ παραβολή;
7. Πληθύνεται ὁ ἀριθμὸς τῶν μαθητῶν ἐν Ἰερουσαλήμ.
8. Μαριὰμ ἡ Μαγδαληνὴ καὶ ἡ ἄλλη Μαρία τοῖς μαθηταῖς τοὺς τοῦ ἀγγέλου λόγους ἀπαγγέλλουσιν.
9. Ὁ Ἰησοῦς τοὺς μαθητὰς εἰς τὸν κόσμον ἀποστέλλει.
10. Ὁ νεανίας τῷ Κυρίῳ λέγει· τί δεῖ ἐργάζεσθαι; 11. Ἄπαγε τὸν νεανίαν πρὸς τὸν χιλίαρχον. 12. Νεανία, ἐγείρου. 13. Πιστεύεις τοῖς προφήταις. 14. Ὑμεῖς ἐστε οἱ υἱοὶ τῶν προφητῶν. 15. Ἦσαν

δὲ ἐν ᾿Αντιοχείᾳ κατὰ τὴν ἐκκλησίαν προφῆται καὶ διδάσκαλοι ὅ τε Βαρνάβας καὶ Συμεὼν καὶ Λούκιος ὁ Κυρηναῖος Μαναήν τε ῾Ηρῴδου τοῦ τετράρχου σύντροφος καὶ Σαῦλος. 16. Κριταὶ ἦσαν ἐν τῷ ᾿Ισραὴλ ἕως Σαμουὴλ προφήτου. ⟨17.⟩ Νῦν ἀπολύεις τὸν δοῦλόν σου[1], δέσποτα, ἐν εἰρήνῃ. ⟨18⟩ Δεῖ τοὺς δούλους ἰδίοις δεσπόταις μὴ ἀντιλέγειν, ἀλλὰ ὑποτάσσεσθαι. 19. ᾿Απὸ δὲ τῶν ἡμερῶν ᾿Ιωάννου τοῦ βαπτιστοῦ ἕως ἄρτι ἡ βασιλεία τῶν οὐρανῶν βιάζεται. 20. Οἱ μὲν τὸν Χριστὸν λέγουσιν ᾿Ιωάννην τὸν Βαπτιστήν, ἄλλοι δὲ ᾿Ηλίαν, ἕτεροι ᾿Ιερεμίαν. 21. ῾Ο ᾿Ιωσὴφ ἦν ἐν Αἰγύπτῳ ἕως τελευτῆς ῾Ηρῴδου. 22. Τότε παραγίνεται ὁ ᾿Ιησοῦς ἀπὸ τῆς Γαλιλαίας ἐπὶ τὸν ᾿Ιορδάνην πρὸς τὸν ᾿Ιωάννην. 23. Μὴ γίνεσθε ὡς οἱ ὑποκριταὶ σκυθρωποί. ⟨24.⟩ ῾Υποκριτά, ἔκβαλλε πρῶτον ἐκ τοῦ ἰδίου ὀφθαλμοῦ τὴν δοκόν. 25. Γίνεσθε ποιηταὶ λόγου· οὐ γὰρ οἱ ἀκροαταὶ νόμου δίκαιοι παρὰ τῷ Θεῷ, ἀλλ᾿ οἱ ποιηταὶ νόμου.

1. In den Tagen der Richter war nicht immer Friede in Israel. 2. Warum widersprichst du dem Propheten? 3. Herr, rette deinen (σου: Gen. d. Pers.-Pron.) Diener! 4. Die Pharisäer nehmen das Wort Johannes' des Täufers nicht an. 5. Glaubt nicht dem schlimmen Herodes! 6. Der Bischof lehrt die Jünglinge.

Masculina der α-Deklination auf -ας und -ης

Sie unterscheiden sich von den Feminina nur im Nom. und Gen. Sing.; α bleibt nach ε, ι, ρ, sonst wird es zu η. Der Vok. Sing. endigt entsprechend dem Nom. auf ᾱ oder η, die Wörter auf -της haben aber ᾰ: νεανία, ῾Ηρῴδη, ὑποκριτά; δεσπότης hat die abweichende Betonung δέσποτα.

ὁ μαθητής, οῦ	der Schüler, der Jünger, der Anhänger
ὁ νεανίας, ου	der Jüngling, der junge Mann
ὁ προφήτης, ου	der Prophet
ὁ τετρ(α)άρχης, ου	der Tetrarch, der Vierfürst (ἀρχή)
ὁ κριτής, οῦ	der Richter (Kritik)
ὁ ποιητής, οῦ	der, der etwas tut, herstellt; der Verfertiger, der Schöpfer, der Erfüller; der Dichter (poeta)
ὁ δεσπότης, ου	der Herr, der Besitzer
ὁ βαπτιστής, οῦ	der Täufer
ὁ ὑποκριτής, οῦ	der Heuchler
ὁ ἀκροατής*, οῦ	der Hörer

[1] deiner, von dir.

ὁ χιλίαρχος, ου	der Anführer einer Tausendschaft = tribunus militum (ἀρχή). Kriegstribun, Oberst
σύντροφος*	zusammen aufgezogen; Subst.: Milchbruder, Vertrauter, Jugendgenosse
ἡ τελευτή, ῆς	das Ende, der Tod
ὁ ἀριθμός, οῦ	die Zahl
ἡ ἐκκλησία, ας	die Versammlung, die Gemeinde, die Kirche
ἐκεῖνος, η, ο	jener
ἀρκετός*, ή, όν	genügend, hinreichend
ἄλλος, η, ο	ein anderer
ἕτερος, α, ον	der andere (von zweien oder mehreren)
σκυθρωπός*, (ή), όν	finster, traurig aussehend
πληθύνω	vollmachen, vermehren
ἀπαγγέλλω	melden, berichten, verkünden
ἦσαν	sie waren
ἀπολύω	loslassen, entlassen
ὑποτάσσω	unterordnen, unterwerfen; Pass.:sich unterordnen, sich unterwerfen
βιάζω	Gewalt gebrauchen; Pass.:Gewalt erleiden, bedrängt werden
ἐκβάλλω	hinauswerfen, hinausstoßen; aussenden
εἶναι	sein
πρῶτον (Adv.)	zuerst
ἄρτι	jetzt, eben
τότε	damals, dann, darauf
δέ (nachgestellt)	aber
ἕως c. gen.	bis
ἐπί c. acc.	nach, zu, an, auf – hin, gegen
τέ (enkl.; nachgest.)	und
μέν	zwar
ὁ μέν – ὁ δέ	der eine – der andere

9.

1. Ἐπίστευον εἰς τὸν δεσπότην τοῦ κόσμου. – Ἡτοίμαζον τὴν ὁδὸν τοῦ Κυρίου.
2. Ἐπίστευες τοῖς προφήταις. – Ἡτοίμαζες ἡμῖν τόπον.
3. Ὁ Πέτρος ἐπίστευεν εἰς τὴν ἐρχομένην βασιλείαν τοῦ Θεοῦ. – Ἰωάννης ἡτοίμαζεν τῷ Κυρίῳ τὴν ὁδόν. ⟵ Partizip: prädikatives Adjektiv
4. Ἐπιστεύομεν τῷ εὐαγγελίῳ τῆς βασιλείας. – Ἡτοιμάζομεν τοῖς φίλοις δεῖπνον.

5. Ἐπιστεύετε τῷ ἀπίστῳ ἀνθρώπῳ. – Ἡτοιμάζετε μύρα τῷ νεκρῷ.
6. Οἱ Ἀθηναῖοι οὐκ ἐπίστευον τῷ Παύλῳ. – Δύο ἀπόστολοι ἡτοίμαζον τῷ Κυρίῳ καὶ τοῖς μαθηταῖς τὸ πάσχα.
7. Ὁ λαὸς ἐμεγάλυνεν τοὺς ἀποστόλους διὰ τὰ γινόμενα σημεῖα.
8. Οἱ ἐχθροὶ τοῦ Κυρίου ἔλεγον, ὅτι Βεεζεβοὺλ ἔχει. 9. Ὁ Ἰησοῦς ἐγίνωσκεν, τί ἦν ἐν τῷ ἀνθρώπῳ. 10. Οὐκ ἐγινώσκετε τὴν ἀλήθειαν τοῦ Θεοῦ. 11. Ὁ Ἰησοῦς ἐδίδασκε τοὺς μαθητὰς καὶ τὸν λαὸν ἐν παραβολαῖς πολλά. 12. Ὁ Σαῦλος ἐν ταῖς συναγωγαῖς ἐκήρυσσεν, ὅτι ὁ Ἰησοῦς ἐστιν ὁ υἱὸς τοῦ Θεοῦ. 13. Τί οὐχ ὤδευες τὴν ὁδὸν τῆς ζωῆς; 14. Οἱ χριστιανοὶ ὑγίαινον τῇ ἀγάπῃ καὶ τῇ ὑπομονῇ. 15. Τὰ πρόβατα οὐκ ἤκουεν τῆς φωνῆς τοῦ μισθωτοῦ. 16. Ὁ Φαρισαῖος οὐκ εἶχε μισθὸν παρὰ τῷ Θεῷ. 17. Σίμων ὁ Κυρηναῖος ἐρχόμενος ἀπ' ἀγροῦ ἦρεν τὸν σταυρὸν τοῦ Κυρίου. 18. Ὁ Σαμαρίτης τὸν ἄνθρωπον ᾤκτιρεν. 19. Ἐν τῇ Ἐφέσῳ τοῦ Κυρίου ὁ λόγος ηὔξανεν καὶ ἴσχυεν. 20. Ἡρῴδης οὐκ ἤθελεν ἀποκτείνειν Ἰωάννην τὸν βαπτιστήν, ὅτι ὁ λαὸς αὐτὸν[1] ὡς προφήτην εἶχεν. 21. Προσεῖχον δὲ οἱ ὄχλοι τοῖς λεγομένοις ὑπὸ τοῦ Φιλίππου. 22. Πέτρος δὲ καὶ Ἰωάννης ἀνέβαινον εἰς τὸ ἱερὸν ἐπὶ τὴν ὥραν τῆς προσευχῆς τὴν ἐνάτην. 23. Οἱ Ἰουδαῖοι ἀντέλεγον τοῖς ὑπὸ τοῦ Παύλου λεγομένοις. 24. Οἱ δώδεκα δαιμόνια πολλὰ ἐξέβαλλον καὶ ἤλειφον ἐλαίῳ πολλοὺς ἀρρώστους καὶ ἐθεράπευον. 25. Ὁ Παῦλος γράφει· Ἠκούετε τὴν ἐμὴν ἀναστροφήν ποτε ἐν τῷ Ἰουδαϊσμῷ, ὅτι ἐδίωκον τὴν ἐκκλησίαν τοῦ Θεοῦ καὶ προέκοπτον ἐν τῷ Ἰουδαϊσμῷ ὑπὲρ πολλούς. 26. Καὶ περιῆγεν ὁ Ἰησοῦς ὅλην τὴν Γαλιλαίαν καὶ ἐδίδασκεν ἐν ταῖς συναγωγαῖς καὶ ἐκήρυσσε τὸ εὐαγγέλιον τῆς βασιλείας.

1. Ich sagte, daß ich den Menschen nicht kannte. 2. Warum verfolgtest du die Kirche Gottes und tötetest die Christen? 3. Wir wollten das Kreuz tragen, aber wir vermochten (es) nicht. 4. Das Volk hörte nicht auf die Stimme des Propheten. 5. Die einen schrieben Briefe, die anderen lasen in den heiligen Büchern. 6. Die Jünger wanderten von Jerusalem nach Samaria und durchzogen ganz Galiläa; sie predigten das Evangelium des Herrn und heilten viele von ihren (den) Krankheiten.

I. Das Imperfekt

Das griechische Imperfekt, das in seiner Bedeutung im allgemeinen dem lateinischen Imperfekt entspricht, hat nur einen Mo-

[1] ihn.

dus, den Indikativ. Als Nebentempus, wie der Aorist und das Plusquamperfekt, ist es durch das Augment gekennzeichnet.

II. Das Augment

1. Das Augment („Zuwachs") tritt in zwei Formen auf:
a) als syllabisches Augment bei konsonantisch anlautenden Stämmen: vor den Stamm wird die Silbe ἐ- gesetzt: πιστεύω – ἐπίστευον;
b) als temporales Augment bei vokalisch anlautenden Stämmen: der anlautende Vokal wird gedehnt, und zwar wird:

α zu η: ἀκούω – ἤκουον; ε zu η: ἑτοιμάζω – ἡτοίμαζον;
ε zu ει (in einzelnen Fällen): ἔχω – εἶχον;
ο zu ω: ὁδεύω – ὤδευον; ἴ zu ῑ: ἰσχύω – ἴσχυον;
ὔ zu ῡ: ὑγιαίνω – ὑγίαινον; αι zu ῃ: αἴσω – ᾖρον;
αυ zu ηυ: αὐξάνω – ηὔξανον; ει zu η: εἰκάζω – ᾔκαζον;
ευ zu ηυ: εὔχομαι – ηὐχόμην; οι zu ῳ: οἰκτίρω – ᾤκτιρον.

c) Bei langem Vokal und bei ου bleibt das Augment unbezeichnet: ἥκω – ἧκον, manchmal auch bei ει und ευ.
2. In den Komposita tritt das Augment vor den Stamm, nicht vor die Präposition: προσφέρω – προσέφερον; εἰσακούω – εἰσήκουον. Dabei ist zu beachten, daß der Akzent niemals über das Augment hinaus zurückgeht: εἰσάγω – εἰσῆγον.
3. Komposita, deren Simplex nicht mehr bekannt oder gebräuchlich ist, haben vielfach das Augment wie einfache Verba vor der Präposition: καθεύδω – ἐκάθευδον. Umgekehrt werden die aus zusammengesetzten Substantiven gebildeten Verba manchmal als echte Verba composita (Simplex u. Präposition oder Adverb) behandelt: εὐαγγελίζομαι (aus εὐαγγέλιον gebildet) – εὐηγγελιζόμην; προφητεύω (aus προφήτης) – προεφήτευον.
4. Vokalisch auslautende Präpositionen verlieren den Vokal außer περί und πρό: ἀναβαίνω – ἀνέβαινον; περιβάλλω – περιέβαλλον, προκόπτω – προέκοπτον.
5. Konsonantisch auslautende Präpositionen, die in der Zusammensetzung verändert sind, erhalten den ursprünglichen Konsonanten zurück: συμβάλλω – συνέβαλλον; vgl. auch ἐκβάλλω – ἐξέβαλλον.
6. θέλω (att. ἐθέλω) hat im Impf ἠ-, μέλλω ἠ- oder ἐ-: ἤθελον; ἤμελλον, ἔμελλον.

ὁδεύω*   gehen, wandern, reisen (ὁδός)
ὑγιαίνω   gesund sein

27

αἴρω	aufheben, heben, tragen, wegschaffen
οἰκτίρω* (c. acc.)	Mitleid haben
αὐξάνω	vermehren, wachsen, zunehmen
ἰσχύω	stark sein, vermögen, mächtig sein, gelten (ἰσχυρός)
θέλω	wollen
ἀποκτείνω	töten
ἀναβαίνω	hinaufgehen, (hin)aufsteigen (καταβαίνω)
ἀλείφω	salben
περιάγω	trans. herumführen, durchziehen, umherziehen; intrans. umhergehen, umherziehen (ἄγω)
προκόπτω	vorwärtskommen, Fortschritte machen
ὁ τόπος, ου	der Ort, die Stelle, der Raum; die Gelegenheit
τὸ μύρον, ου	das Salböl
τὸ πάσχα (indekl.)	das Pascha, das Paschalamm, das Paschamahl
ὁ λαός, οῦ	das Volk, die Menge
ὁ μισθωτός*, οῦ	der Lohnknecht, der Mietling
ὁ ἀγρός, οῦ	das Feld, der Acker
ὁ σταυρός, οῦ	das Kreuz
ὁ ὄχλος, ου	die Volksmenge, das Volk, die Menge
ἡ προσευχή, ῆς	das Gebet (προσεύχομαι)
τὸ σημεῖον, ου	das Zeichen, das Merkmal, das Wunder
ἡ φωνή, ῆς	die Stimme
τὸ ἔλαιον, ου	das Öl, das Salböl
ἡ ἀναστροφή, ῆς	das Betragen, der Wandel
νεκρός, ά, όν	tot
ἄρρωστος, ον	kraftlos, krank
ὅλος, η, ον	ganz
ἐμός, ή, όν	mein
ἔνατος, η, ον	der neunte
δύο	zwei
ποτέ (enkl.)	irgendeinmal, einstmals
διά c. acc.	wegen
ὑπέρ c. acc.	hinaus über, mehr als

10.

1. Πρὸς τοὺς ἀδελφοὺς εἰς Δαμασκὸν ἐπορευόμην. – Ἐδιωκόμην ὑπὸ τῶν ἐχθρῶν τοῦ Χριστοῦ.
2. Προσηύχου τῷ Θεῷ. – Ὑπὸ τοῦ Κυρίου ἐπαιδεύου.

3. Ἐξήρχετο δὲ καὶ δαιμόνια ἀπὸ πολλῶν. – Ἰησοῦς ἤγετο ἐν τῇ ἐρήμῳ.
4. Ηὐχόμεθα ὑπὲρ τῶν ἀδελφῶν. – Ἐδιωκόμεθα ἕνεκεν δικαιοσύνης.
5. Δῶρα προσφέρειν ἐβούλεσθε. – Πρὸς τὰ εἴδωλα ἤγεσθε.
6. Ἐπορεύοντο ἐν ταῖς ἐντολαῖς τοῦ Κυρίου. – Πολλοὶ τῶν Κοριν-
θίων ἐβαπτίζοντο.
7. Ἐξερχόμενοι δὲ οἱ μαθηταὶ διήρχοντο κατὰ τὰς κώμας εὐαγ-
γελιζόμενοι πανταχοῦ.   8. Τοῦ Παύλου εὐαγγελιζομένου τὴν βασι-
λείαν τοῦ Θεοῦ οἱ μὲν ἐπείθοντο, οἱ δὲ οὐκ ἐπίστευον.   9. Ὁ δὲ
λόγος τοῦ Θεοῦ ηὔξανεν καὶ ἐπληθύνετο.   10. Πέτρος καὶ Ἰωάννης
πολλὰς κώμας τῶν Σαμαριτῶν εὐηγγελίζοντο.   11. Οἱ μὲν οὖν
ἀπόστολοι ἐπορεύοντο ἐν χαρᾷ ἀπὸ προσώπου τοῦ συνεδρίου ἔν τε
τῷ ἱερῷ καὶ κατ' οἶκον οὐκ ἐπαύοντο εὐαγγελιζόμενοι τὸν Χριστόν.
12. Ὁ Ἰησοῦς διεστέλλετο τοῖς μαθηταῖς· βλέπετε ἀπὸ τῆς ζύμης
τῶν Φαρισαίων καὶ τῆς ζύμης Ἡρώδου. καὶ διελογίζοντο πρὸς ἀλλή-
λους, ὅτι ἄρτους οὐκ ἔχουσιν.   13. Πολλὰ μὲν οὖν καὶ ἕτερα εὐηγγελί-
ζετο τὸν λαὸν ὁ Ἰωάννης.
14. Αὐτὸς ὁ Θεὸς σῴζει τοὺς ἀνθρώπους.   15. Ὁ αὐτὸς Θεὸς
ποιητὴς τῶν ἀνθρώπων ἐστίν.   16. Ὁ Ἰησοῦς ἔλεγεν ἐν τῷ ἱερῷ·
πῶς λέγουσιν, ὅτι ὁ Χριστὸς υἱὸς Δαυίδ ἐστιν; αὐτὸς γὰρ Δαυὶδ λέγει
αὐτὸν Κύριον, καὶ πόθεν αὐτοῦ ἐστιν υἱός;   17. Ηὐχόμην γὰρ ἀνάθε-
μα[1] εἶναι αὐτὸς ἐγὼ ἀπὸ τοῦ Χριστοῦ ὑπὲρ τῶν ἀδελφῶν μου[2].
18. Καὶ ἰδοὺ δύο ἐκ τῶν μαθητῶν ἐν αὐτῇ τῇ ἡμέρᾳ ἦσαν πορευό-
μενοι ἀπὸ Ἱερουσαλὴμ εἰς Ἐμμαοῦς, καὶ αὐτὸς Ἰησοῦς συνεπορεύετο
αὐτοῖς.   19. Οἱ Ναζαρηνοὶ ἤθελον τὸν Κύριον ἀποκτείνειν· αὐτὸς δὲ
διερχόμενος διὰ μέσου αὐτῶν ἐπορεύετο.   20. Καὶ ἔμενεν ἐν Βηθανίᾳ
αὐτὸς καὶ οἱ μαθηταὶ αὐτοῦ.   21. Καὶ ἦν τὸ πλοῖον ἐν μέσῳ τῆς θαλάσ-
σης, καὶ αὐτὸς μόνος ἐπὶ τῆς γῆς.   22. Σύ, ὦ Κύριε, ἀεὶ ὁ αὐτὸς εἶ.
23. Ὁ Παῦλος κελεύει τοὺς Χριστιανοὺς τὸ αὐτὸ λέγειν.   24. Μα-
κάριοι οἱ διωκόμενοι ἕνεκεν δικαιοσύνης, ὅτι αὐτῶν ἐστιν ἡ βασι-
λεία τῶν οὐρανῶν.   25. Τότε ἔρχεται ὁ Ἰησοῦς πρὸς τοὺς μαθητὰς
καὶ λέγει αὐτοῖς· καθεύδετε καὶ ἀναπαύεσθε.   26. Ἦν γὰρ αὐτῶν
πονηρὰ τὰ ἔργα.   27. Ἐν Κορίνθῳ ἦσαν Ἀκύλας καὶ Πρίσκιλλα,
ἐρχόμενοι ἀπὸ τῆς Ῥώμης. Παῦλος οὖν διὰ τὸ ὁμότεχνον εἶναι ἔμενεν
παρ' αὐτοῖς καὶ ἠργάζετο· ἦσαν γὰρ σκηνοποιοὶ τῇ τέχνῃ. διελέγετο δὲ ἐν
τῇ συναγωγῇ, ἔπειθέν τε Ἰουδαίους καὶ ἄλλους.   28. Ἐν δὲ ταῖς ἡμέ-
ραις ἐκείναις παραγίνεται Ἰωάννης ὁ βαπτιστὴς ἐν τῇ ἐρήμῳ τῆς
Ἰουδαίας εὐαγγελιζόμενος, ὅτι ἥκει ἡ βασιλεία τῶν οὐρανῶν. τότε
ἐξεπορεύετο πρὸς αὐτὸν Ἱεροσόλυμα καὶ ἡ Ἰουδαία καὶ ἡ περίχωρος τοῦ
Ἰορδάνου καὶ ἐβαπτίζοντο ἐν τῷ Ἰορδάνῃ ποταμῷ ὑπ' αὐτοῦ.

[1] geweiht, verflucht.
[2] meiner, von mir.

1. Immer flehte ich zum Herrn. 2. Warum schliefet ihr und ruhtet? 3. Christus selbst wurde verfolgt. 4. Die Menschen glaubten (πείθεσθαι) Gott nicht, weil ihre Werke böse waren. 5. Du wandeltest nicht auf den Wegen der Gerechtigkeit. 6. Wir hörten die Lehre des Apostels und glaubten ihm. 7. Der Herr ist wahrhaftig; sein Wort bleibt. 8. Den ganzen Tag arbeitete ich auf dem Felde. 9. Du ehrtest Gott und dientest ihm.

I. αὐτός, αὐτή, αὐτό

1. bedeutet „selbst" und steht
   a) in Verbindung mit einem Subjekt: αὐτὸς ᾿Ιησοῦς, αὐτὸς ὁ θεός, αὐτὸς ἐγώ:
   b) zur Hervorhebung eines bekannten Subjekts: Satz 21;
   c) zur Betonung des Gegensatzes zu einem anderen Subjekt: αὐτὸς καὶ οἱ μετ᾿ αὐτοῦ;
   d) zur Verstärkung;
   e) hinweisend: ἐν αὐτῇ τῇ ἡμέρᾳ an eben diesem Tage.
2. vertritt in den obliquen Kasus das Personalpronomen der dritten Person.
3. heißt in Verbindung mit dem Artikel der-, die-, dasselbe, und zwar allein oder bei einem Substantiv: τὸ αὐτό, ὁ αὐτὸς θεός.

II. Genetivus absolutus

Dem lateinischen Ablativus absolutus entspricht im Griechischen der Genetivus absolutus: Παύλου εὐαγγελιζομένου.

III. Participium

Παύεσθαι aufhören wird im Griechischen durch das Participium ergänzt, nicht durch den Infinitiv (wie im Deutschen und Lateinischen): ἐπαύοντο εὐαγγελιζόμενοι.

βαπτίζω	eintauchen, waschen, taufen
διέρχομαι	hindurchgehen, durchwandern; hinkommen; auseinandergehen
εὐαγγελίζομαι (m. d. Dat. u. Akk. d. pers. Obj.)	eine gute Botschaft bringen, verkündigen

παύω	aufhören machen, beruhigen, zurückhalten
παύομαι (Med.)	aufhören
ἀναπαύω	ausruhen lassen, erquicken
ἀναπαύομαι (Med.)	sich ausruhen
διαστέλλομαι	anordnen, befehlen
διαλογίζομαι	erwägen, sich besprechen
συμπορεύομαι	zusammengehen, sich versammeln
διαλέγομαι	sich unterreden, sich unterhalten, sprechen
βλέπω ἀπό	sich hüten vor
καθεύδω	schlafen
ἰδού	siehe, sehet
ἡ ἔρημος, ου	die Wüste, die Steppe, die Einöde
τὸ εἴδωλον, ου	das Götterbild, der Götze
ἡ ἐντολή, ῆς	der Auftrag, die Anweisung, das Gesetz, das Gebot, die Satzung
ἡ κώμη, ης	der Flecken, das Dorf
ἡ χαρά, ᾶς	die Freude
τὸ πρόσωπον, ου	das Gesicht, das Antlitz
τὸ συνέδριον, ου	die Ratsversammlung, der Hohe Rat, das Synedrium
ὁ σκηνοποιός*, οῦ	der Zeltmacher
ἡ τέχνη, ης	die Kunst, das Handwerk (Technik)
ἡ περίχωρος, ου	die Umgebung, die Nachbarschaft
ὁ ποταμός, οῦ	der Fluß, der Strom
ἀλλήλων, -οις, -ους	einander, gegenseitig
αὐτός, ή, ό	selbst
ὁ αὐτός	derselbe
μόνος, η, ον	allein
ὁμότεχνος*, ον	das gleiche Handwerk betreibend
ὑπέρ c. gen.	für
ἕνεκεν, ἕνεκα c. gen.	wegen, um – willen
πανταχοῦ	überall
οὖν	also, denn, da
πῶς	wie?
πόθεν	von wo?, woher?, wieso?, aus welchem Grund?
ἐπί c. gen.	auf, über, an

11.

1. Ἐγώ εἰμι ἡ ἄμπελος ἡ ἀληθινή.
2. Σὺ εἶ Σίμων ὁ υἱὸς Ἰωάννου.

3. Ἡμεῖς ἐκ τοῦ Θεοῦ ἐσμεν.
4. Τῷ υἱῷ Θεοῦ ὑμεῖς οὐ πιστεύετε.
5. Λουκᾶς ἐστιν μόνος μετ' ἐμοῦ. – Μεγαλύνει ἡ ψυχή μου τὸν Κύριον.
6. Εἰ ἐμοὶ οὐ πιστεύετε, τοῖς ἔργοις πιστεύετε. – Λέγε μοι· σὺ Ῥωμαῖος εἶ;
7. Πιστεύετε εἰς τὸν Θεόν, καὶ εἰς ἐμὲ πιστεύετε. – Τί με λέγεις ἀγαθόν;
8. Χαῖρε κεχαριτωμένη[1], ὁ Κύριος μετὰ σοῦ. – Ἐγώ εἰμι Κύριος ὁ Θεός σου.
9. Τί ἐμοὶ καὶ σοί; – Κἀγὼ δέ σοι λέγω, ὅτι σὺ εἶ Πέτρος.
10. Οὐ σὺ ῥίζαν βαστάζεις, ἀλλὰ ἡ ῥίζα σέ. – Ἀσπάζονταί σε οἱ μετ' ἐμοῦ.
11. Προσεύχεσθε περὶ ἡμῶν.
12. Τί ἡμῖν καὶ σοί;
13. Καλόν ἐστιν ἡμᾶς ὧδε εἶναι.
14. Ἐγώ εἰμι Ἰωσὴφ ὁ ἀδελφὸς ὑμῶν.
15. Ἐγὼ τὴν ἀλήθειαν λέγω ὑμῖν.
16. Ὁ δεχόμενος ὑμᾶς ἐμὲ δέχεται.
17. Ὑμεῖς οὐ πιστεύετε, ὅτι οὐκ ἐστὲ ἐκ τῶν προβάτων τῶν ἐμῶν. τὰ πρόβατα τὰ ἐμὰ τῆς φωνῆς μου ἀκούουσιν, κἀγὼ γινώσκω αὐτά.
18. Ὁ λόγος ὁ σὸς ἀλήθειά ἐστιν.
19. Ἰησοῦς Χριστὸς ἱλασμός ἐστιν περὶ τῶν ἁμαρτιῶν ἡμῶν, οὐ περὶ τῶν ἡμετέρων δὲ μόνον, ἀλλὰ καὶ περὶ ὅλου τοῦ κόσμου.
20. Ὁ καιρὸς ὁ ἐμὸς οὔπω πάρεστιν, ὁ δὲ καιρὸς ὁ ὑμέτερος πάντοτέ ἐστιν ἕτοιμος.
21. Ἀσπάζονται ὑμᾶς αἱ ἐκκλησίαι τῆς Ἀσίας. ἀσπάζεται ὑμᾶς ἐν Κυρίῳ πολλά[2] Ἀκύλας καὶ Πρίσκα σὺν τῇ κατ' οἶκον αὐτῶν ἐκκλησίᾳ. 22. Mt. 11,10: Ἰδοὺ ... προσώπου σου. 23. Mk. 2,18: Διὰ τί ... 24. Lk. 23,43: Ἀμήν ... 25. Lk. 6,20 Μακάριοι ... 26. Τὸ σὸν ἔργον ἐργάζου. 27. Lk. 22,33: Κύριε ... 28. 1. Kor. 9,1f.: Οὐ τὸ ἔργον ... ὑμῖν εἰμι.

1. Wir verehren Gott in unserm Land (ἡ χώρα), ihr aber sagt, daß man in Jerusalem zu ihm beten muß. 2. Immer steigt ein anderer vor mir hinab. 3. Ihr seid mein Werk im Herrn. 4. Glaube mir! 5. Warum verfolgst du mich? 6. Nicht was (Fragepron.) ich will, sondern was du (willst). 7. Ich grüße die Brüder bei (mit) dir

[1] κεχαριτωμένος, η, ον begnadet.
[2] Akk. des inneren Objekts: „vielmals".

(Stellung!).   8. Du tatest dein Werk.   9. Das Meinige ist dein
(Plural).

I. Das Personalpronomen

Das Personalpronomen der 1. und 2. Pers. Sing. kommt in den
obliquen Kasus in einer betonten und einer unbetonten, enkli-
tischen Form vor; die betonte Form steht zur Bezeichnung des
Gegensatzes und im allgemeinen nach den Präpositionen außer
πρός (πρός με, aber auch πρὸς ἐμέ).
    In der 3. Person steht αὐτός für das betonte „er", von den obli-
quen Kasus wird der Genetiv betont gebraucht.

II. Das Possessivpronomen

Die adjektivischen Possessivpronomina kommen im NT. wie in
der Koine nicht häufig vor; sie werden durch ἴδιος oder meistens den
Genetiv der Personalpronomina ersetzt.

ἐγώ	ich
σύ	du
ἡμεῖς	wir
ὑμεῖς	ihr
ἐμός, ή, όν	mein
σός, ή, όν	dein
ἡμέτερος, α, ον	unser
ὑμέτερος, α, ον	euer
χαίρω	sich freuen
χαῖρε	sei gegrüßt!
βαστάζω	aufheben, tragen, forttragen
νηστεύω	fasten
πάρειμι	dabei sein, anwesend sein, da sein, gekommen sein
εἰμί (enkl.)	ich bin
ἐσμέν (enkl.)	wir sind
ἔσῃ	du wirst sein
ἡ ψυχή, ῆς	die Seele (Psychologie)
ἡ ῥίζα, ης	die Wurzel
ὁ ἱλασμός, οῦ	die Sühnung, die Versöhnung
ὁ καιρός, οῦ	die Zeit, der Zeitpunkt, die rechte Zeit
ὁ παράδεισος, ου	das Paradies

ὁ θάνατος, ου   der Tod
πτωχός, ή, όν   bettelnd, arm
μετά c. gen.   inmitten von, unter, mit
σύν c. dat.   mit
πρό c. gen.   vor (örtlich und zeitlich)
ὧδε   hier
οὔπω   noch nicht
πάντοτε   immer, zu allen Zeiten
διὰ τί   weshalb? warum?
ἀμήν   wahrlich, gewiß, Amen
σήμερον   heute
γέ (enkl.)   wenigstens, sogar

12.

1. Ἐγώ ἀναπαύσω ὑμᾶς.
2. Οὐ φονεύσεις.
3. Τὸ ἀληθινὸν τίς ὑμῖν πιστεύσει;
4. Πιστεύσομεν ἐπ' αὐτόν.
5. Πῶς τὰ ἐπουράνια πιστεύσετε;
6. Τὰ πρόβατα τῆς φωνῆς μου ἀκούσουσιν.
7. Ἐν εἰρήνῃ ἀναπαύσομαι.
8. Ἐξελεύσῃ ἐκ τῆς χώρας σου.
9. Κύριος εἰσακούσεταί μου.
10. Ἀκουσόμεθά σου καὶ πάλιν.
11. Τοῦ προφήτου ἀκούσεσθε.
12. Αὐτοὶ καὶ ἀκούσονται.
13. Οὐκ ἔσονταί σοι θεοὶ ἕτεροι πλὴν ἐμοῦ.   14. Οὐκ ἔσεσθε ὡς οἱ ὑποκριταί.   15. Mt. 6,21.   16. Joh. 5,25: . . . Θεοῦ.   17. 2. Petr. 3,3: Ἐλεύσονται . . . .   18. Εἰ ὑπομένομεν, καὶ συμβασιλεύσομεν.   19. Ἐξαγορεύσω κατ' ἐμοῦ τὴν ἁμαρτίαν μου τῷ Κυρίῳ.   20. Ὁ οὐρανὸς καὶ ἡ γῆ παρελεύσονται.   21. Κυρίῳ λατρεύσομεν καὶ τῆς φωνῆς αὐτοῦ ἀκουσόμεθα.   22. Joh. 16,22[1].   23. Mt. 19,30.   24. Mk. 9,19: Ὦ . . . ἔσομαι;   25. Ἡ ἀγάπη ἀνυπόκριτος ἔστω.   26. Ὁ ἀπόστολος τὸ δῶρον τῶν Φιλιππησίων θυσίαν εὐάρεστον τῷ Θεῷ λέγει.   27. Οἱ Χριστιανοὶ προσφέρουσι πνευματικὰς θυσίας εὐπροσδέκτους Θεῷ.   28. Οἱ πονηροὶ Χριστιανοὶ ἐν ταῖς ἁγίαις γραφαῖς πηγαῖς ἀνύδροις καὶ νεφέλαις ἀνύδροις παραβάλλονται.   29. Πέντε ἐκ

---

[1] ὄψομαι ich werde sehen.

τῶν παρθένων ἦσαν μωραὶ καὶ πέντε φρόνιμοι.   30. Ἀπελεύ-
σονται οἱ δίκαιοι εἰς ζωὴν αἰώνιον.   31. Mt. 26,38: . . . θανάτου.

1. Ich und mein Haus (wir) werden dem Herrn dienen.   2. Ihr
werdet sein wie Götter.   3. Die fünf klugen Jungfrauen werden in
das Haus des Bräutigams (ὁ νυμφίος, ου) eingehen (εἰσέρχεσθαι);
denn sie sind dem Herrn wohlgefällig.   4. Die Menschen werden
die Stimme Gottes hören.   5. Du wirst in die ewige Herrlichkeit
Gottes eingehen.   6. Ihr brachtet willkommene Opfer dar.   7.
Dienet einander in ungeheuchelter Liebe!

I. Futurum I

Das Futurum I. Akt. und Med. der Verba vocalia, d. h. der
Verba, deren Stamm auf einen Vokal ausgeht, wird gebildet, indem
σ an den Stamm tritt; kurzer Vokal im Stammauslaut wird in der
Regel gedehnt. Die Flexion ist die gleiche wie im Präsens. Konjunk-
tiv und Imperativ fehlen. In atl. Geboten und Verboten (mit οὐ!)
steht statt Imp. der Ind. Fut.

II. Adjektive zweier Endungen

Eine Reihe der Adjektive der 1. und 2. Deklination, und zwar fast
immer die zusammengesetzten, haben für das Maskulinum und Fe-
mininum dieselben Formen auf -ος, im Neutrum -ον. Manche von
ihnen kommen auch als Adjektive dreier Endungen vor.

φονεύω	töten
πιστεύω	anvertrauen; Pass. betraut werden
εἰσακούω	gehorchen, hören auf, erhören *Fut. Dep.*
λατρεύω	dienen
συμβασιλεύω	mitherrschen
ἐλεύσομαι	Futurum zu ἔρχομαι (St. 4)
ἐξελεύσομαι	Futurum zu ἐξέρχομαι herauskommen, hinaus- gehen
παρελεύσομαι	Futurum zu παρέρχομαι vorbeigehen, vergehen, übertreten
ὑπομένω	aushalten
ἐξαγορεύω*	aussprechen, bekennen
χαρήσομαι	Futurum zu χαίρω
ἔσομαι	Futurum zu εἰμί
ἡ χώρα, ας	das Land
ἡ καρδία, ας	das Herz

ἡ ἐμπαιγμονή*, ῆς	der Spott
ὁ ἐμπαίκτης*, ου	der Spötter
ἡ ἐπιθυμία, ας	das Verlangen, die Begierde, die Lust
ἡ θυσία, ας	das Opfer, die Opferhandlung
ἡ πηγή, ῆς	die Quelle
ἡ νεφέλη, ης	die Wolke
ἄπιστος, ον	unglaubwürdig; ungläubig
εὐάρεστος, ον	angenehm, wohlgefällig
εὐπρόσδεκτος, ον	wohl annehmbar, angenehm, willkommen
ἄνυδρος*, ον	wasserlos
φρόνιμος, ον	verständig, klug, einsichtsvoll
ἐπουράνιος, ον	himmlisch (οὐρανός)
ἔσχατος, η, ον	der letzte, der späteste
μωρός, ά, όν	töricht, unsinnig
αἰώνιος, (ία), ον	ewig
ἀνυπόκριτος, ον	ungeheuchelt (ὑποκριτής)
περίλυπος*, ον	tiefbetrübt, sehr traurig (λύπη)
πέντε	fünf
ὅπου	wo (relat.)
ἐκεῖ	dort, da; dorthin, dahin
ὅτε	als, da, nachdem; wann (statt Relativpronomen nach einem Substantiv der Zeit)
πότε;	wann?
πλήν c. gen.	außer
κατά c. gen.	von – herab, in – hinein, bei (bei Vb. des Schwörens), gegen

13.

1. Ταῖς ἐντολαῖς σου ἐπίστευσα.
2. Ἔσῃ κωφός, ὅτι οὐκ ἐπίστευσας τοῖς λόγοις μου.
3. Κύριε, τίς ἐπίστευσεν τῇ ἀκοῇ ἡμῶν;
4. Εἰς Χριστὸν ἐπιστεύσαμεν.
5. Διὰ τί οὖν οὐκ ἐπιστεύσατε τῷ Ἰωάννῃ;
6. Οἱ μαθηταὶ ἐπίστευσαν τῇ γραφῇ καὶ τῷ λόγῳ τοῦ Χριστοῦ.
7. Πίστευσον ἐπὶ τὸν Κύριον.
8. Δουλεύσατε τῷ Κυρίῳ ἐν φόβῳ.
9. Ὁ βουλόμενος ζωὴν μακαρίαν ἔχειν παυσάτω τὴν γλῶσσαν ἀπὸ κακοῦ.
10. Οἱ ἄνθρωποι δουλευσάντων (δουλευσάτωσαν) τῷ Θεῷ.

11. Ἐξουσίαν ἔχω ἀπολῦσαί σε.
12. Οὕτως κηρύσσομεν καὶ οὕτως ἐπιστεύσατε. 13. Joh. 9,18:...
ἀνέβλεψεν. 14. Οἱ προφῆται καὶ ὁ νόμος ἕως Ἰωάννου ἐπροφή-
τευσαν. 15. Εἰ ἐμὲ ἐδίωξαν, καὶ ὑμᾶς διώξουσιν. 16. Νῦν
ἐγγύτερον ἡμῶν ἡ σωτηρία ἢ ὅτε ἐπιστεύσαμεν. 17. Ἐδίωξα τὴν
ἐκκλησίαν τοῦ Θεοῦ. 18. Hebr. 11,6: Πιστεῦσαι... ἔστιν.
19. Joh. 12,34: Ἡμεῖς... μένει. 20. Διὰ Σιλουανοῦ ὑμῖν τοῦ
πιστοῦ ἀδελφοῦ, ὡς λογίζομαι, δι᾽ ὀλίγων ἔγραψα. 21. Ἐλαίῳ
τὴν κεφαλήν μου οὐκ ἤλειψας. 22. Ἔξεστιν τῷ σαββάτῳ θερα-
πεῦσαι ἢ οὔ; 23. Παιδία, ἐσχάτη ὥρα ἐστίν, καὶ καθὼς ἠκούσατε,
ὅτι ὁ ἀντίχριστος ἔρχεται, καὶ νῦν ἀντίχριστοι πολλοὶ γεγόνασιν[1]·
ὅθεν γινώσκομεν, ὅτι ἐσχάτη ὥρα ἐστίν. 24. Οἱ μαθηταὶ οὐκ
ἴσχυσαν ἐκβάλλειν τὸ δαιμόνιον. 25. Καὶ ἐφύτευσεν Κύριος ὁ Θεὸς
παράδεισον ἐν Ἐδὲμ κατὰ ἀνατολάς.
26. Ὁ Θεὸς δικαίως κρίνει. 27. Διδάσκαλε, ὀρθῶς λέγεις καὶ
διδάσκεις καὶ οὐ λαμβάνεις πρόσωπον, ἀλλ᾽ ἐπ᾽ ἀληθείας τὴν ὁδὸν
τοῦ Θεοῦ διδάσκεις. 28. Οἱ μὲν ἐξ ἀγάπης, οἱ δὲ ἐξ ἐριθείας τὸν
Χριστὸν καταγγέλλουσιν, οὐχ ἁγνῶς. 29. Ἀξίως τοῦ εὐαγγελίου
τοῦ Χριστοῦ πολιτεύεσθε. 30. Ὁ υἱός μου σεληνιάζεται καὶ κα-
κῶς ἔχει. 31. Joh. 8,48: Οὐ.... 32. Mk. 7,6: Καλῶς...
ὑποκριτῶν. 33. Τί πράσσουσιν οἱ βαπτιζόμενοι ὑπὲρ τῶν νεκρῶν;
εἰ ὅλως νεκροὶ οὐκ ἐγείρονται, τί καὶ βαπτίζονται ὑπὲρ αὐτῶν;

1. Du hast auf mich gehört. 2. Jesus heilte die Blinden und
Stummen. 3. Ihr habt richtig geschrieben. 4. Die Propheten
haben über den kommenden Christus geweissagt. 5. Höret meine
Stimme (Gen.). 6. Wir pflanzten Bäume und Weinstöcke.
7. Timotheus hat mit mir für (εἰς) das Evangelium Dienst geleistet
(gedient). 8. Diene Gott treu und wohlgefällig!

I. Der Aorist

1. Der Aorist ist im Indikativ im allgemeinen Tempus der Er-
zählung und steht zum Ausdruck a) einer neu eintretenden Hand-
lung: ἐπτώχευσεν er wurde arm (ingressiver Aorist): b) einer ab-
geschlossenen, wenn auch dauernden oder wiederholten Handlung
(komplexiver Aorist): c) einer allgemein gültigen Tatsache (Aorist
der Erfahrung oder gnomischer Aorist, angewendet z. B. in dem
Gleichnis Mk. 4,3–9; Jak. 1,11; Joh. 15,6). Der Imp. Aor. bezeich-

---

[1] (Pf. zu γίνομαι) sie sind geworden, sie sind gekommen.

net ein Gebot im Einzelfall, der Imp. Präs. das allgemein gültige und dauernde Gebot.

2. Als Nebentempus hat der Aor. wie das Impf. im Ind. das Augment.

3. Der (schwache) Aor. wird durch Anhängung der Bildesilbe -σα- gebildet; dabei verbindet sich das σ mit einem p- und k-Laut (π, β, φ; κ, γ, χ) am Ausgang des Stammes zu ψ und ξ; γράφω – ἔγραψα; διώκω – ἐδίωξα. Dieselbe Verbindung tritt auch im Futurum ein: γράφω – γράψω; διώκω – διώξω.

4. Zu beachten ist die Betonung des Inf.: πιστεῦσαι.

II. Das Adverb

1. Das von Adjektiven gebildete Adverb hat in der Regel die Endung -ως (und stimmt so, abgesehen von dem Endkonsonanten, mit dem Gen. Pl. masc. in Form und Betonung überein): ὀρθός – (ὀρθῶν) – ὀρθῶς; δίκαιος – (δικαίων) – δικαίως.

2. Adverb zu ἀγαθός ist das aus zahlreichen Zusammensetzungen bekannte εὖ; gewöhnlich wird jedoch im NT. καλῶς verwendet.

ἀναβλέπω	aufsehen, hinaufsehen; wieder sehen, wieder sehend werden
προσέρχομαι	herankommen, hinzugehen
λογίζομαι	rechnen, berechnen, erwägen, meinen
φυτεύω	pflanzen, anpflanzen
κρίνω	scheiden, unterscheiden, urteilen, richten
καταγγέλλω	verkündigen
πολιτεύομαι	Bürger sein, sein Leben führen, wandeln
σεληνιάζομαι*	mondsüchtig sein
προφητεύω	die Offenbarung Gottes verkündigen, voraussagen, weissagen
λαμβάνω πρόσωπον	die Person ansehen, parteiisch urteilen
κακῶς ἔχω	sich schlecht verhalten, krank sein
ἔξεστιν	es steht frei, es ist erlaubt
πράσσω	tun, handeln, sich verhalten, sich befinden
ἡ ἀκοή, ῆς	das Hören, die Kunde, die Botschaft
ὁ φόβος, ου	die Furcht
ἡ γλῶσσα, ης	die Zunge, die Sprache
ἡ ἐξουσία, ας	die Freiheit, das Recht zu handeln, die Macht, die Gewalt
ἡ σωτηρία, ας	die Rettung, das Heil (σῴζω)

τὸ σάββατον, ου	der Sabbat, die Woche
τὸ παιδίον, ου	das kleine Kind, das Kind
ἡ ἀνατολή, ῆς (u. Pl.)	das Aufgehen (von Gestirnen), der Sonnenaufgang, der Osten
ἡ ἐριθεία, ας	die Streitsucht; die Selbstsucht
κωφός, ή, όν	stumpf, stumm, taub
τυφλός, ή, όν	blind
ὀλίγος, η, ον	klein, gering, Pl. wenige
δι᾽ ὀλίγων	in Kürze, kurz
ὀρθός, ή, όν	gerade, aufrecht, richtig
τί καί;	wozu überhaupt?
οὕτως, οὕτω	so
ἐγγύτερον (Adv.)	näher
καθώς	ebenso wie, so wie, je nachdem, da ja, wie
μόνον (Adv.)	allein, nur
ὅλως	überhaupt
ὅθεν	woher; weshalb
ἤ	als (nach dem Komparativ)

14.

1. Οὐκ ἐγὼ ὑμᾶς τοὺς δώδεκα ἐξελεξάμην;
2. Κύριε, ἐξελέξω τὸν ἀπόστολον ἐκ τῶν μαθητῶν.
3. Ἡ ἡμέρα ἤρξατο κλίνειν.
4. Προσηυξάμεθα ἐν τῷ ἱερῷ.
5. Ὡς ἄγγελον Θεοῦ ἐδέξασθέ με.
6. Οἱ Σαμαρεῖται οὐκ ἐδέξαντο τὸν Κύριον.
7. Ἀπόλουσαι τὰς ἁμαρτίας σου.
8. Ἐνδύσασθε τὴν πανοπλίαν τοῦ Θεοῦ καὶ τὴν περικεφαλαίαν τοῦ σωτηρίου δέξασθε.
9. Ἐκέλευσα ὑμᾶς ἐνδύσασθαι τὸν καινὸν ἄνθρωπον.
10. Ἀνασείει τὸν λαόν, ἀρξάμενος ἀπὸ τῆς Γαλιλαίας ἕως ὧδε.
11. Ὅτι οἱ ἄνθρωποι τὴν ἀγάπην τῆς ἀληθείας οὐκ ἐδέξαντο, πέμπει αὐτοῖς ὁ Θεὸς ἐνέργειαν πλάνης εἰς τὸ πιστεῦσαι αὐτοὺς τῷ λόγῳ τοῦ ψεύστου. 12. Ἐγὼ Ἰησοῦς ἔπεμψα τὸν ἄγγελόν μου. 13. Ὁ Φῆλιξ μετεπέμψατο τὸν Παῦλον καὶ ἤκουσεν αὐτοῦ περὶ τῆς διδαχῆς τοῦ Κυρίου. 14. Μετὰ δὲ τὸ παύσασθαι τὸν θόρυβον μεταπεμψάμενος ὁ Παῦλος τοὺς μαθητὰς ἐπορεύετο εἰς Μακεδονίαν. 15. Παρὰ τοῦ συνεδρίου καὶ ἐπιστολὰς δεξάμενος πρὸς τοὺς ἀδελφοὺς εἰς Δαμασκὸν ἐπορευόμην. 16. Ὁ ἀρχιτρίκλινος ἐγεύσατο τὸν οἶνον. 17. Ἤθελε θύειν Ἀβραὰμ τὸν Ἰσαὰκ πειραζόμενος καὶ τὸν

υἱὸν αὐτοῦ προσέφερεν ὁ τὰς ἐπαγγελίας ἀναδεξάμενος.   18. Δεῖ γὰρ
τὸ φθαρτὸν ἐνδύσασθαι ἀφθαρσίαν καὶ τὸ θνητὸν ἐνδύσασθαι ἀθανα-
σίαν.   19. Joh. 15,16: ... ἐξελεξάμην ὑμᾶς.   20. Lk. 8,40: ...
ὄχλος.   21. Καὶ περιβλεψάμενος ὁ ᾽Ιησοῦς λέγει τοῖς μαθηταῖς αὐτοῦ·
πῶς δυσκόλως οἱ πλούσιοι εἰς τὴν βασιλείαν τοῦ Θεοῦ εἰσελεύσονται.
22. ῾Ρῦσαι ἡμᾶς ἀπὸ τοῦ πονηροῦ.   23. ᾽Εκ τῶν διωγμῶν με ἐρύσατο
ὁ Κύριος.   24. ᾽Εγεύσασθε, ὅτι χρηστὸς ὁ Κύριος.
25. ῞Οδε ὁ λόγος ἀληθινός ἐστιν.   26. ῾Ρύσασθε τὸν φίλον ἐκ τῶνδε
τῶν κινδύνων.   27. ᾽Εν τῷ πορεύεσθαι αὐτοὺς Μάρθα ὑπεδέξατο
αὐτὸν εἰς τὴν οἰκίαν· καὶ τῇδε ἦν ἀδελφὴ λεγομένη Μαριάμ.   28. Offb.
2,18: ... Θεοῦ·

1. Ziehet den Herrn Christus an!   2. Ihr seid nicht von (ἐκ) der
Welt, sondern ich habe euch von der Welt auserwählt.   3. Schlimm
ist es, wenn (a.c.i.) einer, der die Lehre des Herrn und die himm-
lische Gabe gekostet hat (Part. Aor.), sich von der heiligen Satzung
wieder abwendet zu den Worten des Irrtums.   4. Jesus begann in
Galiläa zu lehren und zu heilen.   5. In diesem Hause wird der
Friede sein.   6. Der Herr wählte sich aus seinen Jüngern die zwölf
Apostel aus.   7. Nimm diese Worte an; sie allein sind wahr und
werden dich vom Bösen erretten.   8. Wenn ein Mensch geprüft
wird (Part.), soll er zu Gott beten.   9. Und dem Engel der Ge-
meinde in Smyrna schreibe: So (dieses) spricht der Erste und der
Letzte.

ὅδε, ἥδε, τόδε

Das hinweisende Fürwort ὅδε, ἥδε, τόδε = dieser, diese, dieses, das
aus dem Artikel und dem hinweisenden enklitischen δε (= da, hier)
gebildet ist (daher der Akut auf ἥδε), wird wie der Artikel flektiert;
im NT. kommt es selten vor. Adjektivisch steht es vor dem Artikel.

ἐκλέγομαι	sich auswählen, sich erwählen
ἄρχω	herrschen
ἄρχομαι	beginnen, anfangen
κλίνω	neigen, senken, anlehnen, sich neigen
ἀπολούομαι	sich abwaschen lassen
ἐνδύω	anziehen, bekleiden
ἐνδύομαι	sich anziehen, sich bekleiden
ἀνασείω*	aufwiegeln
πέμπω	senden, schicken

μεταπέμπομαι	nach jemand schicken, kommen lassen
γεύομαι (c.acc.,gen.)	genießen, kosten; kennenlernen
πειράζω	versuchen, prüfen, auf die Probe stellen
ἀναδέχομαι	annehmen, übernehmen, auf sich nehmen
ἀποδέχομαι	freundlich aufnehmen, annehmen; anerkennen
ὑποστρέφω	zurückkehren, sich wieder abwenden
ὑποδέχομαι*	gastlich aufnehmen
περιβλέπομαι	sich umsehen, im Kreise umsehen
ῥύομαι	erretten, bewahren
θύω	opfern, schlachten (θυσία)
ἡ πανοπλία, ας	die Rüstung (ὅπλον)
ἡ περικεφαλαία*, ας	der Helm
τὸ σωτήριον, ου	die Rettung, das Heil
ἡ ἐνέργεια, ας	die Wirksamkeit, die Betätigung
ἡ πλάνη, ης	das (Ab)irren, der Irrtum; die Täuschung
ὁ ψεύστης, ου	der Lügner
ὁ θόρυβος, ου	der Lärm, die Verwirrung, der Aufruhr
ὁ ἀρχιτρίκλινος*, ου	der Festordner
ἡ ἐπαγγελία, ας	die Ankündigung, die Verheißung
ἡ ἀφθαρσία, ας	die Unverderblichkeit, die Unvergänglichkeit
ἡ ἀθανασία, ας	die Unsterblichkeit (θάνατος)
ὁ διωγμός, οῦ	die Verfolgung (διώκω)
ἡ ἀδελφή, ῆς	die Schwester
καινός, ή, όν	neu
φθαρτός, ή, όν	vergänglich
δύσκολος*, ον	schwer, schwierig
πλούσιος, α, ον	reich
χρηστός, ή, όν	brauchbar, geeignet; milde, gut, gütig
ὅδε, ἥδε, τόδε	dieser, diese, dieses
ὧδε (Adv. zu ὅδε)	hierher, hier, hierbei
μετά c. acc.	nach, hinter
παρά c. gen.	von, von her

15.

1. Οὗτος ὁ ἄνθρωπος ἁμαρτωλός ἐστιν.   2. Αὕτη ἡ πύλη τοῦ Κυρίου. δίκαιοι εἰσελεύσονται ἐν αὐτῇ.   3. Τί ἄρα τὸ παιδίον τοῦτο ἔσται;   4. Joh. 6,42: ... Ἰωσήφ;   5. Mt. 21,11.   6. Ἀκούεις, τί οὗτοι λέγουσιν;   7. Διδάσκαλε, πότε οὖν ταῦτα ἔσται;   8. Ἐκ ταύτης τῆς ἐργασίας ἡ εὐπορία ἡμῖν ἐστιν.   9. Mk. 15,39: Ἀληθῶς ...   10. Joh. 8,47: Διὰ ...   11. Οὗτοι οἱ λόγοι ἀληθινοὶ

τοῦ Θεοῦ εἰσιν. 12. Ἐγὼ οὔπω ἀναβαίνω εἰς τὴν ἑορτὴν ταύτην. 13. Joh. 1,1f. 14. Joh. 8,23. 15. Πόθεν τούτῳ ἡ σοφία αὕτη; 16. Lk. 11,29: ... ἐστιν. 17. 1. Joh. 5,11[1]. 18. 2. Joh. 10. 19. Τυχικὸν ἔπεμψα πρὸς ὑμᾶς σὺν Ὀνησίμῳ τῷ πιστῷ ἀδελφῷ, ὅς ἐστιν ἐξ ὑμῶν. 20. Σαοὺλ Σαούλ, τί με διώκεις; Τίς εἶ, Κύριε; Ἐγώ εἰμι Ἰησοῦς, ὃν σὺ διώκεις. 21. Apg. 17,3: Οὗτος ... 22. Apg. 8,32: ... αὕτη. 23. 1. Joh. 4,6 Ὅς ... ἡμῶν. 24. Μὴ θαυμάζετε τοῦτο, ὅτι ἔρχεται ὥρα, ἐν ᾗ οἱ ἐν τοῖς μνημείοις ἀκούσουσιν τῆς φωνῆς αὐτοῦ. 25. Ηὐχόμην γὰρ ἀνάθεμα[2] εἶναι αὐτὸς ἐγὼ ἀπὸ τοῦ Χριστοῦ ὑπὲρ τῶν ἀδελφῶν μου, ὧν ἡ υἱοθεσία καὶ ἡ δόξα καὶ αἱ διαθῆκαι καὶ ἡ νομοθεσία καὶ ἡ λατρεία καὶ αἱ ἐπαγγελίαι. 26. Ὑμεῖς ὃ ἠκούσατε ἀπ' ἀρχῆς, ἐν ὑμῖν μενέτω. 27. Röm. 7,15: ... πράσσω. 28. 1. Kor. 3,5[1]. 29. Eph. 5,18: ... ἀσωτία. 30. Ὁ ἀρχισυνάγωγος ἔλεγεν τῷ ὄχλῳ, ὅτι ἓξ ἡμέραι εἰσίν, ἐν αἷς δεῖ ἐργάζεσθαι. 31. Ὅς οὐ λαμβάνει τὸν σταυρὸν αὐτοῦ, οὐκ ἔστιν μου ἄξιος. 32. Ὁ διάβολος θέλει συνάγειν τοὺς ἀνθρώπους εἰς τὸν πόλεμον, ὧν ὁ ἀριθμὸς αὐτῶν ὡς ἡ ἄμμος τῆς θαλάσσης. 33. Τίς ἡ αἰτία, δι' ἣν πάρεστε; 34. Mt. 24,50[3]. 35. Δοῦλοί ἐστε, ᾧ ὑπακούετε. 36. Πολλοί εἰσιν, οὓς πολλάκις ἔλεγον ὑμῖν τοὺς ἐχθροὺς τοῦ σταυροῦ τοῦ Χριστοῦ, ὧν ὁ θεὸς ἡ κοιλία καὶ ἡ δόξα ἐν τῇ αἰσχύνῃ αὐτῶν.

1. Dieser ist wahrhaftig der Prophet, der in die Welt kommt (Part.). 2. Dieses ist mein Gebot. 3. Wer ist dieser Menschensohn? 4. Mein Reich ist nicht von (ἐκ) dieser Welt. 5. Wir erkennen die Liebe, die Gott zu (ἐν) uns hat. 6. Gott, dem ich diene, hat mich aus dieser Gefahr errettet. 7. Christus, in dem wir das ewige Leben haben, ist unser Heil. 8. Die Kirche, deren Diener ich bin, hat die Lehre Christi. 9. Die Götzenbilder, denen ihr dientet, sind vergänglich. 10. In dieser Welt haben wir keinen Frieden.

I. οὗτος, αὕτη, τοῦτο

1. Das hinweisende Fürwort οὗτος, αὕτη, τοῦτο = dieser, derjenige richtet sich nach dem Artikel im Anlaut, indem es wie die entsprechende Form des Artikels mit dem spiritus asper oder τ beginnt, und im Inlaut, indem ου dem ο-Laut, αυ dem α-Laut des

---

[1] ἔδωκεν er hat gegeben.
[2] geweiht, verflucht.
[3] προσδοκᾷ er erwartet.

Artikels entspricht. Es wird, abgesehen vom Nom. und Akk. Neutr. Sing.(τοῦτο), wie die Adjektive der 1. und 2. Deklination dekliniert. 2. Οὗτος steht allein oder in Verbindung mit einem Substantiv; dabei steht es entweder vor dem Artikel oder nach dem Substantiv: οὗτος ὁ ἄνθρωπος oder ὁ ἄνθρωπος οὗτος.

II. Das Relativpronomen

Das Relativpronomen ὅς, ἥ, ὅ flektiert außer im Nom. und Akk. Neutr. Sing. wie die Adjektive der 1. und 2. Deklination. Gelegentlich tritt zu dem Relativpronomen noch das Personalpronomen: ὧν ὁ ἀριθμὸς αὐτῶν. Zu beachten ist, daß der Artikel zu dem Substantiv hinzutritt, das mit dem possessiven Genetiv des Relativpronomens verbunden ist: οὗ ὁ υἱός dessen Sohn.

οὗτος, αὕτη, τοῦτο	dieser, diese, dieses
ἐπαθροίζω*	dazu versammeln
κατεργάζομαι	vollenden, tun, hervorbringen, schaffen
μεθύσκομαι* Pass.	sich betrinken
ὑπακούω	gehorchen, untertan sein; erhören
ἡ ἐργασία, ας	die Beschäftigung, das Gewerbe, der Erwerb
ἡ εὐπορία*, ας	der Wohlstand
ἡ ἑορτή, ῆς	das Fest
ἡ μαρτυρία, ας	die Zeugnisablegung, das Zeugnis
ἡ περιοχή*, ῆς	der Inhalt, der Abschnitt (einer Schrift)
τὸ μνημεῖον, ου	das Denkmal, das Grab
ἡ υἱοθεσία, ας	die Annahme an Kindes Statt, die Adoption
ἡ διαθήκη, ης	die letztwillige Verfügung, das Testament
ἡ νομοθεσία*, ας	die Gesetzgebung
ἡ λατρεία, ας	der Gottesdienst, die Gottesverehrung
ὁ ἀρχισυνάγωγος, ου	der Synagogenvorsteher
ἡ αἰτία, ας	der Grund, die Ursache, die Schuld
ὁ πόλεμος, ου	der Krieg, der Kampf, der Streit
ἡ ἄμμος, ου	der Sand
ἡ κοιλία, ας	der Magen, der Bauch, das Innerste
ἡ αἰσχύνη, ης	das Schamgefühl; die Schande, die Schmach
ἄρα	denn, also (häufig bei Fragen), folglich
ἀληθῶς (Adv.)	wahrhaftig
κάτω (Adv.)	unten, hinab
ἄνω (Adv.)	oben, aufwärts
τὰ κάτω	diese Welt

τὰ ἄνω　　　　　　das Obere, der Himmel
τὶς, τὶ (enkl.)　　irgendein, irgend jemand; irgend etwas
ἕξ　　　　　　　　sechs

16.

1. Ἥμαρτον εἰς τὸν οὐρανὸν καὶ ἐνώπιόν σου.　**2.** Τί δὲ ἔχεις, ὃ οὐκ ἔλαβες;　**3.** Εἰ γὰρ διὰ νόμου δικαιοσύνη, ἄρα Χριστὸς δωρεὰν ἀπέθανεν.　**4.** Ξένος ἤμην καὶ συνηγάγετέ με, γυμνὸς καὶ περιεβάλετέ με, ἐν φυλακῇ ἤμην καὶ ἤλθατε[1] πρός με. Κύριε, πότε σε εἴδομεν ξένον καὶ συνηγάγομεν, ἢ γυμνὸν καὶ περιεβάλομεν; πότε δέ σε εἴδομεν ἐν φυλακῇ καὶ ἤλθομεν πρὸς σέ;　5. Joh. 1,11.　**6.** Εἴσελθε εἰς τὴν χαρὰν τοῦ κυρίου σου.　**7.** Ἐλθέτω ἡ βασιλεία σου.　**8.** Διὰ τοῦτο ἀναλάβετε τὴν πανοπλίαν τοῦ Θεοῦ.　9. Mt. 15,26: Οὐκ ...　10. Lk. 11, 30.　**11.** Οἱ μαθηταὶ ἐπελάθοντο λαβεῖν ἄρτους.　**12.** Ἐπιλαβοῦ τῆς αἰωνίου ζωῆς.　**13.** Μὴ ἐπιλάθεσθε τοῦ Θεοῦ.　**14.** Οὐ γὰρ ἄδικος ὁ Θεὸς ἐπιλαθέσθαι τοῦ ἔργου ὑμῶν καὶ τῆς ἀγάπης.　**15.** Οἱ φιλόσοφοι ἐπιλαβόμενοι τοῦ Παύλου ἐπὶ τὸν Ἄρειον πάγον ἤγαγον.　16. Joh. 10,16: ... ἀκούσουσιν.　17. Mt. 19,23.　18. Offb. 1,19.　19. Apg. 12,18.　20. Lk. 22,14.　**21.** Οὐκ ἦλθον βαλεῖν εἰρήνην, ἀλλὰ μάχαιραν.　**22.** Ὁ Ἰησοῦς εἶπεν πρὸς τοὺς Φαρισαίους· ὁ ἀναμάρτητος ὑμῶν πρῶτος ἐπ᾿ αὐτὴν βαλέτω λίθον.　23. 1. Kor. 11,20.　24. Mk. 2,27.　25. Mt. 16,21: ... πρεσβυτέρων.　26. Ἡ δεξιά σου ἀντελάβετό μου.　27. Phil. 4,9.　28. Lk. 17,11.

1. Ihr seid mit Christus gestorben.　2. Du hast dein Gutes (Pl.) in deinem Leben empfangen.　3. Wir haben gesündigt und den Weg des Herrn verlassen (ἀπέρχεσθαι ἀπό).　4. Die Apostel sahen die Zeichen, die geschahen.　5. Johannes kam zu euch, und ihr habt sein Wort nicht angenommen.　6. Gehe(t) ein durch die enge Pforte!　7. Ich vergaß, zu euch zu kommen.　8. Wir nahmen uns des Fremden an.　9. Du wirst essen von dem Baum (Holz) des Lebens.　10. Was der Herr gesagt hat, soll geschehen!　11. Jesus sprach zu seinen Jüngern: Der Menschensohn muß leiden und sterben.

I. Der starke Aorist

Eine Reihe von Verben bildet im Akt. und Med. den Aoriststamm nicht durch Anhängung der Bildesilbe -σα- (Aor. I, schwacher

---

[1] (Aor.) ihr kamt.

44

Aor.), sondern durch Verwendung einer anderen Form des Stammes oder durch Hinzuziehung eines neuen Verbums (Aor. II, starker Aor.): βάλλω – ἔβαλον, ἀποθνήσκω – ἀπέθανον; ἔρχομαι – ἦλθον, λέγω – εἶπον.

Der starke Aor. hat unter Verwendung der Themavokale -o- und -ε- und der Personalendung im Ind. die Ausgänge des Impf., in den übrigen Formen die des Präs. Im Akzent weichen Inf. und Part. Akt. und 2. Sing. Imp. und Inf. Med. ab: βαλεῖν, βαλών, βαλοῦ, βαλέσθαι; die Endung ist betont bei folgenden Imperativformen: εἰπέ, ἐλθέ, εὑρέ (attisch auch ἰδέ, λαβέ); in den Komposita geht der Akzent zurück (εἴσελθε).

II. Der Akkusativ

1. Der Akk. des Objekts steht (abgesehen von den gewöhnlichen transitiven Verben)

a) bei ursprünglich intransitiven Verben wie καυχάομαι sich rühmen – etwas rühmen, μαθητεύω Jünger sein – zum Jünger machen;

b) bei Verben des Fürchtens u. ä.: φοβέομαι sich fürchten, φεύγω fliehen, meiden, ἀποστρέφομαι sich abwenden von, ἐπαισχύνομαι sich schämen vor, und des Schwörens: ὀμνύω schwören bei, ἐξορκίζω, (ἐν)ορκίζω beschwören bei; der intransitive Gebrauch mit einer Präposition kommt, manchmal sogar in der Regel, vor: φεύγω ἀπό, ὀμνύω ἐν.

2. Der Akk. des Inhalts (des inneren Objekts), ausgedrückt durch ein Substantiv (φοβεῖσθαι φόβον μέγαν sich sehr fürchten, φυλάσσειν φυλακάς Wache halten) oder Adjektiv oder Pronomen (τρίτον ἔρχομαι zum dritten Mal komme ich).

3. Der doppelte Akkusativ.

a) Zwei Akkusative des äußeren Objekts, der Person und der Sache, bei den Verben des Lehrens (Joh. 14,26: ὑμᾶς διδάξει πάντα er wird euch alles lehren), des Fragens und Bittens (Mk. 4,10 ἠρώτων αὐτὸν τὰς παραβολάς sie fragten ihn nach den Gleichnissen), des An- und Ausziehens (Joh. 19,2: ἱμάτιον πορφυροῦν περιέβαλον αὐτόν sie bekleideten ihn mit einem Purpurgewand), Verben mit kausativer Bedeutung (ποτίζω trinken lassen); im Pass. bleibt der Akk. der Sache.

b) Akk. des Objekts und des Inhalts (Eph. 2,4: τὴν ἀγάπην, ἣν ἠγάπησεν ὑμᾶς die Liebe, mit der er euch geliebt hat); im Pass. bleibt der Akk. des Inhalts.

c) Objekts- und Prädikatsakkusativ bei Verben, die bedeuten:
haben als, halten für, machen zu, nennen, sich erweisen als; im Pass.
steht der doppelte Nom.
4. Der Akkusativ der Beziehung und der adverbielle Akk., besonders bei Ausdrücken mit neutr. Art.
5. Der Akkusativ der Ausdehnung auf die Fragen „wie weit?",
„wie lang?" (örtlich und zeitlich), manchmal auch „wann?".

ἁμαρτάνω	fehlen, sündigen (ἁμαρτία, ἁμαρτωλός)
ἥμαρτον (Aor.)	
λαμβάνω	nehmen, aufnehmen, empfangen, erhalten
ἔλαβον	
παραλαμβάνω	zu sich nehmen, übernehmen
παρέλαβον	
ἀναλαμβάνω	aufnehmen, annehmen
ἀνέλαβον	
προλαμβάνω	vorwegnehmen, einnehmen
προέλαβον	
ἐπιλαμβάνομαι	sich halten an, fassen, erfassen, ergreifen
ἐπελαβόμην (c. gen.)	
ἀντιλαμβάνομαι*	sich annehmen, wahrnehmen
ἀντελαβόμην (c. gen.)	
ἀποθνήσκω	sterben
ἀπέθανον	
συνάγω	zusammenführen, sammeln; gastlich auf-
συνήγαγον	nehmen
βάλλω	werfen; setzen, legen, stellen; bringen
ἔβαλον	
περιβάλλω	herumlegen, umwerfen, anziehen
περιέβαλον	
εἶδον (Aor.)	erblicken, sehen, wahrnehmen, erkennen
ἔρχομαι	gehen, kommen
ἦλθον	
εἰσέρχομαι	hineingehen
εἰσῆλθον	
ἀπέρχομαι	weggehen, hingehen
ἀπῆλθον	
φάγομαι (Fut.)	essen (Präs. ἐσθίω)
ἔφαγον (Aor.)	
εἶπον (Aor.)	sagen, reden, sprechen

ἀναπίπτω	sich niederlegen
ἀνέπεσον	
γίνομαι	geboren werden, entstehen, gemacht werden;
ἐγενόμην	sich ereignen, geschehen, werden
ἐπιλανθάνομαι	vergessen, vernachlässigen
ἐπελαθόμην (c. gen.)	
πάσχω	erleben, erfahren, leiden, erdulden
ἔπαθον	
μανθάνω	lernen, kennenlernen, erfahren (μαθητής)
ἔμαθον	
ἐκδέχομαι	erwarten, warten
δεικνύω	sehen lassen, zeigen, dartun
ἤμην	ich war
τὸ κυνάριον*, ου	das Hündchen
τὸ ξύλον, ου	das Holz, der Baum
ἡ αὐλή, ῆς	der Hof, das Gehöft, der Vorhof
ὁ τάραχος*, ου	der Aufruhr, der Tumult
ὁ στρατιώτης, ου	der Soldat
ἡ μάχαιρα, (ας) ης	das Schwert
ξένος, η, ον	fremd, fremdartig, ausländisch
ὁ ξένος, ου	der Fremdling
ἄδικος, ον	ungerecht, unehrlich, untreu
γυμνός, ή, όν	nackt, dürftig bekleidet
ἀναμάρτητος*, ον	sündlos
κυριακός, ή, όν	zum Herrn gehörig, Herren-
δεξιός, ά, όν	rechts
ἡ δεξιά	die rechte Hand, die rechte Seite
ἐνώπιον (c. gen.)	vor, vor Augen, in Gegenwart von
δωρεάν (Adv.)	geschenkweise, umsonst
εἰς τὸ αὐτό	ebenso, an demselben Ort, gemeinsam
ὥστε	daher; so daß

17.

1. Καὶ ὅταν προσεύχησθε, οὐκ ἔσεσθε ὡς οἱ ὑποκριταί. ὅταν δὲ νηστεύητε, μὴ γίνεσθε ὡς οἱ ὑποκριταὶ σκυθρωποί. 2. Ἐγὼ ἦλθον, ἵνα ζωὴν ἔχωσιν καὶ περισσὸν ἔχωσιν. 3. Τεκνία μου, ταῦτα γράφω ὑμῖν, ἵνα μὴ ἁμάρτητε. 4. Τί φάγωμεν; ἢ τί πίωμεν; ἢ τί περιβαλώμεθα; 5. Τότε ἐάν τις ὑμῖν εἴπῃ· ἰδοὺ ὧδε ὁ Χριστός, ἢ ὧδε, μὴ πιστεύσητε. ἐὰν οὖν εἴπωσιν ὑμῖν· ἰδοὺ ἐν τῇ ἐρήμῳ ἐστίν, μὴ ἐξέλθητε·

ἰδοὺ ἐν τοῖς ταμείοις, μὴ πιστεύσητε. 6. Joh. 11,14–16. 7. Μὴ φονεύσῃς. 8. Ἀδελφοί, μὴ πονηρεύσησθε. 9. Joh. 16,7: ... ὑμᾶς (1). 10. Joh. 13,19. 11. Ὑμεῖς οὐ λογίζεσθε, ὅτι συμφέρει ὑμῖν, ἵνα εἷς[1] ἄνθρωπος ἀποθάνῃ ὑπὲρ τοῦ λαοῦ. 12. 2.Thess. 3,1. 13. Οἱ Φαρισαῖοι συμβούλιον ἔλαβον, ὅπως αὐτὸν παγιδεύσωσιν ἐν λόγῳ. 14. Mk. 10,15. 15. Τὸν ἐρχόμενον πρός με οὐ μὴ ἐκβάλω ἔξω. 16. Joh. 11,40. 17. Lk. 22,67: Εἰ ... [2]. 18. Lk. 22,46: Προσεύχεσθε, ... 19. Ὀνήσιμον ἐγὼ ἐβουλόμην πρὸς ἐμαυτὸν κατέχειν. 20. Τί λέγεις περὶ σεαυτοῦ; 21. Αὐτὸς δὲ ὁ Ἰησοῦς οὐκ ἐπίστευεν αὐτὸν αὐτοῖς. 22. Οὐ γὰρ ἑαυτοὺς κηρύσσομεν, ἀλλὰ Χριστὸν Κύριον, ἑαυτοὺς δὲ δούλους ὑμῶν. 23. Mt. 26,11. 24. Joh. 5,42: Τὴν ... 25. Joh. 18,34: Ἀπὸ ... 26. Θησαυρίζεις σεαυτῷ ὀργὴν ἐν ἡμέρᾳ ὀργῆς. 27. Lk. 12,57. 28. Lk. 23,28: Μὴ ... 29. Lk. 4,3; 4,9: Εἰ ... 30. Ἡμεῖς αὐτοὶ ἐν ἑαυτοῖς στενάζομεν υἱοθεσίαν ἀπεκδεχόμενοι. 31. Ἀμὴν λέγω ὑμῖν, ὅτι οὐ μὴ παρέλθῃ ἡ γενεὰ αὕτη, ἕως ἂν πάντα[3] ταῦτα γένηται. ὁ οὐρανὸς καὶ ἡ γῆ παρελεύσεται, οἱ δὲ λόγοι μου οὐ μὴ παρέλθωσιν.

1. Kommt zu mir, damit ihr das Leben habt. 2. Wirket (κατεργάζομαι) euer (refl.!) Heil mit (μετά) Furcht. 3. Viele Menschen tun das Gute, damit sie Lohn empfangen. 4. Wenn einer (ὃς ἄν) meine Gebote auflöst, wird er (wirklich!) nicht in das Himmelreich eingehen. 5. Was sollen wir sagen, oder was sollen wir wünschen? 6. Lasset uns allezeit beten, damit wir nicht in Versuchung kommen. 7. Du allein hast das Leben in dir. 8. Warum hast du den Fremdling nicht bei dir aufgenommen? 9. Richtet euch selbst, damit ihr nicht von Gott gerichtet werdet.

I. Der Konjunktiv

Zeichen für den Konjunktiv ist die Dehnung der Themavokale: παιδεύομεν – παιδεύωμεν, παιδεύεται – παιδεύηται.
Der Konjunktiv steht
1. in Hauptsätzen
a) zum Ausdruck der Selbstaufforderung (coni. adhortativus): ἄγωμεν Negation μή, und des Verbots (μή mit dem Konj. Aor.; coni. prohibitivus): μὴ φονεύσῃς;

[1] ein, einer.
[2] εἰπόν sage!
[3] (neutr. Pl.) alles.

b) zum Ausdruck der betonten Verneinung: οὐ μή mit dem Konj. Aor. (und in derselben Bedeutung mit dem Ind. Fut.): οἱ λόγοι μου οὐ μὴ παρέλθωσιν; es ist zu erklären aus dem Ausdruck οὐ (φόβος ἐστίν) μή;
c) in Fragen des Zweifels und der Überlegung (coni. dubitativus, deliberativus): τί φάγωμεν;
2. in Nebensätzen
  a) in abhängigen deliberativen Fragen: τί φάγητε;
  b) in Absichtssätzen, eingeleitet durch ἵνα, ὅπως, verneint ἵνα μή, ὅπως μή: ἵνα ζωὴν ἔχωσιν;
  c) in Bedingungssätzen mit ἐάν, verneint ἐὰν μή: ἐὰν εἴπωσιν;
  d) in kondizionalen Relativsätzen mit ἄν (ἐάν): ὃς ἂν μὴ δέξηται;
  e) in Sätzen mit ὅταν, ἕως ἄν, πρὶν ἄν u. ä.: ὅταν προσεύχησθε.

II. Das Reflexivpronomen

Das Reflexivpronomen für die 3. Pers. Sing. (ἑαυτοῦ, ῆς, οῦ) wird im Plur. auch für die 1., 2. und 3. Pers. Plur. gebraucht statt des klassischen ἡμῶν αὐτῶν, ὑμῶν αὐτῶν und σφῶν αὐτῶν. Die (klass.) Kontraktion zu σαυτοῦ kommt im NT nicht vor, die zu αὐτοῦ selten. In possessiver Bedeutung steht der Gen. ἑαυτοῦ und αὐτου.

πίνω	trinken
ἔπιον (Aor.)	
πονηρεύομαι*	böse sein, schlecht handeln
συμφέρω	zusammentragen; helfen, nützen
παγιδεύω*	in einer Schlinge fangen
τρέχω	laufen
ἔδραμον (Aor.)	
ὄψομαι (Fut.)	sehen werden
κατέχω	aufhalten, zurückhalten, festhalten
θησαυρίζω	aufspeichern, ansammeln
κλαίω	weinen
στενάζω	seufzen, stöhnen
τὸ τεκνίον, ου	das Kindlein (in liebevoller Anrede gebraucht; τέκνον)
τὸ ταμεῖον*, ου	die Vorratskammer, das innerste Gemach
ἡ παρρησία, ας	die Offenheit im Reden, die Freimütigkeit
ὁ συμμαθητής*, οῦ	der Mitjünger
ὁ παράκλητος, ου	der Anwalt, der Fürsprecher
τὸ συμβούλιον, ου	die Beratung, der Beschluß, die Versammlung

ἡ ὀργή, ῆς	der Zorn
περισσός, ή, όν	außergewöhnlich, überflüssig
λοιπός, ή, όν	übrig
τὸ λοιπόν	weiterhin, im übrigen
ἐμαυτοῦ, ῆς (refl.)	meiner
σεαυτοῦ, ῆς (refl.)	deiner
ἑαυτοῦ(αὐτοῦ),ῆς(refl.)	seiner
ἔξω (Adv.)	außen, draußen, heraus, hinaus
πλήν (Adv.)	aber, indessen, nur
ἐντεῦθεν	von hier
ἄν	Modalpartikel: etwa, wohl (bleibt meistens unübersetzt)
ὅταν (ὅτε ἄν)	dann, wann; so oft als, jedesmal, wenn
ἵνα, ὅπως	auf daß, damit (final), daß
ἐάν	wenn

18.

1. Ἐὰν εἴπωμεν, ὅτι ἁμαρτίαν οὐκ ἔχομεν, ἑαυτοὺς πλανῶμεν καὶ ἡ ἀλήθεια οὐκ ἔστιν ἐν ἡμῖν. 2. Ὁ ἄγαμος μεριμνᾷ τὰ τοῦ Κυρίου. 3. Μάρθα Μάρθα, μεριμνᾷς καὶ θορυβάζῃ περὶ πολλῶν. 4. Διὰ τοῦτο λέγω ὑμῖν, μὴ μεριμνᾶτε τῇ ψυχῇ ὑμῶν, τί φάγητε ἢ τί πίητε. 5. Τεκνία, μηδεὶς πλανάτω ὑμᾶς. 6. Χαίρωμεν καὶ ἀγαλλιῶμεν. 7. Τεκνία, μὴ ἀγαπῶμεν λόγῳ μηδὲ τῇ γλώσσῃ, ἀλλὰ ἐν ἔργῳ καὶ ἀληθείᾳ. 8. Ἠγάπα δὲ ὁ Ἰησοῦς τὴν Μάρθαν καὶ τὴν ἀδελφὴν αὐτῆς καὶ τὸν Λάζαρον. 9. Καὶ ὅτε ἐγένετο κατὰ μόνας[1], ἠρώτων αὐτὸν οἱ περὶ αὐτὸν σὺν τοῖς δώδεκα τὰς παραβολάς.
10. Ἀγαπήσεις Κύριον τὸν Θεόν σου ἐν ὅλῃ τῇ καρδίᾳ σου καὶ ἐν ὅλῃ τῇ ψυχῇ σου καὶ ἐν ὅλῃ τῇ διανοίᾳ σου. 11. Εἰ οὕτως ὁ Θεὸς ἠγάπησεν ἡμᾶς, καὶ ἡμεῖς ὀφείλομεν ἀλλήλους ἀγαπᾶν. 12. Βλέπετε, μή τις ὑμᾶς πλανήσῃ.
13. Ἐγὼ γὰρ διὰ νόμου νόμῳ ἀπέθανον, ἵνα Θεῷ ζήσω. ζῶ δὲ οὐκέτι ἐγώ, ζῇ δὲ ἐν ἐμοὶ Χριστός. 14. Οὐδεὶς γὰρ ἡμῶν ἑαυτῷ ζῇ, καὶ οὐδεὶς ἑαυτῷ ἀποθνήσκει. ἐάν τε γὰρ ζῶμεν, τῷ Κυρίῳ ζῶμεν, ἐάν τε ἀποθνήσκωμεν, τῷ Κυρίῳ ἀποθνήσκομεν. ἐάν τε οὖν ζῶμεν ἐάν τε ἀποθνήσκωμεν, τοῦ Κυρίου ἐσμέν. 15. Ἐγὼ ζῶ, καὶ ὑμεῖς ζήσεσθε. 16. Καὶ τῷ ἀγγέλῳ τῆς ἐν Σμύρνῃ ἐκκλησίας γράφον· Τάδε λέγει ὁ πρῶτος καὶ ὁ ἔσχατος, ὃς ἐγένετο νεκρὸς καὶ ἔζησεν. 17. Phil. 1,21[2]. 18. Ἰᾶταί σε Ἰησοῦς Χριστός. 19. Ἀεὶ πλανῶνται τῇ καρδίᾳ. 20. Εἰ καυχᾶσθαι δεῖ, τὰ τῆς ἀσθενείας μου καυχήσομαι. 21. Πολλῇ παρρησίᾳ χρώμεθα. 22. Οἴνῳ ὀλίγῳ χρῶ διὰ τὸν στόμαχον καὶ τὰς

---

[1] κατὰ μόνας allein.
[2] τὸ κέρδος der Gewinn.

50

πυκνάς σου ἀσθενείας.   23. Ὁ καυχώμενος ἐν Κυρίῳ καυχάσθω.
24. Röm. 12,21.   25. Ἐθεασάμεθα τὴν δόξαν αὐτοῦ.   26. Ἀβραὰμ
ἠγαλλιάσατο, ἵνα ἴδῃ τὴν ἡμέραν τὴν ἐμήν.   27. Τοὺς καταρωμένους σε
καταράσομαι.   28. Καλὸς ὁ νόμος, ἐάν τις αὐτῷ νομίμως χρῆται.
29. Εἰ ἄλλοι τῆς ὑμῶν ἐξουσίας μετέχουσιν, οὐ μᾶλλον ἡμεῖς; ἀλλ’ οὐκ
ἐχρησάμεθα τῇ ἐξουσίᾳ ταύτῃ.   30. Σάρρα ἤκουσεν πρὸς τῇ θύρᾳ τῆς
σκηνῆς καὶ ἐγέλασεν.   31. Ὁ Κύριος ἐκγελάσεται τοὺς ἀδίκους.
32. Ὁ ἐρχόμενος πρὸς ἐμὲ οὐ μὴ πεινάσῃ.
33. Καὶ εἶδον οὐρανὸν καινὸν καὶ γῆν καινήν· ὁ γὰρ πρῶτος οὐρανὸς
καὶ ἡ πρώτη γῆ ἀπῆλθον, καὶ ἡ θάλασσα οὐκ ἔστιν ἔτι.   34. Ὁ
Ἰησοῦς εἶπεν τῷ Ναθαναήλ· ὅτι εἶπόν σοι, ὅτι εἶδόν σε ὑποκάτω τῆς
συκῆς, πιστεύεις.   35. Εἰ οὖν ἐν τῷ ἀδίκῳ μαμωνᾷ πιστοὶ οὐκ ἐγέ-
νεσθε, τὸ ἀληθινὸν τίς ὑμῖν πιστεύσει;   36. Κύριε, ἰδοὺ ἡ μνᾶ σου, ἣν
εἶχον ἐν τῷ σουδαρίῳ. Κύριε, ἔχει δέκα μνᾶς.   37. Καὶ εἰ ὁ σατανᾶς
τὸν σατανᾶν ἐκβάλλει, ἐφ’ ἑαυτὸν διεμερίσθη[3].   38. Καὶ ὁ Ἰησοῦς ἦν ἐν
τῇ ἐρήμῳ τεσσαράκοντα[4] ἡμέρας πειραζόμενος ὑπὸ τοῦ σατανᾶ.
39. Ὕπαγε, σατανᾶ.

1. Wir lieben Gott, weil er uns zuerst ([als] erster) geliebt hat
(Aor.)   2. Liebet eure Feinde!   3. Dein Sohn lebt.   4. Täuscht
euch nicht!   5. Dies ist mein Gebot, daß (ἵνα) ihr einander liebt,
wie (καθώς) ich euch geliebt habe.   6. Wenn wir einander lieben,
bleibt Gott in uns.   7. Sammelt euch nicht Schätze auf (ἐπί c. gen.)
Erden!   8. Ich finde an diesem Feigenbaume keine Frucht.
9. Jubelt, [ihr] Gerechten, im Herrn!

I. Verba contracta auf -άω

Kontraktion ist die Zusammenziehung zweier innerhalb eines
Wortes zusammentreffender Vokale in einen langen Laut. Die
Kontraktionssilbe erhält einen Akzent, wenn einer der beiden Vokale
betont war, und zwar den Zirkumflex, wenn der erste, den Akut,
wenn der zweite Vokal betont war.
   Bei den Verba contracta auf -άω wird α + E-Laut (ε, η, ει, η) zu ᾱ
(ᾳ), α + O-Laut (ο, ω, οι, ου) zu ω (ῳ); ursprüngliches ι wird unter-
geschrieben; da die Endung des Inf. Präs. Akt. aus εεν kontrahiert
ist, also kein ursprüngliches ι enthält, steht kein ι subscriptum:
τιμᾶν.
   Als Kontraktionsvokal haben η statt α ζῆν und χρῆσθαι.

[3] er ist geteilt.
[4] vierzig.

Vom Fut. an haben die Verba contr. auf -άω in allen Tempora langen Stammauslaut, und zwar nach ε, ι und ρ langes α, sonst η: καταράσομαι, ἐθεασάμεθα; ἀγαπήσεις. Abweichend davon bildet χράομαι Formen mit η (ἐχρησάμεθα), πεινάω mit langem α (πεινάσῃ). Kurzen Stammauslaut behalten γελάω u. a. (ἐγέλασεν).

II. Substantiva contracta der α-Deklination

Bei den auf -άᾱ und -έᾱ ausgehenden Substantiven wird -άᾱ in -ᾶ, -έᾱ nach ρ in -ᾶ, sonst in -ῆ kontrahiert; von andern nachfolgenden Vokalen und Diphthongen werden α und ε verschlungen.

Ähnlich, aber anders entstanden sind die Endungen einiger Substantive fremder Herkunft, z. B. ὁ σατανᾶς, -ᾶ, -ᾷ, -ᾶν, -ᾶ.

πλανάω	in die Irre führen, verführen, täuschen
πλανάομαι (Pass.)	in die Irre gehen, irren, sich täuschen, getäuscht werden, sich täuschen lassen
μεριμνάω	besorgt sein, Sorge haben, sich Sorge machen, besorgen
ἀγαλλιάω	jubeln, frohlocken
ἀγαλλιάομαι	
ἀγαπάω	lieben (ἀγάπη)
ἐρωτάω	fragen, bitten
ζάω	leben
νικάω	siegen, besiegen
ἰάομαι	heilen
καυχάομαι	sich rühmen, prahlen
χράομαι (c.dat., acc.)	gebrauchen, verwenden; verfahren, vorgehen
θεάομαι	schauen, sehen, betrachten
καταράομαι	verfluchen, fluchen
γελάω	lachen
ἐκγελάομαι*	verlachen
πεινάω	hungern
θορυβάζομαι*	sich beunruhigen lassen
ὀφείλω	schuldig sein, verpflichtet sein, müssen
ὑπάγω	weggehen, gehen, hingehen
ἡ συκῆ, ῆς	der Feigenbaum
ἡ μνᾶ, ᾶς	die Mine (= 100 Drachmen = 80 Goldmark)
ὁ μαμωνᾶς, ᾶ	der Besitz, das Vermögen, das Geld
ὁ σατανᾶς, ᾶ	der Widersacher, der Satan
ἡ διάνοια, ας	der Verstand, die Vernunft, die Gesinnung

ἡ ἀσθένεια, ας	die Schwäche, die Krankheit, die Schwach- heit
ὁ στόμαχος, ου	der Magen
ἡ θύρα, ας	die Tür
ἡ σκηνή, ῆς	das Zelt, die Hütte, die Wohnung
τὸ σουδάριον*, ου	das Schweißtuch
ἄγαμος*, ον	unverheiratet
πυκνός*, ή, όν	häufig, zahlreich
νόμιμος*, η, ον	zum Gesetz gehörig, gesetzlich, gesetzmäßig
δέκα	zehn
μηδέ	auch nicht, und nicht
περί (c. acc.)	um, um – herum, um, gegen (zeitlich); in betreff
ἔτι	noch
οὐκέτι	nicht mehr, nicht länger, nicht weiter
μᾶλλον (Adv.)	mehr, lieber, vielmehr
ὑποκάτω (c. gen.)	unter, unterhalb

19.

1. Κύριε, θεωρῶ, ὅτι προφήτης εἶ σύ. 2. Μὴ φοβοῦ, μόνον πίστευε. 3. Ὑμεῖς φίλοι μού ἐστε, ἐὰν ποιῆτε, ἃ ἐγὼ ἐντέλλομαι ὑμῖν. 4. Τί οὖν ποιεῖς σὺ σημεῖον, ἵνα ἴδωμεν καὶ πιστεύσωμέν σοι; τί ἐργάζῃ; 5. Μηδεὶς τὸ ἑαυτοῦ ζητείτω, ἀλλὰ τὸ τοῦ ἑτέρου. 6. Ἡμεῖς εὐχαρι- στοῦμεν τῷ Θεῷ ἀδιαλείπτως. 7. Apg. 12,5. 8. Οὐκ ἔστιν οὗτος παρὰ Θεοῦ ὁ ἄνθρωπος, ὅτι τὸ σάββατον οὐ τηρεῖ. 9. 1. Joh. 3,21 f. 10. Τίς ἡ καινὴ αὕτη ἡ ὑπὸ σοῦ λαλουμένη διδαχή; 11. Ὁ Θεός, εὐχαριστῶ σοι, ὅτι οὐκ εἰμὶ ὥσπερ οἱ λοιποὶ τῶν ἀνθρώπων. 12. Ἡ ἀγάπη οὐ ζητεῖ τὰ ἑαυτῆς. 13. 1. Kor. 13,11: ... νήπιος (4). 14. Joh. 14,19. 15. Τί ὑμῖν δοκεῖ περὶ τοῦ Χριστοῦ; 16. Εἴ τις δοκεῖ σοφὸς εἶναι ἐν ὑμῖν, μωρὸς γενέσθω, ἵνα γένηται σοφός· ἡ γὰρ σοφία τοῦ κόσμου τούτου μωρία παρὰ τῷ Θεῷ ἐστιν. 17. Mt. 24,44. 18. Τί δέ με καλεῖτε· Κύριε Κύριε, καὶ οὐ ποιεῖτε, ἃ λέγω; 19. Μακά- ριοί ἐστε, ὅταν μισήσωσιν ὑμᾶς οἱ ἄνθρωποι. 20. Καὶ προσκαλεῖται, οὓς ἤθελεν αὐτός, καὶ ἀπῆλθον πρὸς αὐτόν. καὶ ἐποίησεν δώδεκα, ἵνα ὦσιν μετ' αὐτοῦ καὶ ἵνα ἀποστέλλῃ αὐτοὺς κηρύσσειν καὶ ἔχειν ἐξουσίαν ἐκβάλλειν τὰ δαιμόνια. 21. Εἶπεν δὲ ὁ Κύριος τῷ Παύλῳ· μὴ φοβοῦ, ἀλλὰ λάλει καὶ μὴ σιωπήσῃς. 22. Phil. 4,2. 23. Ἐξ Αἰγύπτου ἐκάλεσα τὸν υἱόν μου. 24. Οὐ γὰρ ἦλθον καλέσαι δικαίους ἀλλὰ ἁμαρτωλούς. 25. Οἱ φοβούμενοι τὸν Κύριον, αἰνέσατε αὐτόν. 26. Καὶ ἐπήνεσεν ὁ κύριος τὸν οἰκονόμον τῆς ἀδικίας. 27. Τί εἴπω ὑμῖν; ἐπαινέσω ὑμᾶς; ἐν τούτῳ οὐκ ἐπαινῶ. 28. Πείθεσθε

τοῖς ἡγουμένοις ὑμῶν. 29. Τὴν τοῦ Κυρίου ἡμῶν μακροθυμίαν σωτηρίαν ἡγεῖσθε. 30. Offb. 2,6. 31. Joh. 15,19: "Ὅτι ... 32. Röm. 7,15. 33. 1. Joh. 5,2f. ... τηρῶμεν. 34. Joh. 16,16. 35. Εὐλογεῖτε τοὺς καταρωμένους ὑμᾶς, εὐλογεῖτε καὶ μὴ καταρᾶσθε. 36. Ἐπαίνει, Ἱερουσαλήμ, τὸν Κύριον, αἴνει τὸν Θεόν σου, Σιών. 37. Κύριε, ἐλέησον ἡμᾶς, υἱὸς Δαυίδ.

1. Dieses (Pl.) lehre und ermahne! 2. Fürchtet Gott! 3. Was fordert (ζητέω) dieses Geschlecht ein Zeichen? 4. Tue dies, und du wirst leben (Med.). 5. Herodes fürchtete (Impf.) den Johannes. 6. Niemals (οὐδέποτε) hat ein Mensch so gesprochen, wie dieser Mensch spricht. 7. Was sollen wir tun, damit wir die Werke Gottes verrichten (ἐργάζομαι)? 8. Siehe, deine Jünger tun, was nicht erlaubt ist am (ἐν ohne Art.) Sabbat. 9. Laßt uns Dank sagen dem Herrn, unserem Gott!

I. Verba contracta auf -έω

Bei den Verba contracta auf -έω wird ε + ε zu ει, ε + ο zu ου, ε vor langem Vokal oder Diphthong wird verschlungen. Bei einsilbigen Stämmen (δέω, πλέω) unterbleibt die Kontraktion außer zu ει: πλεῖ, aber πλέομεν. Einige Verben (αἰνέω) behalten im Fut. und den weiteren Tempora das ε, bei den übrigen wird es zu η gedehnt. (Das eleison der heutigen Liturgie, in dem das griechische ἐλέησον erhalten ist, erklärt sich daraus, daß in der späteren Zeit η wie ι gesprochen wurde (Itazismus); daher auch in den Improperien am Karfreitag eleison imas = ἐλέησον ἡμᾶς)

II. Nominativ statt Vokativ

Statt des Vokativs steht auch der Nominativ, besonders bei Adjektiven und bei Zusätzen zu einem Vokativ. Bei einfachem Substantiv steht dann gewöhnlich der Artikel (Satz 11, 25, 37; Mt. 17,17; Lk. 11,39; Apg. 7,42).

θεωρέω	zuschauen, betrachten, sehen, merken
ποιέω	machen, tun, schaffen, ausführen, ausüben, üben, handeln, verfahren (ποιητής)
ζητέω	suchen, aufsuchen, untersuchen, zu erlangen suchen, erstreben, verlangen
εὐχαριστέω	dankbar sein, Dank sagen (εὐχαριστία)
τηρέω	bewachen, bewahren, aufbewahren, behüten, beschützen, beobachten, halten

αἰτέω, αἰτέομαι	fordern, bitten
λαλέω	reden, sprechen, verkünden, sagen
φρονέω	denken, urteilen, bedacht sein auf, gesinnt sein (φρόνιμος)
δοκέω	meinen, glauben, scheinen, gelten
δοκεῖ μοι	ich denke, meine, glaube, es beliebt mir, ich beschließe
καλέω (καλέσω)	rufen, nennen, anrufen, benennen, einladen, berufen
παρακαλέω	herbeirufen; auffordern, ermahnen; anrufen; ermuntern, trösten (παράκλητος)
προσκαλέομαι	herbeirufen, kommen lassen, berufen
μισέω	hassen, verabscheuen
αἰνέω (αἰνέσω)	loben, preisen
ἐπαινέω	loben
εὐλογέω	gut reden von, loben, rühmen; segnen, mit Wohltaten bedenken (εὐλογία)
φοβέομαι	Angst haben, sich fürchten, fürchten; Ehrfurcht haben (φόβος)
ἡγέομαι	führen, leiten; meinen, glauben, halten für
ἐλεέω	Mitleid haben, sich erbarmen
ἐντέλλομαι	Auftrag geben, bestellen, befehlen (ἐντολή)
καταγινώσκω* (m.Gen.)	verurteilen
σιωπάω	schweigen
ὦσιν	3. Pers. Pl. Konj. Pr. von εἰμί (St. 11)
ἦτε	ihr wart
ὁ οἰκονόμος, ου	der Hausverwalter, der Verwalter (οἶκος)
ἡ ἀδικία, ας	das Unrecht, die Ungerechtigkeit (ἄδικος)
ἡ μακροθυμία, ας	die Geduld, die Ausdauer, die Langmut
ἀγαπητός, ή, όν	geliebt
ἀρεστός, ή, όν	angenehm, wohlgefällig (εὐάρεστος)
νήπιος, α, ον	unmündig, kindlich
μικρός, ά, όν	klein, geringfügig, kurz
σοφός, ή, όν	weise (σοφία)
ἐκτενῶς* (Adv.)	angespannt, beharrlich
ὥσπερ	wie, gleichwie

20.

1. Ἀξιοῦμεν παρὰ σοῦ ἀκοῦσαι, ἃ φρονεῖς. 2. Οὐ δικαιοῦται ἄνθρωπος ἐξ ἔργων νόμου. 3. Ζηλῶ ὑμᾶς Θεοῦ ζήλῳ. 4. Gal.

4,17f.　　5. Τὸ ἐκ τοῦ ἀνθρώπου ἐκπορευόμενον, ἐκεῖνο κοινοῖ τὸν ἄνθρωπον.　　6. Βλέπε τὴν διακονίαν, ἣν παρέλαβες ἐν Κυρίῳ, ἵνα αὐτὴν πληροῖς.　　7. Μωϋσῆς καὶ Ἠλίας ἔλεγον τὴν ἔξοδον αὐτοῦ, ἣν ἤμελλεν πληροῦν ἐν Ἰερουσαλήμ.　　8. Τὸ δὲ παιδίον ηὔξανεν καὶ ἐκραταιοῦτο πληρούμενον σοφίᾳ.　　9. Apg. 13,25: ... ἐγώ.　　10. Σταύρου, σταύρου αὐτόν.　　11. Καί σταυροῦσιν αὐτόν, καὶ διαμερίζονται τὰ ἱμάτια αὐτοῦ, καὶ σὺν αὐτῷ σταυροῦσιν δύο λῃστάς.　　12. 1. Kor. 14,1.　　13. Μὴ κραταιούσθω ἄνθρωπος.　　14. Εἶπεν δὲ ὁ Πέτρος· Ἀνανία, διὰ τί ἐπλήρωσεν ὁ σατανᾶς τὴν καρδίαν σου;　　15. Κύριε, μὴ σκύλλου· οὐ γὰρ ἱκανός εἰμι, ἵνα ὑπὸ τὴν στέγην μου εἰσέλθῃς, διὸ οὐδὲ ἐμαυτὸν ἠξίωσα πρὸς σὲ ἐλθεῖν.　　16. Εὔχομαί σε εὐοδοῦσθαι καὶ ὑγιαίνειν, καθὼς εὐοδοῦταί σου ἡ ψυχή.　　17. Κύριος εὐόδωσεν τὴν ὁδόν μου.

18. Ἐὰν προσεύχωμαι γλώσσῃ, ὁ νοῦς μου ἄκαρπός ἐστιν.　　19. Ἡμεῖς δὲ νοῦν Χριστοῦ ἔχομεν.　　20. Δημήτριος ἐποίει ναοὺς ἀργυροῦς.　　21. Εἶδον ἑπτὰ λυχνίας χρυσᾶς.　　22. Διπλώσατε τὰ διπλᾶ κατὰ τὰ ἔργα αὐτῆς.　　23. Ἀρχὴ τοῦ εὐαγγελίου Ἰησοῦ Χριστοῦ υἱοῦ τοῦ Θεοῦ.　　24. 1.Joh.5,20: Ἐσμὲν ...　　25. Ἐν δὲ τῷ ὑποστρέφειν τὸν Ἰησοῦν ἀπεδέξατο αὐτὸν ὁ ὄχλος.　　26. Οἱ στρατιῶται ἱμάτιον πορφυροῦν περιέβαλον τὸν Ἰησοῦν.　　27. Τί ἐμοὶ καὶ σοί, Ἰησοῦ υἱὲ τοῦ Θεοῦ τοῦ ὑψίστου;　　28. Ἰησοῦ υἱὲ Δαυίδ, ἐλέησόν με.

1. Gott rechtfertigt uns; denn der Mensch ist nicht imstande (ἱκανός), sich selbst (acc.) gerecht zu machen, und niemand wird gerechtfertigt aus den Werken des Gesetzes. 2. Die guten Bischöfe werden doppelter Ehre gewürdigt. 3. Die schlechten Reden, die aus einem bösen Herzen hervorgehen (Part.), verunreinigen den Menschen. 4. Ich bin gekommen, das Gesetz und die Propheten zu erfüllen (Inf. Aor.). 5. Das geschieht, damit die Schrift erfüllt wird. 6. Ich habe Macht, dich zu kreuzigen. 7. Jesus, den ihr gekreuzigt habt, hat Gott (zum) Herrn und Christus gemacht. 8. Wer erkennt den Sinn des Herrn? 9. Die Heiligen trugen purpurne Gewänder und goldene Kränze (ὁ στέφανος). 10. Verehrt nicht die goldenen und silbernen Götzenbilder. 11. Viele glaubten an (εἰς) Jesus. 12. Petrus war mit Jesus, dem Galiläer (ὁ Γαλιλαῖος).

I. Verba contracta auf -όω

Bei den Verba contracta auf -όω wird ο + ε, ο oder ου zu ου, ο + η oder ω zu ω, ο + ι-Diphthong (ει, οι, η) zu οι. Vom Fut. an wird das ο zu ω gedehnt. Im Konj. kommt -οῦ- st. -ῶ- vor.

II. Substantiva contracta der o-Deklination

Im NT. kommen vor ὁ νοῦς der Verstand, die Vernunft; ὁ πλοῦς die Seefahrt; ὁ χοῦς der Staub; sie bilden den Akk. kontrahiert nach der 2. (νοῦν, πλοῦν, χοῦν), den Gen. und Dat. nach der 3. Deklination.

III. Adjectiva contracta der 1. und 2. Deklination

Kontrahiert werden Adjektive auf -εος, die eine Farbe oder einen Stoff bezeichnen, und zwar wie die Substantive; im Fem. steht in allen Formen des Sing. α nach ρ, sonst η. In allen Formen steht auf der letzten Silbe der Zirkumflex.

IV. Eigennamen auf -οῦς

Ähnlich wie bei den Substantiva contracta der o-Deklination, wenn auch anderen Ursprungs, sind die Endungen des aus dem Semitischen stammenden Namens Jesus: Ἰησοῦς, Ἰησοῦ, Ἰησοῦ, Ἰησοῦν, Ἰησοῦ.

ἀξιόω	für würdig ansehen, würdig machen; für angemessen halten; verlangen, bitten (ἄξιος)
δικαιόω	Recht verschaffen, rechtfertigen, als gerecht hinstellen (δίκαιος, δικαιοσύνη)
ζηλόω	eifrig streben, sich eifrig bemühen um, umwerben, Eifer entfalten; mit Eifersucht, Neid erfüllt sein
κοινόω	gemein machen, verunreinigen, entweihen
πληρόω	vollmachen, anfüllen, erfüllen; vollenden, zur Vollendung bringen, beendigen
κραταιόω*	stärken; Pass. stark werden
σταυρόω	kreuzigen (σταυρός)
εὐοδόω*	gelingen lassen; Akt. u. Pass. guten Erfolg haben
διπλόω*	verdoppeln
ὑπονοέω	vermuten
ἐκκλείω*	ausschließen
διαμερίζω	teilen, zerteilen, verteilen; Med. unter sich verteilen
σκύλλω*	ermüden (trans.), bemühen, belästigen
ὁ νοῦς	der Verstand, die Vernunft; der Sinn, die Gesinnung, der Gedanke
ἀργυροῦς, ᾶ, οῦν	silbern

χρυσοῦς*, ῆ, οῦν   golden (auch χρυσᾶν st. -ῆν u. a.)
διπλοῦς*, ῆ, οῦν   doppelt, zweifach
πορφυροῦς*, ᾶ, οῦν   purpurfarbig
ὁ ζῆλος, ου   der Eifer, die Eifersucht
ἡ διακονία, ας   die Dienstleistung, der Dienst, das Amt
ἡ ἔξοδος, ου   das Herausgehen, der Ausweg, der Hingang (im Tod)
ὁ δρόμος*, ου   der Lauf, der Lebenslauf
τὸ ἱμάτιον, ου   das Gewand, der Mantel
ὁ λῃστής, οῦ   der Räuber, der Straßenräuber
ἡ στέγη*, ης   das Dach
τὰ πνευματικά, ῶν   die Geistesgaben
ὁ ναός, οῦ   der Tempel
ἡ λυχνία, ας   der Leuchter
ἱκανός, ή, όν   hinreichend, genügend; zahlreich, viel; groß; geeignet, geschickt, tauglich; würdig
ἄκαρπος, ον   ohne Frucht, unfruchtbar
ὕψιστος, η, ον   höchster, erhabenster
ἑπτά   sieben
διό (δι’ ὅ)   deshalb, daher

21.

1. Οἱ πονηρευόμενοι ἐξολεθρευθήσονται. 2. Προσδοκῶμεν τὴν παρουσίαν τῆς τοῦ Θεοῦ ἡμέρας, δι’ ἣν οὐρανοὶ πυρούμενοι λυθήσονται, στοιχεῖα δὲ καυσούμενα λυθήσεται. 3. Καὶ σύ, Καφαρναούμ, μὴ ἕως οὐρανοῦ ὑψωθήσῃ; 4. Ὧι γὰρ μέτρῳ μετρεῖτε, ἀντιμετρηθήσεται ὑμῖν. 5. Λαληθήσεται καὶ ὃ ἐποίησεν αὕτη, εἰς μνημόσυνον αὐτῆς. 6. Ἡ ψυχὴ τοῦ πλουσίου ἐν τῇ ζωῇ αὐτοῦ εὐλογηθήσεται. 7. Διὰ τοὺς ἐκλεκτοὺς κολοβωθήσονται αἱ ἡμέραι ἐκεῖναι. 8. Hebr. 3,5[1]. 9. Ἐν ποίᾳ ἐξουσίᾳ ταῦτα ποιεῖς; Οὐδὲ ἐγὼ λέγω ὑμῖν, ἐν ποίᾳ ἐξουσίᾳ ταῦτα ποιῶ. 10. Ποῖον οἶκον οἰκοδομήσετέ μοι, λέγει Κύριος. 11. Mt. 19,16–18: Διδάσκαλε ... ποίας[2]; 12. Ἡ γὰρ ἡμέρα δηλώσει, ὁποῖόν ἐστιν ἑκάστου τὸ ἔργον. 13. 1. Thess. 1,9: ... ὑμᾶς. 14. Εὔχομαι τῷ Θεῷ γενέσθαι σε τοιοῦτον, ὁποῖος καὶ ἐγώ εἰμι. 15. Mt. 19,14[3]. 16. Αἶρε ἀπὸ τῆς γῆς τὸν τοιοῦτον. 17. Τίς δέ ἐστιν οὗτος, περὶ οὗ ἀκούω τοιαῦτα; 18. Τοιαύταις παραβολαῖς πολλαῖς ἐλάλει αὐτοῖς τὸν λόγον. 19. Φοβοῦμαι, μή

---
[1] ὁ θεράπων der Diener.
[2] εἷς ein, einer.
[3] ἄφετε (Imp.) laßt!

πως οὐχ οἵους θέλω, εὕρω ὑμᾶς. 20. 1. Kor. 15,47f. 21. Πόσον ὀφείλεις τῷ κυρίῳ μου; 22. Mt. 10,24f. 23. Οὐκ ἀκούεις, πόσα σου καταμαρτυροῦσιν; 24. Ὅσα ὁ νόμος λέγει, τοῖς ἐν τῷ νόμῳ λαλεῖ. 25. Ὅσοι ἐξ ἔργων εἰσίν, ὑπὸ κατάραν εἰσίν. 26. Κύριε, ἤκουσα ἀπὸ πολλῶν περὶ τοῦ ἀνθρώπου τούτου, ὅσα κακὰ τοῖς ἁγίοις σου ἐποίησεν ἐν Ἱερουσαλήμ. 27. Mt. 22,9. 28. Ὁ νόμος κυριεύει τοῦ ἀνθρώπου, ἐφ᾽ ὅσον χρόνον ζῇ. 29. Gal. 4,1: . . . δούλου. 30. Τοσοῦτον χρόνον μεθ᾽ ὑμῶν εἰμι. 31. Ταῦτα τί ἐστιν εἰς τοσούτους; 32. Mt. 8,27: Ποταπός . . . 33. Mk. 13,1. 34. Τοῦτο δὲ λογιζέσθω ὁ τοιοῦτος, ὅτι, οἷοί ἐσμεν τῷ λόγῳ δι᾽ ἐπιστολῶν, τοιοῦτοι καὶ τῷ ἔργῳ.

1. Es wird dir gesagt werden, was du tun sollst (δεῖ m. a. c. i.).
2. Ich werde am Kreuze erhöht werden. 3. Ihr werdet vom Herrn gesegnet werden. 4. Wieviel(e) Brote habt ihr? 5. Was (wie beschaffen) ist euer Leben? 6. Kehre zurück in dein Haus und erzähle (διηγέομαι), wie Großes (Pl.) dir Gott getan hat! 7. Es liegt mir nichts daran, wie (beschaffen) sie einmal waren. 8. Hütet euch vor solchen Menschen! 9. Um wieviel unterscheidet sich der Mensch von einem Schaf! 10. Wie ihr tut, so wird euch getan werden.

I. Das Futur des Passivs

Das Fut. Pass. wird gebildet, indem an den Stamm die Silben -θησο- oder -θησε- und daran die medialen Endungen treten. Kurzer Vokal am Ausgang des Stammes wird im allgemeinen gedehnt.

II. Der Dativ

1. Der eigentliche Dativ zur Bezeichnung des entfernteren Objekts steht bei Verben wie geben, schaden, befehlen, vertrauen, gehorchen, glauben, ist aber vielfach durch eine Präposition mit ihrem Kasus ersetzt.
2. Der dat. commodi und incommodi kommt vor zur Bezeichnung der Person, deren Interesse berührt wird.
3. In Verbindung mit εἶναι bezeichnet der Dat. den Besitzer, besonders wenn der Besitz betont ist (sonst εἶναι mit dem Gen.).
4. Der dat. sociativus steht bei Verben mit der Bedeutung „folgen, sich nähern, Gemeinschaft haben, verkehren, streiten, gebrauchen, gleichen" und bei Adjektiven, die eine Gleichheit be-

zeichnen oder mit συν- zusammengesetzt sind, ebenso bei dem Adv.
ἅμα zugleich.
  5. Der dat. instrumentalis ist häufig durch ἐν c. dat. ersetzt.
  6. Statt des dat. causae steht ebenfalls vielfach ἐν oder eine
andere Präp. mit ihrem Kasus.
  7. Der dat. modi steht zur Bezeichnung der begleitenden Um-
stände.
  8. Der dat. temporis steht auf die Frage „wann?", oft jedoch mit
ἐν, ferner gelegentlich auf die Frage „wie lange?"
  9. Der Dat. steht bei den mit ἀντι-, ἐν-, ἐπι-, παρα-, προσ-, συν- und
ὑπο- zusammengesetzten Verben.

ἐξολεθρεύω*	ausrotten
προσδοκάω	erwarten
πυρόω*	Pass. brennen (intrans.)
καυσόω*	verbrennen (trans.)
ὑψόω	erhöhen
μετρέω	messen, ausmessen, zumessen
ἀντιμετρέω*	wieder zumessen
κολοβόω	verstümmeln, abkürzen
οἰκοδομέω	bauen, erbauen, errichten
ἔσχον st. Aor. zu ἔχω	haben
δηλόω	offenbaren, kundtun, erklären
ἀπαγγέλλω	melden, berichten, verkünden
κωλύω	hindern, verhindern, abhalten, hemmen
ηὗρον st. Aor. zu εὑρίσκω	finden
ἐπικαλέω	anrufen, benennen, nennen
καταμαρτυρέω* c. gen.	Zeugnis ablegen gegen, aussagen gegen
κυριεύω	Herr sein, Gewalt haben, herrschen
διαφέρω	hindurchtragen; auseinandertragen, ver- breiten; sich unterscheiden
οὐδέν μοι διαφέρει	es liegt mir nichts daran
ἡ παρουσία, ας	die Anwesenheit, die Ankunft
τὸ στοιχεῖον, ου	Pl. die Anfangsgründe, die Grundstoffe, die Elemente, die Elementargeister, die Gestirne
τὸ μέτρον, ου	das Maß (als Werkzeug und Menge)
τὸ μνημόσυνον*, ου	das Gedächtnis, die Erinnerung
τό μαρτύριον, ου	das Zeugnis, der Beweis (μαρτυρία)
ἡ εἴσοδος, ου	das Eintreten, der Eingang, der Zugang (ὁδός)

ὁ οἰκιακός*, οῦ	der Hausgenosse
ὁ οἰκοδεσπότης, ου	der Hausherr (οἶκος, δεσπότης)
ἡ κατάρα, ας	die Verwünschung, der Fluch (καταράομαι)
ἡ διέξοδος*, ου	der Ausgang
ὁ γάμος, ου	Sing. und Pl. die Hochzeit, die Hochzeitsfeier
ὁ χρόνος, ου	die Zeit, der Zeitraum, die Zeitdauer
ὁ κληρονόμος, ου	der Erbe
ὁ ἄνεμος, ου	der Wind
ἡ οἰκοδομή, ῆς	das Bauen, die Erbauung; der Bau, das Gebäude
ποῖος, α, ον	wie beschaffen?, welcher?, was für einer? (direktes u. indirektes Fragepron.)
ὁποῖος, α, ον	was für einer? (indir. Fragepron., Relativpron.)
τοιοῦτος, αὔτη, οὗτο(ν)	so beschaffen, derartig, solch
οἷος, α, ον	wie beschaffen, welcher Art (Rel.-Pron.)
πόσος, η, ον	wie groß?, wieviel? (dir. u. indir. Fragepron.)
πόσῳ	um wieviel
τοσοῦτος, αὔτη, οὗτο(ν)	so groß, so viel
ὅσος, η, ον	wie groß, wieviel (Rel.-Pron.); Pl. alle, die
ποταπός, ή, όν	wie beschaffen
ἐκλεκτός, ή, όν	ausgesucht, auserwählt (ἐκλέγομαι)
χοϊκός*, ή, όν	aus Erde bestehend, irdisch
δεύτερος, α, ον	der zweite
οὐδέν	nichts
πώς (enkl.)	irgendwie
μή, μήτι	etwa (Fragepartikel; gebraucht, wenn verneinende Antwort erwartet wird)

22.

1. Τὸ εὐαγγέλιον τῆς δόξης τοῦ μακαρίου Θεοῦ ἐπιστεύθην ἐγώ. 2. Ἐλύθη ὁ δεσμὸς τῆς γλώσσης αὐτοῦ καὶ ἐλάλει ὀρθῶς. 3. Ἐδουλώθητε τῇ δικαιοσύνῃ. 4. Οἱ Ἰουδαῖοι ἐπιστεύθησαν τὰ λόγια τοῦ Θεοῦ. 5. Νῦν χαίρω, οὐχ ὅτι ἐλυπήθητε, ἀλλ᾽ ὅτι ἐλυπήθητε εἰς μετάνοιαν. 6. Ἐὰν γὰρ καὶ πορευθῶ ἐν μέσῳ σκιᾶς θανάτου, οὐ φοβηθήσομαι, ὅτι σὺ μετ᾽ ἐμοῦ εἶ. 7. Ἰωσὴφ υἱὸς Δαυίδ, μὴ φοβηθῇς παραλαβεῖν Μαρίαν. 8. Οὐκ ἐπίστευον εἰς αὐτόν, ἵνα ὁ λόγος Ἡσαΐου τοῦ προφήτου πληρωθῇ, ὃν εἶπεν· Κύριε, τίς ἐπίστευσεν τῇ ἀκοῇ

ἡμῶν; 9. Ὥσπερ γὰρ ὑμεῖς ποτε ἠπειθήσατε τῷ Θεῷ, νῦν δὲ ἠλεήθητε τῇ τούτων ἀπειθείᾳ, οὕτως καὶ οὗτοι νῦν ἠπείθησαν, ἵνα καὶ αὐτοὶ νῦν ἐλεηθῶσιν. 10. Ἐκριζώθητι καὶ φυτεύθητι ἐν τῇ θαλάσσῃ. 11. Λέγει αὐτοῖς ὁ Πιλᾶτος· τί οὖν ποιήσω Ἰησοῦν τὸν λεγόμενον Χριστόν; λέγουσιν· σταυρωθήτω. 12. Ὁ υἱὸς τοῦ ἀνθρώπου οὐκ ἦλθεν διακονηθῆναι, ἀλλὰ διακονῆσαι. 13. Καὶ ἐπορεύθη Ἀβραάμ, καθάπερ ἐλάλησεν αὐτῷ Κύριος, καὶ ᾤχετο μετ᾽ αὐτοῦ Λώτ. 14. Mt. 8,8f.: Κύριε . . .[1]. 15. Τὸ πάσχα ἡμῶν ἐτύθη[2] Χριστός. 16. Joh. 19,8f.: . . . σύ; 17. Τὸ εὐαγγέλιον ἡμῶν οὐκ ἐγενήθη εἰς ὑμᾶς ἐν λόγῳ μόνον. 18. Ὁ ἐὰν θέλητε, αἰτήσασθε, καὶ γενήσεται ὑμῖν. 19. Ἐκλήθη[3] δὲ καὶ ὁ Ἰησοῦς καὶ οἱ μαθηταὶ αὐτοῦ εἰς τὸν γάμον. 20. 1. Kor. 1,9. 21. Mt. 5,9. 22. Ἐφοβήθησαν δὲ οἱ ἀπόστολοι ἐν τῷ εἰσελθεῖν αὐτοὺς εἰς τὴν νεφέλην. 23. Ζῇ Κύριος, καὶ εὐλογητὸς ὁ Θεός μου, καὶ ὑψωθήτω ὁ Θεὸς τῆς σωτηρίας μου. 24. Jud. 11: . . . ἐξεχύθησαν. 25. Ὅπως ἂν δικαιωθῇς ἐν τοῖς λόγοις σου καὶ νικήσῃς ἐν τῷ κρίνεσθαί σε. 26. Mt. 26,54. 27. Mt. 6,1: . . . αὐτοῖς. 28. Kol. 3,4. 29. 1. Kor. 7,24. 30. Lk. 15,19: . . . υἱός σου. 31. Röm. 15,7. 32. Lk. 19,9. 33. Ἄκουσον, λαός μου, καὶ λαλήσω σοι· Ἰσραήλ, καὶ διαμαρτύρομαί σοι· ὁ Θεὸς ὁ Θεός σού εἰμι ἐγώ. 34. Καὶ εἶπεν Ἰωσὴφ τοῖς ἀδελφοῖς αὐτοῦ· Μὴ φοβεῖσθε, τοῦ γὰρ Θεοῦ ἐγώ εἰμι· ὑμεῖς ἐβουλεύσασθε κατ᾽ ἐμοῦ εἰς πονηρά, ὁ δὲ Θεὸς ἐβουλεύσατο περὶ ἐμοῦ εἰς ἀγαθά.

1. Jesus wurde inmitten der Bösen gekreuzigt. 2. Viele Menschen wurden von Jesus Christus geheilt. 3. Die Pharisäer tuen ihre Werke, um von den Menschen (Dat.) gesehen zu werden (πρός c. inf. aor. von θεάομαι). 4. Siehe (zu), daß du nicht irregeführt wirst. 5. Ergreife (ἐπιλαμβάνομαι Med.) das ewige Leben, zu dem du berufen wurdest! 6. Ihr ginget auf dem Wege der Frevler. 7. Der Menschensohn muß (δεῖ m. d. a. c. i.) erhöht werden. 8. Betet für einander, damit ihr geheilt werdet. 9. Es soll dir geschehen, wie du willst. 10. Wir wurden zur (ἐπί c. dat.) Freiheit (ἡ ἐλευθερία) berufen, Brüder.

I. Der Aorist Passiv

Der Aor. Pass. wird gebildet unter Verwendung der Bildesilbe -θη, vor Vokal und -ντ:-θε; die Endungen sind aktiv.

---

[1] ὁ παῖς der Knabe, der Sohn, der Knecht; ἔχων Part. Präs. Akt. von ἔχω.

[2] von θύω (Tenuis statt Aspirata: Hauchdissimilation).

[3] ἐκλήθη von καλέω: vgl. Üb. 24 Regeln 5. g) und S. 186,25.

Einige Verben mit medialem Präs. haben passiven Aorist (Deponentia passiva).

II. Der Genetiv

1. Der Genetiv der Herkunft und Zugehörigkeit zur Bezeichnung des Vaters (mit und ohne Hinzufügung von υἱός), der Mutter, des Mannes, des Sohnes, des Herrn.

2. Der gen. obiectivus, z.B. Joh. 2,17: ὁ ζῆλος τοῦ οἴκου σου der Eifer für dein Haus; Mt. 4,23: τὸ εὐαγγέλιον τῆς βασιλείας die Botschaft vom Reiche; Röm. 3,22: ἡ πίστις Χριστοῦ ᾿Ιησοῦ der Glaube an Christus Jesus.

3. Der gen. partitivus, oft ersetzt durch Ausdrücke mit ἀπό, ἐξ, ἐν.

4. Der gen. qualitatis, z.B. Lk. 16,9: ὁ μαμωνᾶς τῆς ἀδικίας der ungerechte Mammon (vgl. 16,11); Röm. 7,24: τὸ σῶμα τοῦ θανάτου der sterbliche Leib, der Todesleib; Röm. 2,5: ἡμέρα ὀργῆς der Zornestag.

5. Der Gen. des Inhaltes und der gen. appositivus: Joh. 21,8: τὸ δίκτυον τῶν ἰχθύων das Netz mit den Fischen; Joh. 2,21: ὁ ναὸς τοῦ σώματος αὐτοῦ der Tempel seines Leibes, d. h. der Tempel, der sein Leib ist.

6. Der Gen. bei Verben mit der Bedeutung „nehmen von, essen von, Anteil nehmen, berühren, fassen, verlangen nach, streben nach, füllen mit, wahrnehmen, erinnern, vergessen, herrschen, übertreffen".

7. Der gen. pretii bei „kaufen, verkaufen".

8. Der gen. separationis bei Wörtern mit der Bedeutung „trennen, entfernt sein, bedürfen, sich fernhalten, aufhören".

9. Der gen. comparationis statt ἤ mit dem Nom., Dat. oder Akk. und in einigen verwandten Fällen.

10. Der Gen. steht auch bei Adjektiven und Adverbien, bei denen der gleiche Sinn vorliegt wie bei einigen der oben genannten Verben, z.B. κοινωνός teilhaftig, μεστός voll; ἔξω außerhalb, ἐγγύς nahe und anderen uneigentlichen Präpositionen.

11. Der Gen. des Ortes und der Zeit auf die Frage „wo?", „wann?".

δουλόω	zum Sklaven machen, knechten (δοῦλος, δουλεύω)
λυπέω	betrüben, in Trauer versetzen
ἀπειθέω	ungehorsam sein
ἐκριζόω*	entwurzeln

63

διακονέω	bedienen, dienen (διάκονος)
οἴχομαι*	fortgehen
ἐκχέω	ausgießen, Pass. sich völlig hingeben
(Fut.Aor.Pass.-χυ-)	
φανερόω	offenbar machen, bekannt machen, zeigen; Pass. erscheinen
προσλαμβάνω	einnehmen; Med. bei Seite, zu sich nehmen
διαμαρτύρομαι	beschwören, bezeugen, Zeugnis ablegen
βουλεύομαι	beraten, überlegen, einen Beschluß fassen
ὁ δεσμός, οῦ	die Fessel
τὸ λόγιον*, ου	der Spruch, das Wort
ἡ μετάνοια, ας	die Sinnesänderung, die Reue, die Umkehr, die Buße
ἡ σκιά, ᾶς	der Schatten, das Schattenbild
ἡ ἀπείθεια, ας	der Ungehorsam
ἡ κοινωνία, ας	die Gemeinschaft, die enge Verbindung, die innige Beziehung, der Gemeinsinn, das Anteilhaben
τὸ πραιτώριον*	das Prätorium
εἰρηνοποιός*, όν	Frieden schaffend
εὐλογητός, ή, όν	gepriesen
καθάπερ	gleichwie, sowie
οὐαί (c. dat., nom.)	wehe!
ἔμπροσθεν c. gen.	vor, in Gegenwart von, gegenüber, vor – her
καθότι	je nachdem, deshalb, weil

23.

1. Ὅτε ἦς νεώτερος, ἐζώννυες σεαυτὸν καὶ περιεπάτεις, ὅπου ἤθελες.
2. Πειθαρχεῖν δεῖ Θεῷ μᾶλλον ἢ ἀνθρώποις. 3. Εὐκοπώτερόν ἐστιν τὸν οὐρανὸν καὶ τὴν γῆν παρελθεῖν ἢ τοῦ νόμου μίαν[1] κεραίαν πεσεῖν.
4. Ὁ δὲ ὀπίσω μου ἐρχόμενος ἰσχυρότερός μού ἐστιν. 5. Εἶπεν δὲ Ἀβιμέλεχ πρὸς Ἰσαάκ· ἄπελθε ἀφ᾽ ἡμῶν, ὅτι δυνατώτερος ἡμῶν ἐγένου σφόδρα. 6. Καὶ ἐὰν ὁ ὀφθαλμός σου σκανδαλίζῃ σε, ἔκβαλε αὐτόν· καλόν σέ ἐστιν μονόφθαλμον εἰσελθεῖν εἰς τὴν βασιλείαν τοῦ Θεοῦ ἢ δύο ὀφθαλμοὺς ἔχοντα[2] βληθῆναι εἰς τὴν γέενναν. 7. Ἐπύθετο οὖν τὴν ὥραν παρ᾽ αὐτῶν, ἐν ᾗ κομψότερον ἔσχεν. 8. Ὁ οἶκος τοῦ Θεοῦ ἐκ λίθου τιμιωτάτου οἰκοδομεῖται. 9. Ἀπάγετε πρός με τὸν ἀδελφὸν ὑμῶν τὸν νεώτερον.

---
[1] μίαν acc. fem. zu εἷς einer.
[2] ἔχοντα Part. Pr. Akt. Akk. Sing. masc. von ἔχω.

10. Ἐγὼ εἶπα· θεοί ἐστε. 11. Ὁ Πέτρος καὶ οἱ σὺν αὐτῷ εἶδαν τὴν δόξαν τοῦ Χριστοῦ. 12. Καὶ εἶδον οὐρανὸν καινὸν καὶ γῆν καινήν· ὁ γὰρ πρῶτος οὐρανὸς καὶ ἡ πρώτη γῆ ἀπῆλθαν, καὶ ἡ θάλασσα οὐκ ἦν ἔτι. 13. Πιλᾶτος εἶπεν· προσηνέγκατέ μοι τὸν ἄνθρωπον τοῦτον. 14. Οὐ δύναται δένδρον ἀγαθὸν καρποὺς πονηροὺς ἐνεγκεῖν. 15. Ἀλλὰ τί ἐξήλθατε ἰδεῖν; προφήτην; ναί, λέγω ὑμῖν, καὶ περισσότερον προφήτου. 16. Οὐδὲν γὰρ εἰσηνέγκαμεν εἰς τὸν κόσμον, ὅτι οὐδὲ ἐξενεγκεῖν τι δυνάμεθα. 17. Μὴ εἰσενέγκῃς ἡμᾶς εἰς πειρασμόν, ἀλλὰ ῥῦσαι ἡμᾶς ἀπὸ τοῦ πονηροῦ. 18. Εἰπὸν τῇ ψυχῇ μου· σωτηρία σου ἐγώ εἰμι. 19. Καὶ εἶπεν Μωϋσῆς πρὸς τὸν λαόν· μνημονεύετε τὴν ἡμέραν ταύτην, ἐν ᾗ ἐξήλθατε ἐκ γῆς Αἰγύπτου, ἐξ οἴκου δουλίας. 20. Ἡμεῖς δὲ ὀφείλομεν εὐχαριστεῖν τῷ Θεῷ πάντοτε περὶ ὑμῶν, ὅτι εἵλατο ὑμᾶς ὁ Θεὸς ἀπαρχὴν εἰς σωτηρίαν. 21. Καθὼς ἐμὲ ἀπέστειλας εἰς τὸν κόσμον, κἀγὼ ἀπέστειλα αὐτοὺς εἰς τὸν κόσμον. 22. 1. Kor. 1,17. 23. Ἐὰν ὑμεῖς μείνητε ἐν τῷ λόγῳ τῷ ἐμῷ, ἀληθῶς μαθηταί μού ἐστε. 24. Εἰ δίκαιόν ἐστιν ἐνώπιον τοῦ Θεοῦ ὑμῶν ἀκούειν μᾶλλον ἢ τοῦ Θεοῦ, κρίνατε· οὐ δυνάμεθα γὰρ ἡμεῖς, ἃ εἴδαμεν καὶ ἠκούσαμεν, μὴ λαλεῖν. 25. Joh. 4,40. 26. Apg. 17,14: Τότε ... 27. Joh. 17,3. 28. Ἦραν τὸν Κύριον ἐκ τοῦ μνημείου. 29. Mt. 16,24. 30. 1. Joh. 2,24f.[3]. 31. Apg. 8,25[4]. 32. Εἴ τις τὸν ναὸν τοῦ Θεοῦ φθείρει, φθερεῖ τοῦτον ὁ Θεός. 33. Ὁ δὲ Θεὸς καὶ τὸν Κύριον ἤγειρεν καὶ ἡμᾶς ἐξεγερεῖ. 34. Μείνατε ἐν τῇ ἀγάπῃ τῇ ἐμῇ. ἐὰν τὰς ἐντολάς μου τηρήσητε, μενεῖτε ἐν τῇ ἀγάπῃ μου. 35. Ἐλεύσονται οἱ Ῥωμαῖοι καὶ ἀροῦσιν ἡμῶν καὶ τὸν τόπον καὶ τὸ ἔθνος[5]. 36. Ψάλατε τῷ Κυρίῳ, οἱ ὅσιοι αὐτοῦ. 37. Αἴνει, ἡ ψυχή μου, τὸν Κύριον· αἰνέσω Κύριον ἐν ζωῇ μου, ψαλῶ τῷ Θεῷ μου, ἕως ὑπάρχω. 38. Δύναται ὁ Θεὸς ἐκ τῶν λίθων τούτων ἐγεῖραι τέκνα τῷ Ἀβραάμ. 39. Joh. 17,14–16[6]. 40. Ἀρθήσεται ἀφ᾽ ὑμῶν ἡ βασιλεία τοῦ Θεοῦ. 41. Joh. 5,8–10[7].

1. Der Stärkere wird den Starken besiegen. 2. Das Törichte Gottes ist weiser als die Menschen. 3. Kein (οὐ) Mensch ist verständiger als du. 4. Ich war im Gefängnis, und ihr seid zu mir gekommen (zwei Formen). 5. Man muß Gott wohlgefällige Opfer darbringen (Inf. Aor.). 6. Gehet ein durch die enge Pforte! 7. Die Magier brachten dem Kind Geschenke dar. 8. Dieses

---

[3] ὁ πατήρ der Vater; Dat. πατρί.
[4] λαλήσαντες Part. Aor. Akt. Nom. Pl. von λαλέω.
[5] τὸ ἔθνος das Volk.
[6] δέδωκα ich habe gegeben.
[7] ὑγιής gesund; τεθεραπευμένος, η, ον Part. Pf. Pass. von θεραπεύω.

haben wir noch nicht gesehen.   9. Christus hat die Sünden der ganzen Welt hinweggenommen.   10. Preiset (μεγαλύνω Aor.) den Herrn mit mir!   11. Tychikos habe ich nach Ephesus abgesandt.   12. Gott hat seinen Sohn nicht in die Welt gesandt, damit er die Welt richte.   13. Wir blieben in Korinth.   14. Ihr werdet uns die heiligen Schriften senden.   15. Lobsinget (Imp. Aor.) unserm Gott, lobsinget!

I. Die Steigerung

1. Der Komparativ wird gebildet, indem man -τερος, der Superlativ, indem man -τατος an den Stamm des Masculinums anhängt; das -o bleibt kurz, wenn die vorhergehende Silbe lang ist, sonst wird es zu ω gedehnt: ἰσχῡρός – ἰσχυρότερος – ἰσχυρότατος; σοφός – σοφώτερος – σοφώτατος.
Der Superlativ der Adjektive der 1. und 2. Deklination ist im NT. sehr selten und wird oft durch den Komparativ vertreten. Statt des Komparativs kann auch der Positiv stehen (Satz 6).
2. Als Komparativ der Adverbien dient der Akk. Sing. neutr., als Superlativ der Akk. Pl. neutr.: σοφῶς – σοφώτερον – σοφώτατα. Der Komp. des Adv. wird auch wie der Positiv gebildet auf -τέρως statt -τερον.
3. „Als" beim Komparativ heißt ἤ. Es kommt auch die Umschreibung durch die Präpositionen παρά c. acc. und ὑπέρ c. acc. vor. Statt ἤ mit dem Nom., Dat. oder Akk. kann, entsprechend dem lateinischen abl. comparationis, der gen. comparationis stehen.

II. Aorist I ohne σ

Eine Reihe von Verben mit starkem Aorist hat im NT., entsprechend der Entwicklung der griechischen Sprache überhaupt, in allen oder manchen Formen des Aorist auch die Endungen des Aorist I ohne σ angenommen: εἶπον – εἶπα; ἔπεσον – ἔπεσα. Die Handschriften weichen darin öfters voneinander ab, so daß man in den Ausgaben an derselben Stelle die eine oder die andere Form findet: Mk. 2,12: εἴδαμεν – εἴδομεν. Zu beachten ist die Betonung des Imperativs εἰπόν neben εἰπέ.

III. Aorist und Futurum Akt. und Med. der Verba liquida

1. Ebenso bilden den Aorist die Verba liquida (auf λ, ν, ρ), und zwar unter Dehnung in der letzten Stammsilbe: ἀγγέλλω (Stamm ἀγγελ-) – ἤγγειλα; κρίνω (κριν-) – ἔκρινα. Es wird gedehnt α nach ι und ρ zu ᾱ, sonst zu η; ε zu ει; ι zu ῑ; υ zu ῡ.

2.

Das Futurum dieser Verben wird gebildet durch Anhängung von -ε- an den Verbalstamm (-έσω, -έσεις), das σ fällt aus, und so entstehen Formen, die kontrahiert werden wie die Präsensformen der Verba auf -έω: μένω (μενέσω, μενέω) – μενῶ; ἀγγέλλω (St. ἀγγελ-) – ἀγγελῶ.

ζωννύω*	gürten
περιπατέω	umhergehen, einhergehen, gehen, wandeln, leben
πειθαρχέω*	gehorchen
πίπτω Aor. ἔπεσον	fallen, stürzen
σκανδαλίζω	zur Sünde verführen; ärgern
ἐβλήθην	Aor. Pass. zu βάλλω
πυνθάνομαι	erfragen, sich erkundigen
Aor. ἐπυθόμην	
ἔχω c. adv.	sich befinden, sich verhalten
ἤνεγκα (ἐνεγκ-)	Aor. zu
φέρω	tragen
ἐκφέρω	hinaustragen, hinausführen
δύναται, δυνάμεθα	er kann, wir können
μνημονεύω	sich erinnern, gedenken, erwähnen
εἱλόμην (ἑλο-)	Aor. zu
αἱρέομαι	erwählen
κενόω	leer machen, zunichtemachen
ἐξαποστέλλω	aussenden, absenden
ἀπαρνέομαι	verleugnen
ἀκολουθέω	folgen, nachfolgen, sich anschließen
ἐπαγγέλλομαι	von sich ankündigen, versprechen, verheißen
φθείρω	zugrunde richten, verderben, vernichten
ὑπάρχω	vorhanden sein, dasein (= εἰμί)
ἡ κεραία*, ας	das Strichlein (am Buchstaben)
ἡ γέεννα, ας	Gehenna, das Hinnomstal südl. Jerusalem, die Hölle
ἡ δουλ(ε)ία, ας	die Sklaverei
ἡ ἀπαρχή, ῆς	die Erstlingsfrucht, coll.: die Erstlinge
ὁ κράβατ(τ)ος, ου	das Bett
νέος, α, ον	neu, frisch, jung
οἱ νεώτεροι, ων	die jungen Männer, die Jünglinge
εὔκοπος, ον	leicht (zu tun)
μονόφθαλμος*, ον	einäugig
κομψός*, ή, όν	fein, gut

τίμιος, α, ον   teuer, kostbar; köstlich; geehrt
ὅσιος, α, ον   fromm, gottgefällig, heilig
ὀπίσω   Adv. hinten; Präp. (c. gen.) hinter
σφόδρα (Adv.)   heftig, gewaltig, sehr
ναί   ja, gewiß, allerdings, wahrhaftig
εἰ   ob, wenn
εὐθέως (Adv.)   sofort, sogleich

24.

1. Κύριε, ἐγὼ πεπίστευκα, ὅτι σὺ εἶ ὁ Χριστὸς ὁ υἱὸς τοῦ Θεοῦ ὁ εἰς τὸν κόσμον ἐρχόμενος. 2. Εἰ ὁ κόσμος ὑμᾶς μισεῖ, γινώσκετε, ὅτι ἐμὲ πρῶτον ὑμῶν μεμίσηκεν. 3. Δοῦλοι ἀχρεῖοί ἐσμεν, ὃ ὠφείλομεν ποιῆσαι, πεποιήκαμεν. 4. Γράφω ὑμῖν, νεανίσκοι, ὅτι νενικήκατε τὸν πονηρόν. 5. Οἱ ἐμοὶ τὸν λόγον σου τετήρηκαν. 6. Κατὰ ἀτιμίαν λέγω, ὡς ὅτι ἠσθενήκαμεν. 7. Λογίζομαι γὰρ μηδὲν ὑστερηκέναι τῶν ὑπερλίαν¹ ἀποστόλων. 8. Ἐγὼ πεπολίτευμαι τῷ Θεῷ ἄχρι ταύτης τῆς ἡμέρας. 9. ῟Ωι γάρ τις ἥττηται, τούτῳ καὶ δεδούλωται. 10. Ἡμεῖς ὅτε ἦμεν νήπιοι, ὑπὸ τὰ στοιχεῖα τοῦ κόσμου ἤμεθα δεδουλωμένοι. 11. Μὴ καὶ ὑμεῖς πεπλάνησθε; 12. Νυνὶ δὲ χωρὶς νόμου δικαιοσύνη Θεοῦ πεφανέρωται, μαρτυρουμένη ὑπὸ τοῦ νόμου καὶ τῶν προφητῶν. 13. Ὁ Ἰησοῦς ἐπετίμησεν τῷ ἀνέμῳ καὶ εἶπεν τῇ θαλάσσῃ· σιώπα, πεφίμωσο. 14. Διὰ Ἰησοῦ Χριστοῦ ἐμοὶ κόσμος ἐσταύρωται κἀγὼ κόσμῳ. 15. Βλέπομεν Ἰησοῦν δόξῃ καὶ τιμῇ ἐστεφανωμένον. 16. Ἰησοῦν ζητεῖτε τὸν Ναζαρηνὸν τὸν ἐσταυρωμένον· ἠγέρθη, οὐκ ἔστιν ὧδε. 17. Ῥαββί, ἴδε ἡ συκῆ, ἣν κατηράσω, ἐξήρανται. 18. Ἀπολέλυσαι τῆς ἀσθενείας σου. 19. 2. Kor. 5,11: Ἀνθρώπους ... ². 20. Ἀφ' ὑμῶν γὰρ ἐξήχηται ὁ λόγος τοῦ Κυρίου. 21. Καὶ οἱ συνεσταυρωμένοι σὺν αὐτῷ ὠνείδιζον αὐτόν. 22. Τὰ σπλάγχνα τῶν ἁγίων ἀναπέπαυται διὰ σοῦ, ἀδελφέ. 23. Offb. 17,4: ... μαργαρίταις³. 24. Ὁ ποταμὸς οὐκ ἴσχυσεν σαλεῦσαι τὴν οἰκίαν διὰ τὸ καλῶς οἰκοδομῆσθαι αὐτήν· τεθεμελίωτο γὰρ ἐπὶ τὴν πέτραν. 25. Joh. 12,17-19⁴. 26. Mt. 22,8. 27. Joh. 16,27⁵. 28. Τὸν δρόμον τετέλεκα. 29. Joh. 16,6. 30. Μαρία ἡ Μαγδαληνὴ βλέπει τὸν λίθον ἠρμένον ἐκ τοῦ μνημείου. 31. Ἐρωτῶ σε, ἔχε με παρῃτημένον. 32. Χαῖρε, κεχαριτωμένη, ὁ

¹ Adv. übermäßig.
² συνειδήσεσιν von συνείδησις das Bewußtsein, das Gewissen.
³ ἡ γυνή das Weib.
⁴ ὤν Part. Pr. Nom. Sing. m. von εἰμί.
⁵ ὁ πατήρ der Vater.

Κύριος μετὰ σοῦ. 33. Mt. 18,18. 34. 1. Jch. 3,9[6]. 35. Χριστῷ συνεσταύρωμαι. 36. 1. Kor. 7,15. 37. 1. Joh. 2,5.

1. Wir haben geglaubt, daß dieser der Sohn Gottes ist. 2. Erkennt ihr, was ich euch getan habe? 3. Ein Engel hat (zu) ihm gesprochen. 4. Unsere Freude ist vollendet (erfüllt). 5. Ich habe die Welt besiegt. 6. Viele sind von ihren Krankheiten befreit worden (ἀπολύω). 7. Ihr seid euern Feinden unterlegen. 8. Du hast den Boten des Herrn gesehen (θεάομαι). 9. Du hast den guten Wein bis jetzt aufbewahrt. 10. Wir verkünden Christus, den Gekreuzigten. 11. Jesus ist mit Räubern gekreuzigt worden. 12. Ihr seid von bösen Menschen getäuscht worden. 13. Du warst von der Krankheit befreit worden. 14. Wir haben dem Herrn geglaubt, weil er uns geheilt hatte (weil wir von ihm geheilt worden waren).

Das Perfekt und Plusquamperfekt

1. Der Perfektstamm wird durch die Reduplikation gebildet. Sie geschieht nach folgenden Regeln:

a) Beginnt das Wort mit einfachem Konsonanten außer ρ, so wird dieser mit ε vorgesetzt: πιστεύω – πεπίστευκα; statt der Aspirata tritt aber die entsprechende Tenuis ein: θεραπεύω – τεθεράπευκα; φανερόω – πεφανέρωκα (Hauchdissimilation);

b) Beginnt das Verb mit muta cum liquida, so wird nur die Muta mit ε vorgesetzt: πληρόω – πεπλήρωκα; also auch χρυσόω – κεχρυσωμένος;

c) In allen übrigen Fällen ist die Reduplikation dem Augment gleich: ἀσθενέω – ἠσθένηκα; ὑστερέω – ὑστέρηκα; σταυρόω – ἐσταύρωκα; ζητέω – ἐζήτηκα; manchmal bleibt sie unbezeichnet.

d) Die Reduplikation steht bei den mit Präpositionen zusammengesetzten Verben wie das Augment vor dem Stamm;

e) Einzelne Ausnahmen von diesen Regeln kommen vor, z.B. Reduplikation des ρ: ῥεραντισμένος von ῥαντίζω besprengen.

2. Im Med./Pass. treten die Endungen ohne Themavokal an den Stamm: Pr. παιδεύ-ο-μαι – Pf. πεπαίδευ-μαι.

3. Die Modi des Pf. werden außer dem Ind., Imp. (und Inf.) durch die Formen von εἶναι mit dem Part. Pf. umschrieben.

4. Das Plpf. hat, obwohl es Nebentempus ist, nicht immer das Augment, und nie, wenn der Perfektstamm mit Vokal beginnt: ἐσταυρώμην.

[6] πᾶς jeder; τὸ σπέρμα der Same.

5. Für das Pf. und Plpf. der Verba liquida (Stamm auf λ, ν, ρ) ist zu merken:

a) auslautendes ν vor κ wird zu γ: φαίνω (St. φαν-) – πέφαγκα;

b) auslautendes ν vor μ wird zu σ: φαίνω – πέφασμαι; aber im NT. hat das Part. Pf. Pass. -μμένος aus -νμένος: μιαίνω (St. μιαν-) – μεμιαμμένος;

c) σ zwischen zwei Konsonanten wird ausgestoßen: ἀγγέλλω (St. ἀγγελ-) – (ἤγγελ-σθε) – ἤγγελθε;

d) das ε einsilbiger Stämme hat den Ablaut α: στέλλω (St. στελ-) – ἔσταλκα;

e) κρίνω hat im Pf./Plpf. den Stamm κρι- (wie auch im Fut./Aor. Pass.): κέκρικα, κέκριμαι, ἐκρίθην;

f) βάλλω hat in denselben Formen den Stamm βλη- (Schwundstufe): βέβληκα, βέβλημαι, ἐβλήθην;

g) καλέω hat ebenfalls mit Ablaut (Schwundstufe) den Stamm κλη-: κέκληκα, κέκλημαι, ἐκλήθην.

6. Das Pf. kommt vor als perfectum praesens (τέθνηκα ich bin gestorben, ich bin tot; βέβλημαι (von βάλλω) ich bin geworfen worden, ich liege), zur Bezeichnung der Nachwirkung oder des Ergebnisses einer Handlung, in der Bedeutung des Aor. und in Erfahrungssätzen.

7. Das Plpf. findet sich selten, und zwar in der Bedeutung der Dauer oder der dauernden Folge in der Vergangenheit, also des Impf. (ἐβεβλήμην ich war geworfen worden, ich lag), des Aor. (Apg. 4,22) und beim irrealen Fall der Bedingungssätze (Joh. 19,11; Apg. 26,32; Näheres s. S. 130).

ἀσθενέω	schwach, krank sein
ὑστερέω	zu spät kommen, ermangeln, nachstehen, fehlen
ἡττάομαι*	besiegt werden, unterliegen
ἤμεθα	wir waren (neben ἦμεν)
μαρτυρέω	Zeugnis ablegen, bezeugen
ἐπιτιμάω	tadeln, schelten
φιμόω	zubinden, zum Schweigen bringen; Pass. verstummen
στεφανόω*	bekränzen, krönen
ξηραίνω (St. ξηραν-)	austrocknen (trans.); Pass. trocken, dürr werden
ἐλπίζω	hoffen
ἐξηχέω*	hinaustönen (lassen); Pass. erschallen

ὀνειδίζω	schmähen, schelten
χρυσόω*	vergolden, mit Gold schmücken
σαλεύω	erschüttern
θεμελιόω	gründen, befestigen
φωνέω	laut sprechen, rufen, anreden
ὑπαντάω	entgegen gehen, begegnen
ὠφελέω	nützen, fördern, etwas ausrichten
τελέω (Fut. τελέσω)	beenden, vollenden, ausführen, durchführen
παραιτέομαι	sich erbitten; sich entschuldigen; sich verbitten
χαριτόω*	mit Huld beglücken, begnadigen
δέω	binden, fesseln
γεννάω	zeugen, erzeugen; gebären
συσταυρόω	zugleich kreuzigen
χωρίζω	trennen; Pass. sich trennen, fortgehen
τελειόω	vollenden, erfüllen, vollkommen machen
ὁ νεανίσκος, ου	der Jüngling, der junge Mann, der Diener
τὸ σπλάγχνον, ου	Pl. die Eingeweide; das Herz, die Barmherzigkeit, die Liebe
τὸ κόκκινον, ου	der Scharlachstoff, das Scharlachgewand
τὸ χρυσίον, ου	das Gold, der goldene Schmuck
ὁ μαργαρίτης, ου	die Perle
ἡ πέτρα, ας	der Fels, der Stein
ἀχρεῖος*, ον	unnütz
ὑπό c. acc.	unter
ἄχρι c. gen.	bis
νυνί	nun, jetzt
χωρίς	Adv. getrennt; Präp. (c. gen.) außer, ohne, fern von, außerhalb

25.

1. Οὗτός ἐστιν ἀληθῶς ὁ σωτὴρ τοῦ κόσμου. 2. Παῦλος ἀπόστολος Χριστοῦ ᾿Ιησοῦ κατ᾽ ἐπιταγὴν Θεοῦ σωτῆρος ἡμῶν καὶ Χριστοῦ ᾿Ιησοῦ Τιμοθέῳ γνησίῳ τέκνῳ. 3. Μόνῳ Θεῷ σωτῆρι ἡμῶν διὰ ᾿Ιησοῦ Χριστοῦ τοῦ Κυρίου ἡμῶν δέξα, μεγαλωσύνη καὶ ἐξουσία. 4. ᾿Εξ οὐρανοῦ σωτῆρα ἀπεκδεχόμεθα Κύριον ᾿Ιησοῦν Χριστόν. 5. Τί ἄρα τὸ παιδίον τοῦτο ἔσται; καὶ γὰρ χεὶρ Κυρίου ἦν μετ᾽ αὐτοῦ. 6. ῾Ο Θεός, ῥῦσαί με ἐκ χειρὸς ἁμαρτωλῶν. 7. ᾿Εν χειρὶ κραταιᾷ ἐξήγαγεν Κύριος ἡμᾶς ἐκ γῆς Αἰγύπτου, ἐξ οἴκου δουλίας. 8. ῾Ο ἄγγελος ἦρεν τὴν χεῖρα αὐτοῦ τὴν δεξιὰν εἰς τὸν οὐρανόν. 9. Αὐτοὶ γινώσκετε, ὅτι ταῖς χρείαις μου ὑπηρέτησαν αἱ χεῖρες αὗται. 10. Οὐκ

εἰσὶν θεοὶ οἱ διὰ χειρῶν γινόμενοι.   11. Παρακαλοῦμεν δὲ ὑμᾶς, ἀδελφοί, ἐργάζεσθαι ταῖς χερσὶν ὑμῶν.   12. Ἐπέβαλον τὰς χεῖρας ἐπὶ τὸν Ἰησοῦν καὶ ἐκράτησαν αὐτόν.   13. Ἄλλη δόξα ἡλίου, καὶ ἄλλη δόξα σελήνης, καὶ ἄλλη δόξα ἀστέρων· ἀστὴρ γὰρ ἀστέρος διαφέρει ἐν δόξῃ.   14. Μάρτυς πιστὸς οὐ ψεύδεται.   15. Ἔστω Κύριος ἐν ἡμῖν εἰς μάρτυρα δίκαιον καὶ πιστόν.   16. Μάρτυράς μοι ποίησον πιστοὺς ἀνθρώπους.   17. Πῦρ ἦλθον βαλεῖν ἐπὶ τὴν γῆν.   18. Ὁ ἄγγελος ἔχει ἐξουσίαν ἐπὶ τοῦ πυρός.   19. 1. Kor. 3,13: ... ἀποκαλύπτεται.   20. Ἐν τῇ οἰκίᾳ τοῦ πατρός μου μοναὶ πολλαί εἰσιν. οὐδεὶς ἔρχεται πρὸς τὸν πατέρα εἰ μὴ δι’ ἐμοῦ. πιστεύετέ μοι, ὅτι ἐγὼ ἐν τῷ πατρὶ καὶ ὁ πατὴρ ἐν ἐμοί.   21. Πάτερ μου, εἰ δυνατόν ἐστιν, παρελθέτω ἀπ’ ἐμοῦ τὸ ποτήριον τοῦτο.   22. Οἱ πατέρες ἔφαγον ἐν τῇ ἐρήμῳ τὸ μάννα καὶ ἀπέθανον.   23. Ὁ Θεὸς τῶν πατέρων ἡμῶν ἤγειρεν Ἰησοῦν.   24. Hebr. 8,8f.: Ἰδοὺ ...   25. Apg. 13,17: ... ἡμῶν.   26. Πόθεν μοι τοῦτο, ἵνα ἔλθῃ ἡ μήτηρ τοῦ Κυρίου μου πρὸς ἐμέ;   27. Ὁ Πέτρος ἦλθεν ἐπὶ τὴν οἰκίαν τῆς Μαρίας τῆς μητρὸς Ἰωάννου τοῦ ἐπικαλουμένου Μάρκου.   28. Ὃς ἂν εἴπῃ τῷ πατρὶ ἢ τῇ μητρί· δῶρον (ἐστιν) ὃ ἐὰν ἐξ ἐμοῦ ὠφεληθῇς, οὐ μὴ τιμήσει τὸν πατέρα αὐτοῦ ἢ τὴν μητέρα αὐτοῦ.   29. Ἡ θυγάτηρ μου ἄρτι ἐτελεύτησεν.   30. Ἐλισάβετ ἦν ἐκ τῶν θυγατέρων Ἀαρών.   31. 2. Kor. 6,18.   32. Lk. 23,28: Ὁ Ἰησοῦς ...   33. Ἔξελθε ἀπ’ ἐμοῦ, ὅτι ἀνὴρ ἁμαρτωλός εἰμι, Κύριε.   34. Παρὰ ἁμαρτωλῷ ἀνδρὶ εἰσῆλθεν καταλῦσαι.   35. Φώνησον τὸν ἄνδρα σου.   36. Οἱ ἄνδρες ἦλθον εἰς Σόδομα.   37. Ἄνδρες ἀδελφοὶ καὶ πατέρες, ἀκούσατε.   38. Mt. 4,6: Τοῖς ...   σε.   39. Joh. 8,49: Ἐγὼ ....   40. 1. Petr. 5,6.   41. Ἐὰν τοῦτον ἀπολύσῃς, οὐκ εἶ φίλος τοῦ Καίσαρος.   42. Joh. 20,27.   43. Joh. 14,6.   44. Joh. 11,41.

1. Der Vater ist mit mir.   2. Ehre deinen Vater und deine Mutter!   3. Friede (sei) euch von Gott Vater und von Jesus Christus, unserm Retter!   4. Zu unseren Vätern hat Gott gesprochen.   5. Die Männer müssen (δεῖ m. d. a. c. i.) mit ihren Händen arbeiten.   6. Ihr werdet Zeugen der Wahrheit sein in der ganzen Welt.   7. Vater, erbarme dich meiner!

Die dritte Deklination

a) Die 3. Dekl. hat im Nom. keine Endung; er wird gebildet durch Verwendung von σ, durch Dehnung oder stellt den reinen Stamm dar. Das ν der Endung des Dat. Pl. ist beweglich: es muß stehen vor Vokal und kann fehlen vor Konsonant.

72

b) Der Akzent bleibt im allgemeinen auf der Silbe, auf der er im Nom. Sing. steht: σωτήρ – σωτῆρος, ἀστήρ – ἀστέρος. Bei einsilbigen Stämmen wird im Gen. und Dat. Sing. und Pl. die Endung betont: χείρ – χειρός, χειρί, χειρῶν, χερσίν.

c) Im Dat. Pl. ist bei χείρ der Stamm verkürzt: χερσίν; μάρτυς, μάρτυρος hat im Nom. Sing. und Dat. Pl. kein ρ.

d) Πατήρ, μήτηρ, θυγάτηρ, ἀνήρ: s. Tabelle (S. 166).

ὁ σωτήρ, ῆρος	der Erretter, der Bewahrer, der Befreier, der Erlöser, der Heiland (σώζω, σωτηρία)
ἡ χείρ, χειρός	die Hand
ὁ ἀστήρ, έρος	der Stern
ὁ μάρτυς, υρος	der Zeuge, der Blutzeuge
τὸ πῦρ, πυρός	das Feuer
ὁ πατήρ, πατρός	der Vater
ἡ μήτηρ, μητρός	die Mutter
ἡ θυγάτηρ, τρός	die Tochter
ὁ παντοκράτωρ, ορος	der Allherrscher, der Allmächtige
ὁ ἀνήρ, ἀνδρός	der Mann
ὁ Καῖσαρ, αρος	der Caesar, der Kaiser
ὑπηρετέω*	dienen
κρατέω	sich bemächtigen, festnehmen, ergreifen, halten, festhalten
ψεύδομαι	lügen, betrügen
ἀποκαλύπτω	offenbaren, enthüllen
συντελέω	vollenden, ausführen, erfüllen
ἐμμένω*	darin bleiben, verharren
ἀμελέω*	vernachlässigen, sich nicht kümmern
ὠφελέω	nützen, fördern; Pass. Nutzen haben
τελευτάω	beendigen; ein Ende nehmen, sterben
καταλύω	völlig ablösen, auflösen, zerstören, abschaffen; einkehren (eig. abspannen)
ἀτιμάζω	verächtlich behandeln, verunehren
ταπεινόω	erniedrigen, klein, demütig machen
ἡ μεγαλωσύνη*, ης	die Erhabenheit
ἡ ἐπιταγή, ῆς	der Auftrag, das Gebot
ἡ χρεία, ας	das Bedürfnis, die Notwendigkeit, der Bedarf, der Mangel
ὁ ἥλιος, ου	die Sonne
ἡ σελήνη, ης	der Mond
ἡ μονή*, ῆς	das Wohnen, die Wohnung

τὸ ποτήριον, ου	das Trinkgefäß, der Becher, der Kelch
τὸ μάννα (indekl.)	das Manna
ὁ δάκτυλος, ου	der Finger
ἡ πλευρά*, ᾶς	die Seite
γνήσιος, α, ον	ehelich, rechtmäßig, echt
κραταιός*, ά, όν	stark, mächtig
φανερός, ά, όν	sichtbar, offensichtlich, deutlich, bekannt

26.

1. Ὁ λόγος σὰρξ ἐγένετο. 2. Τὸ γεγεννημένον ἐκ τῆς σαρκὸς σάρξ ἐστιν. 3. Οὐκ οἰκεῖ ἐν ἐμοί, τοῦτ' ἔστιν ἐν τῇ σαρκί μου, ἀγαθόν. 4. Ὑμεῖς κατὰ τὴν σάρκα κρίνετε. 5. Ἐγὼ κῆρυξ καὶ ἀπόστολος, ἀλήθειαν λέγω, οὐ ψεύδομαι. 6. Ὁ Ἰησοῦς ἐν ἐκείνῃ τῇ ὥρᾳ ἐθεράπευσεν πολλοὺς ἀπὸ νόσων καὶ μαστίγων. 7. Ἤκουσα ὀπίσω μου φωνὴν ὡς σάλπιγγος. 8. Ὥσπερ γὰρ ἡ γυνὴ ἐκ τοῦ ἀνδρός, οὕτως καὶ ὁ ἀνὴρ διὰ τῆς γυναικός. 9. Οὐκ ἔξεστίν σοι ἔχειν τὴν γυναῖκα τοῦ ἀδελφοῦ σου. 10. Τί ἐμοὶ καὶ σοί, γύναι; 11. Αἱ γυναῖκες, ὑποτάσσεσθε τοῖς ἀνδράσιν. 12. Εὐλογημένη σὺ ἐν γυναιξίν, καὶ εὐλογημένος ὁ καρπὸς τῆς κοιλίας σου. 13. Lk. 21,18[1]. 14. Καὶ αἱ τρίχες τῆς κεφαλῆς ὑμῶν ἠρίθμηνται. 15. Ἡ γυνὴ ἁμαρτωλὸς τοὺς πόδας[2] τοῦ Ἰησοῦ ταῖς θριξὶν τῆς κεφαλῆς αὐτῆς ἐξέμασσεν. 16. Ἦν ὁ Ἰωάννης ἐνδεδυμένος τρίχας καμήλου. 17. Röm. 8,12. 18. Jak. 5,3: ... πῦρ. 19. (Ἰωάννης περὶ τῶν θηρίων γράφει·) Καὶ ἐπὶ τὰς κεφαλὰς αὐτῶν ὡς στέφανοι ὅμοιοι χρυσῷ, καὶ τὰ πρόσωπα αὐτῶν ὡς πρόσωπα ἀνθρώπων, καὶ εἶχον τρίχας ὡς τρίχας γυναικῶν, καὶ εἶχον θώρακας ὡς θώρακας σιδηροῦς, καὶ ἡ φωνὴ τῶν πτερύγων αὐτῶν ὡς φωνὴ ἁρμάτων[3] ἵππων. 20. 1. Kor. 11,3: Ἀνδρὸς ...

21. Εἰ ἐμὲ ἐδίωξαν, καὶ ὑμᾶς διώξουσιν. 22. Mt. 5,10. 23. Apg. 11,26: Ἐγένετο ... ἱκανόν. 24. Ἐσαλεύθη ὁ τόπος, ἐν ᾧ ἦσαν συνηγμένοι. 25. Apg. 15,6. 26. Ἡ καρδία μου ἐταράχθη ἐν ἐμοί, καὶ δειλία θανάτου ἐπέπεσεν ἐπ' ἐμέ. 27. Lk. 24,38. 28. Νῦν ἡ ψυχή μου τετάρακται. 29. 1. Petr. 3,14: Τὸν ... 30. Δέδεκται ἡ Σαμάρεια τὸν λόγον τοῦ Θεοῦ. 31. Ἐπίστευσαν, ὅσοι ἦσαν τεταγμένοι εἰς ζωὴν αἰώνιον. 32. Lk. 9,35: Οὗτός ... 33. Εἶπα· φυλάξω τὰς ὁδούς μου τοῦ μὴ ἁμαρτάνειν ἐν γλώσσῃ μου. 34. Κύριε, κύριε, ἄνοιξον ἡμῖν. 35. Offb. 3,20: Ἐάν ... 36. Πῶς οὖν ἠνεῴχθησάν

---

[1] ἀπόληται Konj. Aor von ἀπόλλυμαι zugrundegehen, verderben.
[2] Akk. Pl. von ὁ πούς der Fuß.
[3] Gen. Pl. von τὸ ἅρμα der Wagen.

σου οἱ ὀφθαλμοί; Τί σὺ λέγεις περὶ αὐτοῦ, ὅτι ἠνέῳξέν σου τοὺς ὀφθαλμούς; Πῶς ἤνοιξέν σου τοὺς ὀφθαλμούς; ῏Ην δὲ σάββατον, ἐν ᾗ ἡμέρᾳ ὁ ᾿Ιησοῦς ἀνέῳξεν αὐτοῦ τοὺς ὀφθαλμούς. 37. Καὶ εἶδον τὸν οὐρανὸν ἠνεῳγμένον. 38. Εὐλογητὸς Κύριος ὁ Θεὸς τοῦ ᾿Ισραήλ. 39. Σὺ εἶ ὁ Χριστὸς ὁ υἱὸς τοῦ Εὐλογητοῦ; 40. 1. Tim. 5,21 ... φυλάξῃς. 41. Kol. 3,12: ... οἰκτιρμοῦ. 42. Πολλοὶ γάρ εἰσιν κλητοί, ὀλίγοι δὲ ἐκλεκτοί. 43. 1. Kor. 15,53. 44. Τῷ δὲ ἀφθάρτῳ ἀοράτῳ μόνῳ Θεῷ τιμὴ καὶ δόξα.

1. Die Frau ist der Abglanz (δόξα) des Mannes. 2. Jesus heilte die Frau von ihrer Plage. 3. Zahlreich (sind) die Plagen der Sünder. 4. Der Engel sprach zu den Frauen: Fürchtet euch nicht! 5. Weib, was weinst du? 6. Offenbar sind die Werke des Fleisches. 7. Ihr seid die auserwählten Herolde Christi. 8. Wo soll ich meine Früchte unterbringen (συνάγω; Ind. Fut.)? 9. Es versammelten sich (Pass.) bei (πρός c. acc.) ihm viele Scharen. 10. Die Gerechten werden verfolgt werden, wie auch Christus verfolgt worden ist. 11. Ein Engel des Herrn öffnete die Türen des Gefängnisses. 12. Du hast das Wort Gottes angenommen. 13. Es öffnete sich (Pass.) der Himmel. 14. Die Apostel sind durch den Tod (ὁ θάνατος) des Herrn verwirrt worden. 15. Gepriesen (sei) Gott, der Vater unseres Herrn Jesus Christus.

I. 3. Deklination: Stämme auf Gutturale (κ, γ, χ)

1. Bei den auf einen Guttural auslautenden Stämmen der 3. Dekl. verbindet sich dieser K-Laut mit dem σ der Endung -σιν zu ξ, ebenso mit dem σ, das der Bildung des Nom. dient: κηρυκ-: κῆρυξ, κήρυξιν.
2. Das Substantiv γυνή hat den Akzent wie die einsilbigen Stämme: γυναικός, γυναικί, γυναικῶν, γυναιξίν; der Vok. Sing. ist gleich dem reinen Stamm unter Wegfall des auslautenden κ: γύναι.
3. Ist die Aspirata der ersten Silbe infolge der Hauchdissimilation durch die Tenuis ersetzt worden, so erscheint sie nach Möglichkeit wieder, wenn die zweite Aspirata durch die Verbindung mit σ verschwindet: St. θριχ-: θρίξ, τριχός, θριξίν.

II. Verba muta: Gutturalstämme

1. Der auf einen Guttural endigende Verbalstamm ist im Präs. vielfach durch -j- erweitert; die Verbindung des j mit dem K-Laut

ergibt -σσ- (-ττ-), in einigen Fällen -ζ-: φυλάσσω (St. φυλακ-; vgl. φυλακή) aus φυλακ-jω; στενάζω (St. στεναγ-) aus στεναγ-jω.

2. Wenn der auslautende Guttural im Fut. und Aor. I Akt., Med. und Pass. und im Pf. und Plpf. Med./Pass. vor einem Konsonanten steht, treten bestimmte Veränderungen ein nach folgenden Regeln:

a) Guttural (κ, γ, χ) wird:

mit σ zu ξ: διώκω – (διωκ-σω) – διώξω;

vor μ zu γ: διώκω – (δεδιωκ-μαι) – δεδίωγμαι;

vor τ zu κ: τάσσω (St. ταγ-) – (τεταγ-ται) – τέτακται;

vor ϑ zu χ: τάσσω (St. ταγ-) – (ἐταγ-ϑην) – ἐτάχϑην.

b) σ zwischen zwei Konsonanten fällt aus: τάσσω (St. ταγ-) – (τεταγ-σϑε – τεταγ-ϑε) – τέταχϑε.

3. Pf. und Plpf. werden ohne κ gebildet (Pf. II). Der Stammauslaut kann unverändert bleiben: πράσσω (St. πραγ-) – πέπραγα; φεύγω – πέφευγα; oder aspiriert werden: ἄγω (St. ἀγ-) – ἦχα; τάσσω (St. ταγ-) – τέταχα.

4. Die 3. Pl. Pf. und Plpf. Med./Pass. wird nicht auf -νται und -ντο gebildet, sondern durch Umschreibung mit dem Part. Pf.: τεταγμένοι εἰσίν, ἦσαν; τεταγμένα ἐστίν, ἦν.

5. Manche Verba gutt. bilden den Aor. Pass. ohne ϑ (Aor. II) und ebenso das Fut. Pass. (Fut. II), z. T. im Gegensatz zum attischen Griechisch: τάσσω (St. ταγ-) – ἐτάγην (att. ἐτάχϑην) – ταγήσομαι.

6. Das Verb ἀνοίγω hat zugleich temporales und syllabisches Augment: ἀνέῳξα. Manchmal wird dazu oder allein das α der Präposition gedehnt: ἠνέῳξα, ἤνοιξα. Neben dem Aor. II und Fut. II Pass. ἠνοίγην, ἀνοιγήσομαι finden sich auch die attischen Formen (allerdings mit dem Augment ἠν-) ἠνοίχϑην, ἀνοιχϑήσομαι.

III. Das Verbaladjektiv

Das auf -τός gebildete ursprüngliche Verbaladjektiv (εὐλογητός, ἐκλεκτός, κλητός) wird im NT. gewöhnlich wie ein Part. Pass. oder ein Adj. gebraucht. Sehr häufig sind Bildungen mit α privativum: ἄφϑαρτος (von φϑείρω) unverderblich. Das auf -τέος gebildete Verbaladjektiv, das wie das lateinische Gerundivum die passivische Notwendigkeit ausdrückt, ist im NT. nur durch die Form βλητέον (erg. ἐστίν; von βάλλω; Lk. 5,38) vertreten.

ἡ σάρξ, σαρκός	das Fleisch, der Leib, das Irdische
ὁ κῆρυξ, υκος	der Herold
ἡ μάστιξ, ιγος	die Geißel, die Plage
ἡ σάλπιγξ, ιγγος	die Trompete, die Posaune

ἡ γυνή, γυναικός	das Weib, die Frau
ἡ θρίξ, τριχός	das Haar
ὁ θώραξ, ακος	der Brustpanzer
ἡ πτέρυξ, υγος	der Flügel
ταράσσω (St. ταραχ-)	in Verwirrung bringen; Pass. in Schrecken geraten
τάσσω (St. ταγ-)	hinstellen, anordnen, festsetzen, bestimmen
ἀνοίγω	öffnen
οἰκέω	wohnen
ἀριθμέω*	zählen
ἐκμάσσω*	abtrocknen
κατιόομαι*	verrosten
σαλεύω	erschüttern; Pass. erschüttert werden, wanken
ἐπιπίπτω	auf etwas fallen, stürzen, befallen
δειπνέω*	speisen
ὁ, ἡ κάμηλος, ου	das Kamel
ὁ ὀφειλέτης, ου	der Schuldner
ὁ χρυσός, οῦ	das Gold
ὁ ἄργυρος*, ου	das Silber, das Geld
ὁ ἰός*, οῦ	das Gift, der Rost
τὸ θηρίον, ου	das Tier
ὁ στέφανος, ου	der Kranz
ὁ ἵππος, ου	das Pferd
ὁ ἐνιαυτός, οῦ	das Jahr
ἡ δειλία*, ας	die Feigheit, die Verzagtheit
ὁ διαλογισμός, οῦ	die Überlegung, der Gedanke, das Bedenken
ὁ οἰκτιρμός, οῦ	das Mitleid, das Erbarmen
ὅμοιος, α, ον	ähnlich
σιδηροῦς, ᾶ, οῦν	eisern
ἄφθαρτος, ον	unverderblich, unvergänglich
ἀόρατος, ον	unsichtbar

27.

1. Ἀνὴρ Αἰθίοψ, εὐνοῦχος δυνάστης Κανδάκης βασιλίσσης Αἰθιόπων, ὑπέστρεφεν ἐκ Ἰερουσαλήμ. 2. Χριστὸς τὰς ἁμαρτίας ἡμῶν αὐτὸς ἀνήνεγκεν ἐπὶ τὸ ξύλον, ἵνα ταῖς ἁμαρτίαις ἀπογενόμενοι τῇ δικαιοσύνῃ ζήσωμεν· οὗ τῷ μώλωπι ἰάθητε. 3. Γίνεται λαῖλαψ μηγάλη[1] ἀνέμου. 4. Οἱ πονηροὶ Χριστιανοί εἰσιν πηγαὶ ἄνυδροι καὶ ὁμίχλαι ὑπὸ λαίλαπος ἐλαυνόμεναι.

[1] Adj. fem. groß.

5. Ὃ βλέπεις, γράψον εἰς βιβλίον καὶ πέμψον ταῖς ἑπτὰ ἐκκλησίαις. 6. Γέγραπται· οὐκ ἐπ' ἄρτῳ μόνῳ ζήσεται ὁ ἄνθρωπος. 7. Κατελείφθη μόνος ὁ Ἰησοῦς καὶ ἡ γυνή. 8. Πολλὰ μὲν οὖν καὶ ἄλλα σημεῖα ἐποίησεν ὁ Ἰησοῦς ἐνώπιον τῶν μαθητῶν αὐτοῦ, ἃ οὐκ ἔστιν γεγραμμένα ἐν τῷ βιβλίῳ τούτῳ. ταῦτα δὲ γέγραπται, ἵνα πιστεύσητε, ὅτι Ἰησοῦς ἐστιν ὁ Χριστὸς ὁ υἱὸς τοῦ Θεοῦ. 9. Ὃ γέγραφα, γέγραφα. 10. Ὅσα προεγράφη, εἰς τὴν ἡμετέραν διδασκαλίαν ἐγράφη. 11. Joh. 9,11². 12. Ἀπεθάνετε γάρ, καὶ ἡ ζωὴ ὑμῶν κέκρυπται σὺν τῷ Χριστῷ ἐν τῷ Θεῷ. 13. Εἶπεν αὐτοῖς Ἰησοῦς· Ἀμὴν ἀμὴν λέγω ὑμῖν, πρὶν Ἀβραὰμ γενέσθαι ἐγώ εἰμι. ἦραν οὖν λίθους, ἵνα βάλωσιν ἐπ' αὐτόν· Ἰησοῦς δὲ ἐκρύβη καὶ ἐξῆλθεν ἐκ τοῦ ἱεροῦ. 14. Ὁ Θεὸς τρέφει τοὺς κόρακας. 15. Οἱ πλούσιοι, ἐθρέψατε τὰς καρδίας ὑμῶν ἐν ἡμέρᾳ σφαγῆς. 16. Μωϋσῆς ἀνετράφη ἐν τῷ οἴκῳ τοῦ πατρός, ἀνείλατο δὲ αὐτὸν ἡ θυγάτηρ Φαραὼ καὶ ἀνεθρέψατο αὐτὸν ἑαυτῇ εἰς υἱόν. 17. Ἐγώ εἰμι ἀνὴρ Ἰουδαῖος, γεγεννημένος ἐν Ταρσῷ τῆς Κιλικίας, ἀνατεθραμμένος δὲ ἐν Ἱεροσολύμοις. 18. Ἕτερος δὲ τῶν μαθητῶν εἶπεν αὐτῷ· Κύριε, ἐπίτρεψόν μοι πρῶτον ἀπελθεῖν καὶ θάψαι τὸν πατέρα μου. 19. Lk. 16,22. 20. Τί ποιήσω; πέμψω τὸν υἱόν μου τὸν ἀγαπητόν. ἐντραπήσονται τὸν υἱόν μου. 21. Mt. 18,3. 22. Ἀπεστάλην λαλῆσαι πρὸς σέ. 23. Εἴ τις τὸν ναὸν τοῦ Θεοῦ φθείρει, φθερεῖ τοῦτον ὁ Θεός. 24. Ἦλθεν ὁ καιρὸς διαφθεῖραι τοὺς διαφθείροντας τὴν γῆν. 25. Οὗτοι ἐν τῇ φθορᾷ αὐτῶν φθαρήσονται. 26. Ἐγένετο δὲ ἐν ἐκείνῃ τῇ ἡμέρᾳ διωγμὸς ἐπὶ τὴν ἐκκλησίαν τὴν ἐν Ἱεροσολύμοις· πάντες³ δὲ διεσπάρησαν κατὰ τὰς χώρας τῆς Ἰουδαίας καὶ Σαμαρείας πλὴν τῶν ἀποστόλων. 27. Οὐδέποτε ἐφάνη οὕτως ἐν τῷ Ἰσραήλ. 28. Εὐχόμεθα πρὸς τὸν Θεὸν μὴ ποιῆσαι ὑμᾶς κακὸν μηδέν, οὐχ ἵνα ἡμεῖς δόκιμοι φανῶμεν, ἀλλ' ἵνα ὑμεῖς τὸ καλὸν ποιῆτε. 29. Ὁ Ἰησοῦς εἶπεν τῇ συκῇ· μηκέτι ἐκ σοῦ μηδεὶς καρπὸν φάγοι. 30. Οἱ Ἰουδαῖοι οἱ ἐν Θεσσαλονίκῃ ἀνέκρινον, εἰ ἔχοι ταῦτα οὕτως. 31. Τί ἂν θέλοι ὁ σπερμολόγος οὗτος; 32. Εἰ καὶ πάσχοιτε διὰ δικαιοσύνην, μακάριοι. 33. Κύριε, ὁ Θεός μου, εἰ ἐποίησα τοῦτο, εἴ ἐστιν ἀδικία ἐν χερσίν μου, καταπέσοιμι ἄρα ἀπὸ τῶν ἐχθρῶν μου κενός. 34. Ἐν τῷ κρίνεσθαι αὐτὸν ἐξέλθοι καταδεδικασμένος⁴, καὶ ἡ προσευχὴ αὐτοῦ γενέσθω εἰς ἁμαρτίαν, καὶ τὴν ἐπισκοπὴν αὐτοῦ λάβοι ἕτερος. 35. Πῶς σὺ λέγεις ὅτι δεῖ ὑψωθῆναι τὸν υἱὸν τοῦ ἀνθρώπου; 36. Εἶπεν ἡ γυνή· οὐκ ἔχω ἄνδρα. λέγει αὐτῇ ὁ Ἰησοῦς· καλῶς εἶπες, ὅτι ἄνδρα οὐκ ἔχω. 37. Joh. 10,34: Οὐκ ... 38. Παραγενόμενος δέ τις ἀπήγγειλεν αὐτοῖς, ὅτι ἰδοὺ οἱ ἄνδρες εἰσὶν ἐν τῷ ἱερῷ.

---

² ἀπελθών Part. Nom. Sing. zu ἀπῆλθον.
³ (Nom. Pl.) alle.
⁴ Part. Pf. Pass. von καταδικάζω verurteilen.

1. Du hast uns aus dem Sturm und dem Meer gerettet. 2. Wir haben die Äthiopier besiegt. 3. Jesus wurde vom Vater in die Welt gesandt. 4. Sehet (Aor.) auf (εἰς) uns! 5. Ihr habt uns geschrieben (Aor. u. Pf.). 6. Wir sind von unserem Vater und unserer Mutter aufgezogen worden. 7. Ich habe mich abgewandt vom Pfad der Sünde. 8. Der Herr hat euch in das Buch des Lebens eingeschrieben. 9. Joseph und sein Vater wurden in ihrem Land begraben. 10. Was magst du wohl sagen (Aor.)? 11. Vieles ist in den heiligen Büchern geschrieben. 12. Möchte ich doch die Wahrheit finden (Präs. u. Aor.)!

I. 3. Deklination: Stämme auf Labiale (π, β, φ)

Bei den auf einen Labial auslautenden Stämmen verbindet sich dieser P-Laut mit dem σ der Endung -σιν zu ψ, ebenso mit dem σ, das zur Bildung des Nom. dient: λαιλαπ-: λαῖλαψ, λαίλαψιν.

II. Verba muta: Labialstämme

1. Der Präsensstamm der Verba labialia ist vielfach auf -τω gebildet: κρύπτω (St. κρυφ-).

2. Wenn der auslautende Labial vor einem Konsonanten steht, gelten folgende Regeln:

a) Labial wird

mit σ zu ψ: γράφω – ἔγραψα;

vor μ zu μ: γεγραμμένος;

vor τ zu π: γέγραπται;

vor ϑ zu φ: πέμπω – ἐπέμφϑην.

b) σ zwischen zwei Konsonanten fällt aus: γεγράφϑαι.

c) Wenn die Aspiration im Stammauslaut verschwindet, erscheint sie bei bestimmten Verben im Anlaut: ταφ-: ϑάπτω, ἐτάφην.

3. Pf. und Plpf. Akt. wird ohne κ gebildet (Pf. II): γέγραφα.

4. Die 3. Pers. Pl. Pf. und Plpf. Med./Pass. wird durch Umschreibung gebildet: γεγραμμένοι εἰσίν.

5. Fut. und Aor. Pass. sind bei einer Reihe von Verben ohne ϑ gebildet (Fut. und Aor. II): ἐγράφην; aber πέμπω – ἐπέμφϑην.

6. Verba mit dem Stammvokal ε haben Ablaut α: τρέπω – ἐτράπην.

III. Verba liquida.

Einen Aor. II Pass. und das entsprechende Fut. II bilden auch Verba liquida: φαίνομαι (Pass. erscheinen; St. φαν-) – ἐφάνην – φανήσομαι (ἐφάνϑην ist Pass. zu φαίνω zeigen: ich wurde gezeigt);

79

ἀγγέλλω (St. ἀγγελ-) – ἠγγέλην (att. ἠγγέλθην) – ἀγγελθήσομαι; μιαίνω (St. μιαν-) – ἐμιάνθην. Bei einsilbigen Stämmen mit -ε- tritt Ablaut ein: δέρω (St. δερ-) – ἐδάρην; στέλλω (St. στελ-) – ἐστάλην; σπείρω (St. σπερ-) – ἐσπάρην.

IV. Der Optativ

1. Der Optativ, eigentlich Modus des Wunsches, ist im NT. sehr zurückgegangen. Er steht

a) zur Bezeichnung des erfüllbar gedachten Wunsches (eigentlicher Optativ: Negation μή): μηδεὶς φάγοι;

b) als optativus potentialis in Hauptsätzen mit ἄν zur Bezeichnung des Gedachten: τί ἂν λέγοι; in Nebensätzen mit εἰ wenn, ob.

2. Moduszeichen des Opt. ist ι und ιη. Das ι verbindet sich mit dem vorausgehenden Themavokal im Pr. Akt. und Med./Pass. und im Aor. II Akt. und Med. zu -οι-, -οιη- (Üb. 27, 28), im Aor. I. Akt. und Med. zu -αι-, -αιη- (Üb. 29, 30), im Aor. Pass. zu -ει-, -ειη- (Üb. 31). Bei den Verba auf -μι und den Wurzelaoristen tritt eine entsprechende Verbindung mit dem auslautenden Stammvokal ein.

3. Der Opt. Fut. mit den Ausgängen -σοιμι (Akt.), -σοίμην (Med.) und -θησοίμην (Pass.) kommt im NT. nicht vor.

4. Das auslautende -οι in der 3. Pers. Sing. Präs. (und Fut.) Akt. gilt als lang, daher die Betonung παιδεύοι (παιδεύσοι).

V. Ὅτι zur Einleitung der direkten Rede

Die direkte Rede kann mit dem Verbum des Sagens durch ὅτι verbunden werden (ὅτι recitativum), das unserm Anführungszeichen entspricht: ὑμεῖς λέγετε, ὅτι βλασφημεῖς (Joh. 10,36) Ihr sagt: „Du lästerst".

ὁ Αἰθίοψ, οπος	der Äthiopier
ὁ μώλωψ*, ωπος	die Strieme
ἡ λαῖλαψ*, απος	der Sturmwind
καταλείπω	zurücklassen, übriglassen
προγράφω	vorher schreiben, vorzeichnen
κρύπτω	verbergen, verheimlichen; Pass. sich verbergen
νίπτω (St. νιπ-)	waschen; Med. sich waschen
τρέφω	ernähren
ἀνατρέφω*	aufziehen (ernähren), erziehen
τρέπω*	drehen, wenden
ἐπιτρέπω	gewähren, gestatten

ἐντρέπω	beschämen; Pass. achten, sich scheuen
θάπτω	begraben
διαφθείρω	vernichten, verderben; Pass. zugrundegehen
στρέφω	hinwenden; Pass. sich umwenden
διασπείρω*	zerstreuen
ἀναφέρω (Aor. -ἤνεγκον)	hinauftragen, darbringen
ἀποφέρω	forttragen, hinbringen
ἀπογίνομαι*	sterben
ἐλαύνω	treiben
ἐπιχρίω*	auf-, bestreichen
ἀναιρέω (Aor. ἀνεῖλον)	wegnehmen, beseitigen; Med. refl.
ἀνακρίνω	befragen, untersuchen, prüfen
καταπίπτω* (Aor. -ἔπεσον)	hinfallen
ὁ εὐνοῦχος*, ου	der Eunuch
ὁ δυνάστης*, ου	der Herrscher; der Hofbeamte
ἡ βασίλισσα, ης	die Königin
ἡ ὁμίχλη*, ης	das Nebelgewölk
τὸ βιβλίον, ου	das Buch, das Schriftstück
ἡ διδασκαλία, ας	die Unterweisung, die Lehre
ὁ πηλός*, οῦ	der Lehm, der Schlamm
ὁ κόραξ*, ακος	der Rabe
ἡ σφαγή*, ῆς	das Schlachten, die Vernichtung
ὁ κόλπος, ου	der Busen, die Brust; der Schoß
ἡ φθορά, ᾶς	das Verderben, die Vernichtung, der Untergang; Verkommenheit
ὁ σπερμολόγος*, ου	der Schwätzer
ἡ ἐπισκοπή*, ῆς	die Heimsuchung, das Aufsichtsamt, das Bischofsamt
δόκιμος, η, ον	erprobt, bewährt, echt, angesehen
κενός, ή, όν	leer (ohne Inhalt, ohne Erfolg)
ἑπτά	sieben
μηκέτι	nicht mehr
πρίν	(Adv.) eher, (Konj.) bevor, (Präp. c. gen.) vor
οὐδέποτε	niemals

28.

1. Χριστός ἐστιν ἡ ἐλπὶς τῆς δόξης. 2. Ἡμεῖς ἐλπίδα δικαιοσύνης ἀπεκδεχόμεθα. 3. Οὐκ ἔστιν προφήτης ἄτιμος εἰ μὴ ἐν τῇ πατρίδι καὶ

ἐν τῇ οἰκίᾳ αὐτοῦ. 4. Χάρις ὑμῖν καὶ εἰρήνη ἀπὸ Θεοῦ πατρὸς ἡμῶν καὶ Κυρίου Ἰησοῦ Χριστοῦ. 5. Μὴ φοβοῦ, Μαριάμ· εὗρες γὰρ χάριν παρὰ τῷ Θεῷ. 6. Χάριτι δὲ Θεοῦ εἰμι, ὅ εἰμι, καὶ ἡ χάρις αὐτοῦ ἡ εἰς ἐμὲ οὐ κενὴ ἐγενήθη. 7. Ἴδε οὖν χρηστότητα καὶ ἀποτομίαν Θεοῦ· ἐπὶ σὲ χρηστότης Θεοῦ, ἐὰν ἐπιμείνῃς τῇ χρηστότητι. 8. Eph. 6,5. 9. Κύριε, οὐκ εἰμὶ ἱκανός, ἵνα μου ὑπὸ τὴν στέγην εἰσέλθῃς· ἀλλὰ μόνον εἰπὲ λόγῳ, καὶ ἰαθήσεται ὁ παῖς μου. 10. Ὁ Κύριος ἀντελάβετο Ἰσραὴλ παιδὸς αὐτοῦ. 11. Mt. 14,1f.:... βαπτιστής. 12. Ὡς τὸ φῶς ἔχετε, πιστεύετε εἰς τὸ φῶς, ἵνα υἱοὶ φωτὸς γένησθε. 13. Ἐνδυσώμεθα δὲ τὰ ὅπλα τοῦ φωτός. 14. Εἴ τις ἔχει οὖς, ἀκουσάτω. 15. Ὑμῶν δὲ μακάριοι οἱ ὀφθαλμοί, ὅτι βλέπουσιν, καὶ τὰ ὦτα, ὅτι ἀκούουσιν. 16. Joh. 1,6f.:... φωτός. 17. Τάδε λέγει τὸ πνεῦμα τὸ ἅγιον. 18. Οἵ τε μαθηταὶ ἐπληροῦντο χαρᾶς καὶ πνεύματος ἁγίου. 19. Mt. 5,3. 20. Joh. 3,5f.: Ἀμὴν... 21. Rom. 8,9f. 22. Ὁ Χριστὸς κεφαλὴ τῆς ἐκκλησίας, αὐτὸς σωτὴρ τοῦ σώματος. 23. 1. Joh. 5,14. 24. Lk. 4,21f.[1]. 25. Ἕκαστος ἴδιον ἔχει χάρισμα, ὁ μὲν οὕτως, ὁ δὲ οὕτως. 26. Ἐν τούτῳ μὴ χαίρετε, ὅτι τὰ πνεύματα ὑμῖν ὑποτάσσεται, χαίρετε δέ, ὅτι τὰ ὀνόματα ὑμῶν ἐγγέγραπται ἐν τοῖς οὐρανοῖς. 27. Τοῖς πνεύμασι τοῖς ἀκαθάρτοις ἐπιτάσσει, καὶ ὑπακούουσιν αὐτῷ. 28. Lk. 24,39:... αὐτός. 29. Ἔρχεται μετ' ἐμέ, οὗ οὐκ εἰμὶ ἄξιος τὸ ὑπόδημα τῶν ποδῶν λῦσαι.

30. Ἐγὼ πέποιθα εἰς ὑμᾶς ἐν Κυρίῳ, ὅτι οὐδὲν ἄλλο φρονήσετε. 31. 2. Thess. 3,4. 32. Εὐχαριστῶ τῷ Θεῷ ἐπὶ τῇ κοινωνίᾳ ὑμῶν εἰς τὸ εὐαγγέλιον ἀπὸ τῆς πρώτης ἡμέρας ἄχρι τοῦ νῦν, πεποιθὼς αὐτὸ τοῦτο, ὅτι ὁ ἐναρξάμενος ἐν ὑμῖν ἔργον ἀγαθὸν ἐπιτελέσει ἄχρι ἡμέρας Χριστοῦ Ἰησοῦ. 33. Τοσαῦτα δὲ αὐτοῦ σημεῖα πεποιηκότος ἔμπροσθεν αὐτῶν οὐκ ἐπίστευον εἰς αὐτόν. 34. Joh. 8,31. 35. Ὑμεῖς δέ ἐστε οἱ διαμεμενηκότες μετ' ἐμοῦ ἐν τοῖς πειρασμοῖς μου.

36. Οἱ πρεσβύτεροι ἔπεισαν τοὺς ὄχλους. 37. Πεπεισμένος γάρ ἐστιν ὁ λαὸς Ἰωάννην προφήτην εἶναι. 38. Μὴ πεισθῇς αὐτοῖς. 39. Διὰ τῆς χάριτος τοῦ Κυρίου Ἰησοῦ πιστεύομεν σωθῆναι. 40. Joh. 13,31f. 41. Joh. 12,27f. 42. Δεδόξασμαι ἐν αὐτοῖς. 43. Ἰωάννης μὲν ἐβάπτισεν ὕδατι, ὑμεῖς δὲ ἐν πνεύματι βαπτισθήσεσθε ἁγίῳ οὐ μετὰ πολλὰς ταύτας ἡμέρας. 44. Τοῖς πλουσίοις παράγγελλε μὴ ἠλπικέναι ἐπὶ πλούτου ἀδηλότητι, ἀλλ' ἐπὶ τῷ Θεῷ. 45. Πάτερ ἡμῶν ὁ ἐν τοῖς οὐρανοῖς, ἁγιασθήτω τὸ ὄνομά σου.

46. Γένοιτό μοι κατὰ τὸ ῥῆμά σου. 47. Ὡς δὲ ἤκουσαν τοὺς λόγους τούτους, διηπόρουν περὶ αὐτῶν, τί ἂν γένοιτο τοῦτο. 48. Röm. 6,14f.

---

[1] πάντες (Nom. Pl.) alle.

1. Gehe in deine Heimat! 2. Empfanget den Heiligen Geist! 3. Jesus trieb den bösen Geist aus und heilte den Knaben. 4. Gott hat seinen Knecht verherrlicht. 5. Ich habe euch mit Wasser getauft, Christus aber wird euch mit dem Heiligen Geiste taufen. 6. Ich bin das Licht der Welt. 7. Ihr seid Kinder des Lichtes. 8. Jesus begann, seinen Jüngern die Füße zu waschen. 9. Ich habe auf den Herrn vertraut. 10. Der Äthiopier wurde von Philippus getauft. 11. Der Apostel sprach zu denen, die zum Glauben gekommen waren (Pt. Pf. von πιστεύειν): Möget ihr immer gute Werke tun! 12. Ich habe auf (ἐπί c. acc.) die Gnade Christi gehofft. 13. Als Jesus das Wunder gewirkt hatte (gen. abs.; Pt. Pf. von ποιέω), staunte die Menge. 14. Die Getauften (Pt. Pf.) mögen Christus anziehen!

I. 3. Deklination: Stämme auf Dentale (τ, δ, ϑ)

1. Für die Deklination gelten folgende Regeln:
a) Dental (τ, δ, ϑ) vor σ fällt aus: παιδ-, παισίν;
b) Dental im Auslaut fällt weg: πνευματ-, πνεῦμα;
c) Substantive auf -ις, die den Ton nicht auf der letzten Silbe haben (barytona), bilden den Akk. Sing. auf -ιν: χάρις, χάριτος, χάριν; aber: πατρίς, πατρίδος, πατρίδα.
2. Das Pt. Pf. Act. auf -κώς, -κυῖα, -κός; -κότος, -κυίας, -κότος wird im masc. und neutr. nach der 3. Dekl. dekliniert; Dat. Pl. -κόσιν.

II. Verba muta: Dentalstämme

1. Verba mit dentalem Stammauslaut sind im Präs. vielfach auf jω gebildet; mit diesem j wird der Dental zu ζ: ἐλπιδ-jω ⟩ ἐλπίζω.
2. Für die Konjugation gelten folgende Regeln:
a) Dental vor σ und κ fällt aus: δοξάζω (St. δοξαδ-): δοξάσω – δεδόξακα; γυμνάζω (St. γυμναδ-): γυμνάσω – γεγύμνακα; aber ἐλπίζω (St. ἐλπιδ-): ἐλπιῶ – ἤλπικα;
b) Dental wird vor Dental und vor μ zu σ: πείθω (St. πειθ-): ἐπείσθην – πέπεισμαι; δοξάζω – ἐδοξάσθην – δεδόξασμαι.

ἡ ἐλπίς, ίδος	die Hoffnung, die Erwartung; das Erhoffte
ἡ πατρίς, ίδος	das Vaterland, die Heimat, die Vaterstadt
ἡ χάρις, ιτος	die Anmut; die Gunst, die Gnade; der Dank
ἡ χρηστότης, ητος	die Güte, die Milde, die Rechtschaffenheit
ἡ ἁπλότης, ητος	die Einfachheit, die Schlichtheit, die Einfalt

ἡ ἀδηλότης*, ητος	die Unsicherheit
ὁ (ἡ) παῖς, παιδός	der Knabe, der Sohn; der Knecht (das Mädchen)
τὸ φῶς, φωτός	das Licht, der Leuchtkörper
τὸ οὖς, ὠτός	das Ohr
τὸ πνεῦμα, ατος	der Hauch, der Atem, die Seele, der Geist
τὸ ὕδωρ, ατος	das Wasser
τὸ σῶμα, ατος	der Leib, der Körper; der Leichnam
τὸ θέλημα, ατος	der Wille, das Gewollte, das Wollen
τὸ ὄνομα, ατος	der Name
τὸ στόμα, ατος	der Mund
τὸ χάρισμα, ατος	die Gnadengabe
ὁ πούς, ποδός	der Fuß
τὸ ὑπόδημα, ατος	die Sandale
τὸ ῥῆμα, ατος	das Wort, das Gebot; die Sache
ἡ οἰκία, ας	das Haus
ἡ ἀποτομία*, ας	die Strenge
ὁ τρόμος, ου	das Zittern, die Furcht
ὁ πλοῦτος, ου	der Reichtum, die Fülle
ἄτιμος*, ον	ungeehrt, verachtet; unansehnlich
ἀκάθαρτος, ον	unrein
τηλικοῦτος*, αὐτη, οῦτο	so groß
ἐπιμένω	bei etwas bleiben, verharren
διαμένω	verharren, bleiben
ἐγγράφω*	einschreiben
ἐπιτάσσω	auftragen, befehlen
πέποιθα (Pf. zu πείθω)	vertrauen auf, gewiß sein
ἐνάρχομαι*	beginnen
ἐπιτελέω	beendigen, vollenden, vollbringen
παραγγέλλω	auffordern, gebieten
ἁγιάζω	heiligen, weihen, heilighalten
διαπορέω*	in Verlegenheit sein
εἴπερ	wenn anders

29.

1. Ὁ ἐρχόμενος διὰ τῆς θύρας ποιμήν ἐστιν τῶν προβάτων.
2. Ἦτε γὰρ ὡς πρόβατα πλανώμενοι, ἀλλὰ ἐπεστράφητε νῦν ἐπὶ τὸν ποιμένα καὶ ἐπίσκοπον τῶν ψυχῶν ὑμῶν. 3. Καὶ ποιμένες ἦσαν ἐν τῇ χώρᾳ τῇ αὐτῇ. 4. Ὁ μὴν οὗτος ὑμῖν ἀρχὴ μηνῶν,

πρῶτός ἐστιν ὑμῖν ἐν τοῖς μησὶν τοῦ ἐνιαυτοῦ. 5. Gal. 4,10.
6. Ὑπάγετε καὶ ὑμεῖς εἰς τὸν ἀμπελῶνά μου. 7. Mt. 21,40.
8. Συκῆν εἶχέν τις πεφυτευμένην ἐν τῷ ἀμπελῶνι αὐτοῦ. 9. Ὅσοι
γὰρ εἰς Χριστὸν ἐβαπτίσθητε, Χριστὸν ἐνεδύσασθε· οὐκ ἔνι Ἰουδαῖος
οὐδὲ Ἕλλην, οὐκ ἔνι δοῦλος οὐδὲ ἐλεύθερος. 10. Μαθητής τις ἦν ἐκεῖ
ὀνόματι Τιμόθεος, υἱὸς γυναικὸς Ἰουδαίας, πατρὸς δὲ Ἕλληνος.
11. Ἕλλησίν τε καὶ βαρβάροις, σοφοῖς τε καὶ ἀνοήτοις ὀφειλέτης εἰμί.
12. Joh. 8,51. 13. Ὁ θρόνος σου, ὁ Θεός, εἰς τὸν αἰῶνα τοῦ αἰῶνος.
14. Phil. 4,20. 15. Οἱ υἱοὶ τοῦ αἰῶνος τούτου φρονιμώτεροι ὑπὲρ
τοὺς υἱοὺς τοῦ φωτὸς εἰς τὴν γενεὰν τὴν ἑαυτῶν εἰσιν. 16. 1. Kor.
3,18. 17. Mk. 10,29f.: Ἀμὴν ... [1]. 18. Μὴ γίνεσθε ἄφρονες.
19. Μή τίς με δόξῃ [2] ἄφρονα εἶναι. 20. Γίνεσθε οἰκτίρμονες, καθὼς ὁ
πατὴρ ὑμῶν οἰκτίρμων ἐστίν.
21. Τί ὑμῖν δοκεῖ περὶ τοῦ Χριστοῦ; Τίνος υἱός ἐστιν; 22. Τίνα
λέγουσιν οἱ ἄνθρωποι εἶναι τὸν υἱὸν τοῦ ἀνθρώπου; 23. Ἀλλ'
εἰσὶν ἐξ ὑμῶν τινες, οἳ οὐ πιστεύουσιν. 24. Joh. 9,16.
25. Εἶπεν δὲ καὶ πρός τινας τοὺς πεποιθότας ἐφ' ἑαυτοῖς, ὅτι εἰσὶν
δίκαιοι, τὴν παραβολὴν ταύτην. 26. Apg. 10,5. 27. Ὅστις οὐ
βαστάζει τὸν σταυρὸν ἑαυτοῦ καὶ ἔρχεται ὀπίσω μου, οὐ δύναται
εἶναί μου μαθητής. 28. Μακάριος, ὅστις φάγεται ἄρτον ἐν τῇ βασιλείᾳ
τοῦ Θεοῦ. 29. Ἄνθρωπος ἦν οἰκοδεσπότης, ὅστις ἐφύτευσεν ἀμπε-
λῶνα. 30. Οἵτινες ἀπεθάνομεν τῇ ἁμαρτίᾳ, πῶς ἔτι ζήσομεν ἐν αὐτῇ;
31. Ἐγώ εἰμι Κύριος ὁ θεός σου, ὅστις ἐξήγαγέν σε ἐκ γῆς Αἰγύπτου,
ἐξ οἴκου δουλίας. 32. 1. Kor. 3,17. 33. Ἡ ζωὴ ἐφανερώθη, καὶ
ἑωράκαμεν καὶ μαρτυροῦμεν καὶ ἀπαγγέλλομεν ὑμῖν τὴν ζωὴν τὴν αἰώ-
νιον, ἥτις ἦν πρὸς τὸν πατέρα καὶ ἐφανερώθη ἡμῖν. 34. Παρακαλῶ
ἀπέχεσθαι τῶν σαρκικῶν ἐπιθυμιῶν, αἵτινες στρατεύονται κατὰ τῆς
ψυχῆς.
35. Εἷς ἄρτος, ἓν σῶμα οἱ πολλοί ἐσμεν. 36. Καὶ ἄλλα πρόβατα
ἔχω, ἃ οὐκ ἔστιν ἐκ τῆς αὐλῆς ταύτης· κἀκεῖνα δεῖ με ἀγαγεῖν, καὶ τῆς
φωνῆς μου ἀκούσουσιν, καὶ γενήσονται μία ποίμνη, εἷς ποιμήν.
37. Καὶ ὃς ἐὰν δέξηται ἓν παιδίον τοιοῦτο ἐπὶ τῷ ὀνόματί μου, ἐμὲ
δέχεται. ὁρᾶτε, μὴ καταφρονήσητε ἑνὸς τῶν μικρῶν τούτων. 38. Δεῖ
οὖν τὸν ἐπίσκοπον ἀνεπίλημπτον εἶναι, μιᾶς γυναικὸς ἄνδρα.
39. Ἕνα πατέρα ἔχομεν τὸν Θεόν. 40. Mk. 10,18. 41. 1.Joh. 1,5.
42. Χεὶρ ἁμαρτωλῶν μὴ σαλεύσαι με. 43. Ἐπακούσαι σου Κύριος·
ἐξαποστείλαι σοι βοήθειαν ἐξ ἁγίου καὶ ἐκ Σιὼν ἀντιλάβοιτό σου.
44. Αὐτὸς δὲ ὁ Θεὸς τῆς εἰρήνης ἁγιάσαι ὑμᾶς. 45. Οἱ Φαρισαῖοι
διελάλουν πρὸς ἀλλήλους, τί ἂν ποιήσαιεν τῷ Ἰησοῦ. 46. Αὐτὸς δὲ ὁ

---

[1] ἀφῆκεν 3. S. Ind. Aor. Akt. von ἀφίημι fortschicken, verlassen.
[2] Konj. Aor. von δοκέω.

Κύριος ἡμῶν παρακαλέσαι ὑμῶν τὰς καρδίας καὶ στηρίξαι.   47 Βάπτι-
σαι καὶ ἀπόλουσαι τὰς ἁμαρτίας σου.   48. Mt. 13,16f.

1. Ich bin der gute Hirt.   2. Arbeite in dem Weinberg!
3. Dieser Mensch hat Griechen in das Heiligtum hineingeführt.
4. Die Hirten gingen nach Bethlehem und sahen das Kind und
seine Mutter.   5. Christus bleibt in Ewigkeit.   6. Wer wird uns
aus der Gefahr erretten?   7. Wessen Sohn ist gekommen?
8. Viele von (ἐκ) den Juden glaubten an Jesus, einige (τις) aber
gingen zu den Pharisäern und sagten, was Jesus getan hatte (Ind.
Aor.).   9. Den barmherzigen Menschen wird Gott barmherzig
sein.   10. Durch den Tod des Einen haben wir das Heil erlangt.
11. Keinen Menschen haben wir gesehen.   12. Alle, die gesündigt
haben, mögen (Opt. Aor.) auf die Gnade Gottes vertrauen.
13. Möchtet ihr doch (Opt. Aor.) auf die Worte des Evangeliums
hören!   14. Möchtest du doch das Gesetz Gottes beobachten!
15. Der Gott der Hoffnung erfülle euch mit Freude und Frieden
(Gen.)!

I. 3. Deklination: Stämme auf ν

1. Vor σ fällt ν aus: μήν, μησίν.
2. Bei dem Zahlwort εἷς, und ebenso bei οὐδείς und μηδείς, richtet
sich die Betonung des Femininums nach der des Masculinums:
οὐδενός – οὐδεμιᾶς, οὐδενί – οὐδεμιᾷ, οὐδένα – οὐδεμίαν.
3. Im NT. kommt ὅστις nur im Nom. Sing. und Pl. vor, ὅ τι jedoch
auch im Akk.

II. Optativ

Das auslautende -αι in der 3. Pers. Sing. Aor. Akt. gilt als lang,
daher die Betonung παιδεύσαι; von dieser Form sind zu unter-
scheiden παιδεῦσαι (Inf. Aor. Akt.) und παίδευσαι (2. Sing. Imp.
Aor. Med.).

ὁ ποιμήν, ένος	der Hirt
ὁ μήν, μηνός	der Monat
ὁ ἀμπελών, ῶνος	der Weinberg
ὁ Ἕλλην, ηνος	der Grieche, der Heide
ὁ αἰών, αἰῶνος	die lange Zeit, die Ewigkeit, das Weltalter, die Welt
ἄφρων, ον (ονος)	unverständig, töricht
ἑκατονταπλασίων*, ον	hundertfältig

οἰκτίρμων*, ον	mitleidig, barmherzig
ὅστις, ἥτις, ὅ τι	jeder, der (verallgemeinerndes Relativpronomen, auch für das einfache Relativpronomen gebraucht)
εἷς, μία, ἕν	einer (Zahlwort), allein, irgendeiner
ἑνός, μιᾶς, ἑνός	
οὐδείς, οὐδεμία, οὐδέν	(adj.) kein; (subst.) niemand
μηδείς, μηδεμία, μηδέν	(adj.) kein; (subst.) niemand
ἐπιστρέφω	hinwenden; sich umwenden, sich bekehren; Med. m. Aor. Pass. sich umwenden, sich bekehren
ἐξαπατάω	betrügen, täuschen; verführen
παρατηρέω	beobachten, beachten, befolgen
ἐξάγω	hinausführen, herausführen
ὁράω (Pf. ἑώρακα)	sehen, hinsehen
ἀπέχομαι (c. gen.)	sich fernhalten, sich enthalten
στρατεύομαι	zu Felde ziehen
καταφρονέω (c. gen.)	verachten
ἀναγγέλλω	berichten, verkünden
ἐπακούω*	erhören
διαλαλέω*	besprechen
στηρίζω	befestigen, stärken
ἐπιθυμέω	begehren, verlangen
ἔνι = ἔνεστιν	es gibt
ὁ θρόνος, ου	der Thron
τὸ σχίσμα, ατος	die Spaltung
ἡ ποίμνη, ης	die Herde
ἡ σκοτία, ας	die Finsternis
ἡ βοήθεια*, ας	die Hilfe
ἐλεύθερος, α, ον	frei
βάρβαρος, ον	fremdsprachig, nichtgriechisch, barbarisch
ὁ βάρβαρος, ου	der Nichtgrieche, der Ausländer, der Barbar
ἀνόητος, ον	unverständig, unvernünftig
ἀνεπίλημπτος*, ον	tadellos
σαρκικός, ή, όν	fleischlich

30.

1. Ἀγαλλιάσεται ὡς γίγας δραμεῖν ὁδὸν αὐτοῦ. 2. Οὐκ εἰμὶ ἐγὼ ἄξιος, ἵνα λύσω αὐτοῦ τὸν ἱμάντα τοῦ ὑποδήματος. 3. Οἱ

στρατιῶται προέτειναν τὸν Παῦλον τοῖς ἱμᾶσιν. 4. Σῶσόν με ἐκ στόματος λέοντος. 5. Οἱ ὀδόντες αὐτῶν ὡς λεόντων ἦσαν. 6. Ὀφθαλμὸν ἀντὶ ὀφθαλμοῦ καὶ ὀδόντα ἀντὶ ὀδόντος. 7. Ἦν δὲ ἄνθρωπος ἐκ τῶν Φαρισαίων, Νικόδημος ὄνομα αὐτῷ, ἄρχων τῶν Ἰουδαίων. 8. Καὶ ἐγένετο ἐν τῷ ἐλθεῖν αὐτὸν εἰς οἶκόν τινος τῶν ἀρχόντων τῶν Φαρισαίων σαββάτῳ φαγεῖν ἄρτον, καὶ αὐτοὶ ἦσαν παρατηρούμενοι αὐτόν. 9. Μὴ καὶ ὑμεῖς πεπλάνησθε; μή τις ἐκ τῶν ἀρχόντων ἐπίστευσεν εἰς αὐτὸν ἢ ἐκ τῶν Φαρισαίων; ἀλλὰ ὁ ὄχλος οὗτος ὁ μὴ γινώσκων τὸν νόμον ἐπάρατοί εἰσιν. 10. Lk. 23,47. 11. Οὐ χρείαν ἔχουσιν οἱ ἰσχύοντες ἰατροῦ, ἀλλ' οἱ κακῶς ἔχοντες. 12. 1. Kor. 14,22. 13. Mt. 15,22. 14. Τοῖς πλουσίοις ἐν τῷ νῦν αἰῶνι παράγγελλε πλουτεῖν ἐν ἔργοις καλοῖς, ἀποθησαυρίζοντας ἑαυτοῖς θεμέλιον καλὸν εἰς τὸ μέλλον, ἵνα μεταλάβωνται τῆς ὄντως ζωῆς. 15. Καὶ ἐπηρώτησέν τις αὐτὸν ἄρχων λέγων· διδάσκαλε ἀγαθέ, τί ποιήσας ζωὴν αἰώνιον κληρονομήσω; 16. Joh. 1,33: Ὁ πέμψας ... 17. Ὁ τὸν λόγον μου ἀκούων καὶ πιστεύων τῷ πέμψαντί με ἔχει ζωὴν αἰώνιον. 18. Mt. 11,2–4. 19. Ἐλευθερωθέντες ἀπὸ τῆς ἁμαρτίας, δουλωθέντες δὲ τῷ Θεῷ ἔχετε τὸν καρπὸν ὑμῶν εἰς ἁγιασμόν. 20. Διὰ τοῦτο δεῖ περισσοτέρως προσέχειν ἡμᾶς τοῖς ἀκουσθεῖσιν. 21. Πᾶν δένδρον ἀγαθὸν καρποὺς καλοὺς ποιεῖ. 22. 1. Joh. 2,16. 23. Mt. 13,55f. 24. Ποία ἐστὶν ἐντολὴ πρώτη πάντων; 25. Πάντες γὰρ ὑμεῖς εἷς ἐστε ἐν Χριστῷ Ἰησοῦ. 26. Καὶ αὐτὸς δὲ ὁ δεσπότης τῶν ἁπάντων περὶ μετανοίας ἐλάλησεν μετὰ ὅρκου· ζῶ γὰρ ἐγώ, λέγει Κύριος, οὐ βούλομαι τὸν θάνατον τοῦ ἁμαρτωλοῦ ὡς τὴν μετάνοιαν. 27. Πάντα, ὅσα ἔχει ὁ πατήρ, ἐμά ἐστιν. 28. Mt. 4,23. 29. Τοῖς πᾶσιν γέγονα πάντα. 30. Eph. 4,6. 31. Ἡ εὐσέβεια πρὸς πάντα ὠφέλιμός ἐστιν, ἐπαγγελίαν ἔχουσα ζωῆς τῆς νῦν καὶ τῆς μελλούσης. 32. Mt. 7,21. 33. Mt. 9,18: ... ἐτελεύτησεν. 34. Lk. 8,40. 35. Lk. 12,43. 36. Ἐξορκίζω σε κατὰ τοῦ Θεοῦ τοῦ ζῶντος, ἵνα ἡμῖν εἴπῃς, εἰ σὺ εἶ ὁ Χριστὸς ὁ υἱὸς τοῦ Θεοῦ. 37. 2. Kor. 5,14f. 38. 1. Joh. 5,1. 39. Ἐγώ εἰμι ὁ ὤν. ὁ ὢν ἀπέσταλκέν με πρὸς ὑμᾶς. 40. Lk. 22,3. 41. 2. Kor. 1,1f. 42. Εὐξαίμην ἂν τῷ Θεῷ οὐ μόνον σέ, ἀλλὰ καὶ πάντας τοὺς ἀκούοντάς μου σήμερον γενέσθαι τοιούτους, ὁποῖος καὶ ἐγώ εἰμι. 43. Ἀγαλλιάσαιντο οἱ θέλοντες τὴν δικαιοσύνην μου. 44. Καὶ εἰσελθὼν πάλιν εἰς Καφαρναοὺμ δι' ἡμερῶν ἠκούσθη, ὅτι εἰς οἶκόν ἐστιν. 45. Ἀνθ' ὧν, ὅσα ἐν τῇ σκοτίᾳ εἴπατε, ἐν τῷ φωτὶ ἀκουσθήσεται. 46. Ἤκουσαν δὲ πάντες οἱ Αἰγύπτιοι καὶ ἀκουστὸν ἐγένετο εἰς τὸν οἶκον Φαραώ. 47. 2. Thess. 3,1f.: ... ἀνθρώπων. 48. Ἐν τῷ Κυρίῳ ἐπαινεσθήσεται ἡ ψυχή μου. 49. Lk. 18,31.

50. Λέγω γὰρ ὑμῖν, ὅτι τὸ γεγραμμένον δεῖ τελεσθῆναι ἐν ἐμοί.
51. Ὁ Ἰησοῦς εἶπεν· τετέλεσται.

1. Es kommt der Fürst dieser Welt. 2. Durch (ἐν) den Fürsten der Dämonen treibt er die Dämonen aus. 3. Denen, die glauben (Part.), wird das Leben gewährt. 4. Wer glaubt (Part.), hat das ewige Leben. 5. Was ich euch sage, sage ich allen. 6. Alles (Pl.), was (auch immer) ihr habt, habt ihr von Gott empfangen. 7. Pilatus fragte Jesus, indem er sagte (Part.): „Was hast du getan?" 8. Jesus antwortete (Part. Aor.) und sprach: „Mein Reich ist nicht von (ἐκ) dieser Welt." 9. Alle, die glauben und Gutes (Pl.) tun (Part.), empfangen den Lohn. 10. Paulus zog (Part. Aor.) nach Mazedonien und verkündete das Evangelium. 11. Das Werk ist vollendet worden. 12. Glaubet den Worten, die gehört worden sind (Part. Aor.). 13. Alle, die geglaubt haben (Part. Aor.) und getauft worden sind (Part. Aor.), beten im Heiligtum. 14. Mögest du für mich beten! 15. Ich würde wohl den Bruder aufnehmen. 16. Als Jesus in das Haus gekommen war (Part. Aor.), heilte er die Kranken, die in dem Dorfe waren (Part.). 17. Gott möge euch vom Bösen erretten (Aor.)!

I. 3. Deklination: Stämme auf -ντ

1. Vor σ (im Nom. Sing. und im Dat. Pl.) fällt ντ aus unter Ersatzdehnung; dabei wird -οντσ- zu -ουσ-, -αντσ- zu -ᾱσ-, -εντσ- zu -εισ-.

2. Ohne σ im Nom. Sing. werden einige Substantive und Adjektive und das Part. Pr. Akt. gebildet (Stamm auf -οντ; das ο wird im Nom. Sing. m. zu ω gedehnt): λέων, λέοντος. Das Fem. der Adjektive und Partizipien wird durch Anhängung der Silbe -σα gebildet: πιστεύων, πιστεύουσα, πιστεῦον; πιστεύοντος, πιστευούσης, πιστεύοντος (Part. Pr. Akt.); πιστεύσας, πιστεύσασα, πιστεῦσαν; πιστεύσαντος, πιστευσάσης, πιστεύσαντος (Part. Aor. Akt.); πιστευθείς, πιστευθεῖσα, πιστευθέν; πιστευθέντος, πιστευθείσης, πιστευθέντος (Part. Aor. Pass.).
Die Formen des Part. Pr. Akt. der verba contracta werden nach den Kontraktionsregeln gebildet.

II. Konjugation: Verba vocalia mit eingeschobenem σ

Einige verba vocalia haben eingeschobenes σ vor den mit μ, τ und ϑ beginnenden Endungen im Pf. und Plpf. Med./Pass., im Fut. und Aor. Pass. und im Verbaladjektiv: τελέω, τετέλεσμαι, τετέλεσται,

ἐτελέσθην, τελεσθήσομαι; ἀκούω, ἠκούσθην, ἀκουσθήσομαι, ἀκουστός;
χρίω, χριστός.

ὁ γίγας*, γίγαντος	der Riese
ὁ ἱμάς*, άντος	der Riemen
ὁ λέων, λέοντος	der Löwe
ὁ ὀδούς, ὀδόντος	der Zahn
ὁ ἄρχων, οντος	der Herrscher, der Fürst, der Vorsteher
πᾶς, πᾶσα, πᾶν	jeder, jeglicher, ganz, Pl. alle (adj. u. subst.)
ἅπας, ασα, αν	ganz, Pl. alle
ὤν, οὖσα, ὄν	Part. Präs. von εἰμί
ἡ φυλή, ῆς	der Stamm, der Volksstamm
ὁ ἰατρός, οῦ	der Arzt
ἡ προφητεία, ας	die prophetische Tätigkeit, die Propheten- gabe, die Prophezeiung
τὸ ὅριον, ου	die Grenze, Pl. das Gebiet
ὁ θεμέλιος, ου	der Grundstein, das Fundament, der Grund- stock
τὸ θεμέλιον, ου	die Grundlage, das Fundament
τὸ δεσμωτήριον*, ου	das Gefängnis
ὁ ἁγιασμός, οῦ	die Heiligung
ὁ βίος, ου	das Leben, die Lebenszeit; der Lebens- wandel; der Lebensunterhalt
ἡ ἀλαζονεία*, ας	die Prahlerei
ὁ τέκτων*, ονος	der Zimmermann
ὁ ὅρκος, ου	der Eid
ἡ μαλακία*, ας	die Schwäche, die Schwachheit
ἡ εὐσέβεια, ας	die Frömmigkeit, die Gottesfurcht
προτείνω*	ausspannen
κράζω	schreien, rufen
δαιμονίζομαι	von einem Dämon besessen sein
πλουτέω	reich sein, Überfluß haben an (ἐν)
ἀποθησαυρίζω*	aufspeichern
ἐπερωτάω	fragen, bitten
κληρονομέω	beerben, als Anteil erhalten, zum Besitz empfangen
ἀποκρίνομαι	antworten, (in der Rede) fortfahren oder be- ginnen (Aor. gewöhnlich Pass.)
ἐλευθερόω	befreien
γέγονα	Pf. (II) zu γίνομαι
προσκυνέω	niederkniend verehren, anbeten

ἐξορκίζω*	beschwören
συνέχω	zusammenhalten, bedrängen, festhalten, ergreifen, bedrücken
τελέω	beenden, vollenden, durchführen, erfüllen
ἐπάρατος*, ον	verflucht
ὠφέλιμος*, ον	nützlich
ἄτοπος*, ον	ungewöhnlich, auffallend; schlecht
ὄντως (Adv. zu ὤν)	wirklich, in Wahrheit

31.

1. Ἐγερθήσεται ἔθνος ἐπὶ ἔθνος καὶ βασιλεία ἐπὶ βασιλείαν. 2. Ἔμελλεν Ἰησοῦς ἀποθνῄσκειν ὑπὲρ τοῦ ἔθνους. 3. Οὐκ ἔστιν προσωπολήμπτης ὁ Θεός, ἀλλ᾿ ἐν παντὶ ἔθνει ὁ φοβούμενος αὐτὸν καὶ ἐργαζόμενος δικαιοσύνην δεκτὸς αὐτῷ ἐστιν. 4. Ὁ ἑκατοντάρχης ἀγαπᾷ τὸ ἔθνος ἡμῶν. 5. Ἤκουσαν δὲ οἱ ἀπόστολοι καὶ οἱ ἀδελφοὶ οἱ ὄντες κατὰ τὴν Ἰουδαίαν, ὅτι καὶ τὰ ἔθνη ἐδέξαντο τὸν λόγον τοῦ Θεοῦ. 6. Ὁ Θεὸς ἐκάλεσεν ἡμᾶς οὐ μόνον ἐξ Ἰουδαίων, ἀλλὰ καὶ ἐξ ἐθνῶν. 7. Τοῖς ἔθνεσιν ἀπεστάλη τοῦτο τὸ σωτήριον τοῦ Θεοῦ. 8. Στρεφόμεθα εἰς τὰ ἔθνη. 9. Αἰνεῖτε, πάντα τὰ ἔθνη, τὸν Κύριον. 10. Lk. 22,39. 11. Mk. 9,9: ... διηγήσωνται. 12. Τότε ἄρξονται λέγειν τοῖς ὄρεσιν· πέσατε ἐφ᾿ ἡμᾶς. 13. Ἰδοὺ τοσαῦτα ἔτη δουλεύω σοι καὶ οὐδέποτε ἐντολήν σου παρῆλθον. 14. Mk. 9,29. 15. Apg. 13,26. 16. Πᾶν τὸ πλῆθος ἦν τοῦ λαοῦ προσευχόμενον ἔξω. 17. Ἤρεσεν ὁ λόγος ἐνώπιον παντὸς τοῦ πλήθους. 18. Ὁ δὲ ὑπομείνας εἰς τέλος, οὗτος σωθήσεται. καὶ κηρυχθήσεται τοῦτο τὸ εὐαγγέλιον τῆς βασιλείας ἐν ὅλῃ τῇ οἰκουμένῃ εἰς μαρτύριον πᾶσιν τοῖς ἔθνεσιν, καὶ τότε ἥξει τὸ τέλος. 19. Ὁ Θεὸς ἐποίησεν ἐξ ἑνὸς πᾶν ἔθνος ἀνθρώπων κατοικεῖν ἐπὶ παντὸς προσώπου τῆς γῆς. 20. Röm. 10,4. 21. Ἄνθρωπός τις εὐγενὴς ἐπορεύθη εἰς χώραν μακρὰν λαβεῖν ἑαυτῷ βασιλείαν καὶ ὑποστρέψαι. 22. Mt. 26,41. 23. 1. Kor. 4, 10. 24. Ἡμεῖς σήμερον ἀνακρινόμεθα ἐπὶ εὐεργεσίᾳ ἀνθρώπου ἀσθενοῦς. 25. Πῶς ἐπιστρέφετε πάλιν ἐπὶ τὰ ἀσθενῆ καὶ πτωχὰ στοιχεῖα, οἷς πάλιν ἄνωθεν δουλεύειν θέλετε; 26. 1. Kor. 9,22. 27. Συνήρχετο δὲ καὶ τὸ πλῆθος, φέροντες ἀσθενεῖς καὶ ὀχλουμένους ὑπὸ πνευμάτων ἀκαθάρτων, οἵτινες ἐθεραπεύοντο ἅπαντες. 28. Lk. 8, 41 f.: ... ἀπέθνῃσκεν. 29. Καὶ ὁ Λόγος σὰρξ ἐγένετο καὶ ἐσκήνωσεν ἐν ἡμῖν, καὶ ἐθεασάμεθα τὴν δόξαν αὐτοῦ, δόξαν ὡς μονογενοῦς παρὰ πατρός, πλήρης[1] χάριτος καὶ ἀληθείας. 30. Οὐ γὰρ ἀπέστειλεν ὁ Θεὸς

[1] indeklinabel gebraucht.

τὸν υἱὸν εἰς τὸν κόσμον, ἵνα κρίνῃ τὸν κόσμον, ἀλλ᾽ ἵνα σωθῇ ὁ κόσμος δι᾽ αὐτοῦ. ὁ πιστεύων εἰς αὐτὸν οὐ κρίνεται· ὁ δὲ μὴ πιστεύων ἤδη κέκριται, ὅτι μὴ πεπίστευκεν εἰς τὸ ὄνομα τοῦ μονογενοῦς υἱοῦ τοῦ Θεοῦ. 31. Βλέπετε ἑαυτούς, ἵνα μισθὸν πλήρη ἀπολάβητε. 32. ᾽Επισκέψασθε, ἀδελφοί, ἄνδρας ἐξ ὑμῶν μαρτυρουμένους ἑπτὰ πλήρεις πνεύματος καὶ σοφίας. 33. Μακάριος ἀνήρ, ὃς οὐκ ἐπορεύθη ἐν βουλῇ ἀσεβῶν. 34. ᾽Ανανίας δέ τις, ἀνὴρ εὐλαβὴς κατὰ τὸν νόμον, μαρτυρούμενος ὑπὸ πάντων τῶν κατοικούντων ᾽Ιουδαίων, ἐλθὼν πρός με εἶπέν μοι· Σαοὺλ ἀδελφέ, ἀνάβλεψον. 35. ᾽Ησαν δὲ ἐν ᾽Ιερουσαλὴμ κατοικοῦντες ᾽Ιουδαῖοι, ἄνδρες εὐλαβεῖς ἀπὸ παντὸς ἔθνους τῶν ὑπὸ τὸν οὐρανόν. 36. Οὗτοι δὲ ἦσαν εὐγενέστεροι τῶν ἐν Θεσσαλονίκῃ. 37. Πολλῷ μᾶλλον τὰ δοκοῦντα μέλη τοῦ σώματος ἀσθενέστερα ὑπάρχειν ἀναγκαῖά ἐστιν. 38. Φύλαξον τὴν ψυχήν μου καὶ ῥῦσαί με· μὴ καταισχυνθείην, ὅτι ἤλπισα ἐπί σε. 39. ᾽Αγαλλιάσαιντο καὶ εὐφρανθείησαν ἐπὶ σοὶ πάντες οἱ ζητοῦντές σε, Κύριε. 40. Αἰσχυνθείησαν καὶ ἐντραπείησαν οἱ ζητοῦντες τὴν ψυχήν μου, ἀποστραφείησαν εἰς τὰ ὀπίσω καὶ καταισχυνθείησαν οἱ λογιζόμενοί μοι κακά. 41. ᾽Εν τῇ πρώτῃ μου ἀπολογίᾳ οὐδείς μοι παρεγένετο, ἀλλὰ πάντες με ἐγκατέλιπον· μὴ αὐτοῖς λογισθείη. 42. Χάρις ὑμῖν καὶ εἰρήνη πληθυνθείη.

1. Wir verehren Gott auf diesem Berge. 2. Ihr seid ein heiliges Volk, ein geheiligtes (Part. Aor.) Geschlecht. 3. Wir verkünden den Heiden das Evangelium. 4. Die ganze Menge des Volkes betete im Heiligtum. 5. Viele Jahre (Akk.) habe ich euch die Worte des Herrn verkündet (Aor.). 6. Viele aus den Heiden haben geglaubt. 7. Ich glaube an den einziggeborenen Sohn Gottes. 8. Unter (ἐν) euch sind viele Kranke. 9. Glaubet dem einziggeborenen Sohne Gottes! 10. Bringet die Kranken zu Jesus! 11. Der Prophet ist gottesfürchtiger als der Fürst. 12. Christus ist der edelste aller Menschen. 13. Alle Feinde meiner Seele mögen zuschanden werden (Opt. Aor.)! 14. Mögest du von Gott gerettet werden (Opt. Aor.)! 15. Möget ihr in Frieden auf euerem Wege ziehen!

3. Deklination: σ-Stämme

1. Zu den σ-Stämmen gehören Neutra auf -ος, -ες, Adjektive zweier Endungen auf -ης, -ες und Eigennamen auf -ης (Gen. -ους: Διογένης). Das σ bleibt im Auslaut; zwischen zwei Vokalen fällt es

aus, die Vokale werden kontrahiert. Ganz selten unterbleibt die Kontraktion im Gen. Pl.: ὀρέων (Off. 6,15).

2. Im Komparativ tritt -τερος, im Superlativ -τατος an den Stamm des Adjektivs: εὐγενής, εὐγενέστερος, εὐγενέστατος.

τὸ ἔθνος, ους	das Volk, Pl. die Heiden
τὸ ἔθος, ους	der Brauch, die Sitte
τὸ ὄρος, ους	der Berg
τὸ ἔτος, ους	das Jahr
τὸ γένος, ους	das Geschlecht, das Volk, die Art
τὸ πλῆθος, ους	die Menge
τὸ τέλος, ους	das Ende, das Ziel; der Zoll
τὸ μέλος, ους	das Glied
εὐγενής*, ές	adelig, edel gesinnt
ἀσθενής, ές	schwach, schwächlich, krank
πλήρης, ες	voll, angefüllt, vollständig
μονογενής, ές	einziggeboren, einzig erzeugt, einzig
ἀσεβής, ές	gottlos
εὐλαβής*, ές	fromm
μακρός*, ά, όν	groß, lang, weit entfernt
διηγέομαι	erzählen, auseinandersetzen
ἀρέσκω, ἀρέσω, ἤρεσα	gefällig sein, gefallen
κατοικέω	wohnen, bewohnen
γρηγορέω	wachen, wachsam sein
κερδαίνω, κερδήσω	gewinnen
συνέρχομαι	zusammenkommen
ὀχλέω*	belästigen, quälen
σκηνόω	wohnen
ἐπισκέπτομαι	sich umsehen nach etwas, besichtigen, besuchen; heimsuchen
εὐφραίνω	erfreuen; Pass. sich freuen
αἰσχύνω	beschämen; Med./Pass. sich schämen, zuschanden werden
καταισχύνω	schänden, beschämen. Pass. beschämt werden, zuschanden werden
ἀποστρέφω	abwenden, zum Abfall bringen, (intr.) sich abwenden
ἐγκαταλείπω	übriglassen, verlassen
ὁ προσωπολήμπτης*, ου	der Parteiische (πρόσωπον λαμβάνω)
ἡ ἐλαία, ας	der Ölbaum
ἡ οἰκουμένη (γῆ), ης	die bewohnte Erde, der Erdkreis

ἡ εὐεργεσία*, ας	das Wohltun, die Wohltat
ἡ βουλή, ῆς	der Beschluß, der Ratschluß; die Ratsversammlung
ἡ ἀπολογία, ας	die Verteidigung, die Rechtfertigung
πρόθυμος, ον	geneigt, willig
ἔνδοξος, ον	ruhmvoll, angesehen, vornehm
ἀναγκαῖος, α, ον	notwendig, nötig
ἄνωθεν	von oben her, von Anfang an, von neuem

32.

1. Οὐαὶ οὐαί, Βαβυλὼν ἡ πόλις ἡ ἰσχυρά, ὅτι μιᾷ ὥρᾳ ἦλθεν ἡ κρίσις σου. 2. Καὶ ἐξῆλθεν Ἰωνᾶς ἐκ τῆς πόλεως. 3. Ἀμὴν λέγω ὑμῖν, ἀνεκτότερον ἔσται γῇ Σοδόμων καὶ Γομόρρων ἐν ἡμέρᾳ κρίσεως ἢ τῇ πόλει ἐκείνῃ. 4. Οὐ γὰρ ἔχομεν ὧδε μένουσαν πόλιν, ἀλλὰ τὴν μέλλουσαν ἐπιζητοῦμεν. 5. Ἔσονται αἱ πόλεις αὗται εἰς φυγαδευτήριον. 6. Καὶ ταῖς ἑτέραις πόλεσιν εὐαγγελίσασθαί με δεῖ τὴν βασιλείαν τοῦ Θεοῦ. 7. Καὶ περιῆγεν ὁ Ἰησοῦς τὰς πόλεις πάσας καὶ τὰς κώμας. 8. Βίβλος γενέσεως Ἰησοῦ Χριστοῦ υἱοῦ Δαυὶδ υἱοῦ Ἀβραάμ. 9. Joh. 5,28f. 10. Κύριε ὁ Θεὸς ὁ παντοκράτωρ, ἀληθιναὶ καὶ δίκαιαι αἱ κρίσεις σου. 11. Röm. 8,21: Αὐτὴ ... 12. Πάντα οὕτως διαμένει ἀπ᾽ ἀρχῆς κτίσεως. 13. Ἡ πίστις ὑμῶν καταγγέλλεται ἐν ὅλῳ τῷ κόσμῳ. 14. Röm. 1,16f. 15. Ἐγὼ πάσῃ συνειδήσει ἀγαθῇ πεπολίτευμαι τῷ Θεῷ ἄχρι ταύτης τῆς ἡμέρας. 16. Apg. 24,24. 17. Gal. 3,26. 18. Ἐν παντὶ τόπῳ ἡ πίστις ἡ πρὸς τὸν Θεὸν ἐξελήλυθεν. 19. 1. Kor. 12,8–10[1]. 20. Πῶς λέγουσιν ἐν ὑμῖν τινες, ὅτι ἀνάστασις νεκρῶν οὐκ ἔστιν;

21. Ἀμήν. ἡ εὐλογία καὶ ἡ δόξα καὶ ἡ σοφία καὶ ἡ εὐχαριστία καὶ ἡ τιμὴ καὶ ἡ δύναμις καὶ ἡ ἰσχὺς τῷ Θεῷ ἡμῶν εἰς τοὺς αἰῶνας τῶν αἰώνων, ἀμήν. 22. Ἐξ ὅλης τῆς ἰσχύος ἡμῶν ἐργασώμεθα ἔργον δικαιοσύνης. 23. Ἀγαπήσεις Κύριον τὸν Θεόν σου ἐξ ὅλης τῆς καρδίας σου καὶ ἐν ὅλῃ τῇ ψυχῇ σου καὶ ἐν ὅλῃ τῇ ἰσχύι σου καὶ ἐν ὅλῃ τῇ διανοίᾳ σου, καὶ τὸν πλησίον σου ὡς σεαυτόν. 24. Offb. 5,12.: Ἄξιός ... 25. Οἱ ἰχθύες οἱ ἐν τῷ ποταμῷ τελευτήσουσιν. 26. Ἄρχετε τῶν ἰχθύων τῆς θαλάσσης. 27. Οὐκ ἔχομεν ὧδε εἰ μὴ πέντε ἄρτους καὶ δύο ἰχθύας. 28. Ἄρατε τὸν ζυγόν μου ἐφ᾽ ὑμᾶς καὶ μάθετε ἀπ᾽ ἐμοῦ, ὅτι πραΰς εἰμι καὶ ταπεινὸς τῇ καρδίᾳ. 29. Μακάριοι οἱ πραεῖς, ὅτι αὐτοὶ κληρονομήσουσιν τὴν γῆν. 30. Ἔστω πᾶς ἄνθρωπος ταχὺς εἰς τὸ ἀκοῦσαι, βραδὺς εἰς τὸ λαλῆσαι, βραδὺς εἰς ὀργήν. 31. Ἡ γὰρ καρδία σου οὐκ ἔστιν εὐθεῖα ἔναντι τοῦ Θεοῦ.

[1] δίδοται 3. S. Ind. Pr. Pass. von δίδωμι geben.

32. Ἐλπίζω δὲ εὐθέως σε ἰδεῖν. 33. Δεῖ γὰρ ταῦτα γενέσθαι πρῶτον, ἀλλ' οὐκ εὐθέως τὸ τέλος. 34. Mk. 4,14 f. 35. Ἰδοὺ ἔρχομαι ταχύ, μακάριος ὁ τηρῶν τοὺς λόγους τῆς προφητείας τοῦ βιβλίου τούτου. 36. Καὶ ἰδοὺ σεισμὸς ἐγένετο μέγας. 37. Τὸ μυστήριον τοῦτο μέγα ἐστίν. 38. Apg. 8,9 f. 39. Ἐποίησέν μοι μεγάλα ὁ δυνατός. 40. Mt. 20,26 f. 41. Καὶ ἐκπορευομένων αὐτῶν ἀπὸ Ἰεριχὼ ἠκολούθησαν αὐτῷ ὄχλος πολύς. 42. Πολὺ ἰσχύει δέησις δικαίου ἐνεργουμένη. 43. Μετὰ δὲ πολὺν χρόνον ἔρχεται ὁ κύριος τῶν δούλων ἐκείνων. 44. Mt. 27,55. 45. Ἔτι πολλὰ ἔχω ὑμῖν λέγειν.

1. Ich bin die Auferstehung und das Leben. 2. In der Stadt Davids (indekl.) werdet ihr den Heiland finden. 3. Der Teufel führte Jesus in die heilige Stadt. 4. Ich glaube an die Auferstehung des Fleisches. 5. Jesus heilte die Kranken dieser Städte. 6. Christus ist das Haupt der ganzen Schöpfung. 7. Liebe Gott aus (ἐξ) deinem ganzen Herzen und aus deiner ganzen Kraft! 8. Bringet die Fische dem Hausherrn! 9. Viele Arten von Fischen (Gen.) leben im Meer. 10. In der Kraft Gottes und durch den Glauben an Christus haben wir die Feinde unseres Heiles besiegt. 11. Ihr seid nicht immer auf dem geraden Weg gegangen. 12. Wir preisen den milden Heiland, weil er uns geheilt hat. 13. Schnell sind die Füße des Boten. 14. Jesus verheißt den sanftmütigen Menschen das ewige Leben. 15. Wir preisen den großen Gott. 16. Vielen Völkern wurde die frohe Botschaft verkündet. 17. Eine zahlreiche Menge erwartete den Herrn. 18. Schnell kommt das Ende.

3. Deklination: Stämme auf -ι und -υ

1. Bei den ι-Stämmen (πόλις; St. πολι-, πολε-) gelten die Endungen -ως und -ων als kurz.

2. Der Akk. Sing. der υ-Stämme (ἰχθύς und ἰχθῦς) endigt auf -ῦν, Pl. auf -ῦς oder hellenistisch auf -ύας. ὁ πῆχυς die Elle (Stamm πηχυ-, πηχε-; Akk. Sing. πῆχυν) kontrahiert im Gen. Pl.: πηχῶν (aus πηχέων).

3. a) Die Adjektive auf -υς haben im masc. und neutr. im Nom., Akk. und Vok. Sing. den Stamm auf -υ, sonst auf -ε; das fem. geht nach der α-Deklination.

b) Die Steigerung ist im allgemeinen regelmäßig: βραχύς, βραχύτερος, βραχύτατος (Ausnahme u. a. ταχύς).

c) Das Adverb wird regelmäßig gebildet: ταχύς – (ταχέων) – ταχέως, manchmal dient eine Form des Adjektivs als Adverb.

4. Die Adjektive μέγας und πολύς bilden alle Formen von den Stämmen μεγαλο- und πολλο- (nach der o- und α-Deklination) außer dem Nom. und Akk. Sing. masc. und neutr. (den vier „Eckformen").

ἡ πόλις, εως	die Stadt
ἡ κρίσις, εως	das Gericht, das Urteil; das Recht
ἡ διάκρισις*, εως	die Entscheidung; der Streit
ἡ γένεσις, εως	die Geburt, das Dasein, die Entstehungsgeschichte
ἡ ἀνάστασις, εως	das Aufstehen, die Auferstehung
ἡ κτίσις, εως	die Erschaffung, die Schöpfung, das Geschöpf
ἡ πίστις, εως	das Vertrauen, der Glaube
ἡ συνείδησις, εως	das Bewußtsein, das Gewissen; die Gewissenhaftigkeit
ἡ δύναμις, εως	die Kraft, die Macht, die Stärke, die Machttat, das Vermögen, die Fähigkeit
ἡ γνῶσις, εως	die Erkenntnis
ἡ δέησις, εως	die Bitte, das Gebet
ἡ ἰσχύς, ύος	die Kraft, die Stärke
ὁ ἰχθύς, ύος	der Fisch
πραΰς*, πραεῖα, πραΰ	sanftmütig, mild
ταχύς, εῖα, ύ	schnell
βραδύς*, εῖα, ύ	langsam
εὐθύς, εῖα, ύ	gerade (wörtlich und übertragen), aufrichtig (Adv. εὐθέως und εὐθύς sofort)
μέγας, μεγάλη, μέγα	groß
πολύς, πολλή, πολύ	viel, zahlreich, groß
ἐπιζητέω	suchen, aufsuchen, erstreben
ἐπαισχύνομαι	sich schämen
ἐξελήλυθα	Pf. zu ἐξέρχομαι
σφάζω (St. σφαγ-)	schlachten
σπείρω	säen
ἐξιστάνω	von Sinnen, aus der Fassung bringen, verwirren
ἐνεργέω	wirksam sein, sich betätigen, wirken
προϋπάρχω*	vorher dasein
μαγεύω*	Zauberei treiben
ὁ στῦλος*, ου	die Säule, der Pfeiler
τὸ φυγαδευτήριον*, ου	die Zuflucht, der Zufluchtsort

ἡ ἐλευθερία, ας	die Freiheit
τὸ ἀρνίον, ου	das Schaf, das Lamm, der Widder
τὸ ἴαμα*, ατος	die Heilung
τὸ ἐνέργημα*, ατος	die Wirkung, die Leistung
ἡ ἑρμηνεία*, ας	die Übersetzung
ὁ ζυγός, οῦ	das Joch
ὁ σεισμός, οῦ	die Erschütterung, das Erdbeben
τὸ μυστήριον, ου	das Geheimnis
ἀνεκτός, όν	erträglich
φαῦλος, η, ον	schlecht, übel, schlimm
ταπεινός, ή, όν	niedrig, gering, demütig, bescheiden
πλησίον(Adv.)	nahe
ὁ πλησίον	der Nahestehende, der Nächste
ἔναντι*	(Adv.) gegenüber; (Präp.) gegenüber, vor
μακρόθεν	von ferne, von weitem

33.

1. Οὗτός ἐστιν Ἰησοῦς ὁ βασιλεὺς τῶν Ἰουδαίων. 2. Ἐγένετο ἐν ταῖς ἡμέραις Ἡρῴδου βασιλέως τῆς Ἰουδαίας ἱερεύς τις ὀνόματι Ζαχαρίας ἐξ ἐφημερίας Ἀβιά, καὶ γυνὴ αὐτῷ ἐκ τῶν θυγατέρων Ἀαρών, καὶ τὸ ὄνομα αὐτῆς Ἐλισάβετ. 3. Τῷ δὲ βασιλεῖ τῶν αἰώνων, ἀφθάρτῳ ἀοράτῳ μόνῳ Θεῷ, τιμὴ καὶ δόξα εἰς τοὺς αἰῶνας τῶν αἰώνων· ἀμήν. 4. Θέλετε ἀπολύσω ὑμῖν τὸν βασιλέα τῶν Ἰουδαίων; 5. Πιστεύεις, βασιλεῦ Ἀγρίππα, τοῖς προφήταις; 6. Οἱ βασιλεῖς τῶν ἐθνῶν κυριεύουσιν αὐτῶν. 7. Κύριος κυρίων ἐστὶν καὶ βασιλεὺς βασιλέων. 8. Δεῖ σε πάλιν προφητεῦσαι ἐπὶ λαοῖς καὶ ἔθνεσιν καὶ γλώσσαις καὶ βασιλεῦσιν πολλοῖς. 9. Ἐπὶ ἡγεμόνας δὲ καὶ βασιλεῖς ἀχθήσεσθε ἕνεκεν ἐμοῦ, εἰς μαρτύριον αὐτοῖς καὶ τοῖς ἔθνεσιν.
10. Joh. 19,15. 11. Mt. 22,2. 12. Mk. 14,53f.: ... ἀρχιερέως. 13. Mt. 23,34. 14. Joh. 1,19f. 15. Joh. 9,1–3. 16. Eph. 6,1.
17. Ἥδιστα οὖν μᾶλλον καυχήσομαι ἐν ταῖς ἀσθενείαις μου, ἵνα ἐπισκηνώσῃ ἐπ' ἐμὲ ἡ δύναμις τοῦ Χριστοῦ. 18. Τοὺς δὲ ἀπεσταλμένους ἀφ' ἡμῶν Κλαύδιον Ἔφηβον καὶ Οὐαλέριον Βίτωνα σὺν καὶ Φορτουνάτῳ ἐν εἰρήνῃ μετὰ χαρᾶς ἐν τάχει ἀναπέμψατε πρὸς ἡμᾶς, ὅπως θᾶττον τὴν εὐκταίαν καὶ ἐπιποθήτην ἡμῖν εἰρήνην καὶ ὁμόνοιαν ἀπαγγέλλωσιν, εἰς τὸ τάχιον καὶ ἡμᾶς χαρῆναι περὶ τῆς εὐσταθείας ὑμῶν. 19. Apg. 17,14f[1]. 20. Ὅσα ἐν Ἐφέσῳ διηκόνησεν Ὀνησίφορος, βέλτιον σὺ γινώσκεις. 21. Τὸ ἔλαττον ὑπὸ τοῦ κρείττονος

[1] ἐξῄεσαν (Impf.) sie gingen hinaus.

εὐλογεῖται.   22. Κλαύδιος Λυσίας τῷ κρατίστῳ ἡγεμόνι Φήλικι
χαίρειν.   23. Ὁ πιστὸς ἐν ἐλαχίστῳ καὶ ἐν πολλῷ πιστός ἐστιν.
24. Lk. 7,28.   25. Τὰ τίμια καὶ μέγιστα ἡμῖν ἐπαγγέλματα δεδώ-
ρηται.   26. Καὶ γίνεται τὰ ἔσχατα τοῦ ἀνθρώπου ἐκείνου χείρονα τῶν
πρώτων.   27. Ὁ μείζων δουλεύσει τῷ ἐλάσσονι.   28. Οὐχὶ ἡ ψυχὴ
πλεῖόν ἐστιν τῆς τροφῆς;   29. Πάλιν ἀπέστειλεν ἄλλους δούλους
πλείονας τῶν πρώτων.   30. Καὶ συνάγεται πρὸς αὐτὸν ὄχλος πλεῖστος.
31. Ἔσται ἡ ἐσχάτη πλάνη χείρων τῆς πρώτης.   32. Μηκέτι ἁμάρτανε,
ἵνα μὴ χεῖρόν σοί τι γένηται.   33. 1. Kor. 11,17.   34. Mt. 2,6: . . .
Ἰούδα (2).   35. Ἐγὼ δὲ ἔχω τὴν μαρτυρίαν μείζω τοῦ Ἰωάννου.
36. Ὅτι εἶπόν σοι, ὅτι εἶδόν σε ὑποκάτω τῆς συκῆς, πιστεύεις· μείζω
τούτων ὄψῃ.   37. Τί δὲ ὑμῖν δοκεῖ; ἄνθρωπος εἶχεν τέκνα δύο. καὶ
προσελθὼν τῷ πρώτῳ εἶπεν· τέκνον, ὕπαγε σήμερον, ἐργάζου ἐν τῷ
ἀμπελῶνι. ὁ δὲ ἀποκριθεὶς εἶπεν· ἐγώ, κύριε, καὶ οὐκ ἀπῆλθεν. προσελ-
θὼν δὲ τῷ δευτέρῳ εἶπεν ὡσαύτως. ὁ δὲ ἀποκριθεὶς εἶπεν· οὐ θέλω.
ὕστερον δὲ μεταμεληθεὶς ἀπῆλθεν. τίς ἐκ τῶν δύο ἐποίησεν τὸ θέλημα
τοῦ πατρός; λέγουσιν· ὁ ἔσχατος.   38. Ἠλπίκαμεν ἐπὶ Θεῷ ζῶντι, ὅς
ἐστιν σωτὴρ πάντων ἀνθρώπων, μάλιστα πιστῶν.   39. Ἐβουλόμην
πρότερον πρὸς ὑμᾶς ἐλθεῖν.
    40. Τότε οἱ ἐν τῇ Ἰουδαίᾳ φευγέτωσαν εἰς τὰ ὄρη, καὶ οἱ ἐν μέσῳ
αὐτῆς ἐκχωρείτωσαν, καὶ οἱ ἐν ταῖς χώραις μὴ εἰσερχέσθωσαν εἰς αὐτήν.
41. 1. Tim. 6,1 f.   42. Ἐν τῷ Κυρίῳ ἐπαινεσθήσεται ἡ ψυχή μου·
ἀκουσάτωσαν πραεῖς καὶ εὐφρανθήτωσαν.   43. Διάκονοι ἔστωσαν μιᾶς
γυναικὸς ἄνδρες.   44. Ἁμαρτίαν οὐκ εἴχοσαν.   45. Καὶ κατεδίωξαν οἱ
Αἰγύπτιοι ὀπίσω αὐτῶν καὶ εὕροσαν αὐτούς.   46. Ταῦτα τὰ ὀνόματα
τῶν υἱῶν Ἰσραὴλ τῶν εἰσπεπορευμένων εἰς Αἴγυπτον ἅμα Ἰακώβ, τῷ
πατρὶ αὐτῶν· ἕκαστος πανοικὶ αὐτῶν εἰσήλθοσαν.   47. Ἰδοὺ οἱ βασι-
λεῖς συνήχθησαν, ἦλθοσαν ἐπὶ τὸ αὐτό.   48. Τῷ στόματι αὐτῶν εὐλο-
γοῦσαν, καὶ τῇ καρδίᾳ αὐτῶν κατηρῶντο.

1. Ehret den König und die Priester!   2. Sei gegrüßt, König
der Juden!   3. Eueren König werde ich nicht kreuzigen.
4. Jesus antwortete dem Hohenpriester nicht.   5. Liebe deine
Eltern!   6. Der Knecht ist nicht größer als der Herr.   7. Der
Größere von euch (ἐκ) soll den andern dienen.   8. Jesus mahnt
uns, dem Geringsten zu dienen.   9. In den letzten Zeiten wird die
Sünde am größten sein.   10. Jesus hat die größten Wunder-
zeichen getan.   11. Das Stärkere wird durch das Schwächere be-
siegt werden.   12. Die Schriftgelehrten sollen das Wahre (Pl.)
sagen.   13. Die Priester kamen (εἰσέρχομαι Aor. 3 Formen) in das
Heiligtum.   14. Maria und Joseph fanden das Kind im Tempel.

15. Die Kinder sollen ihre Eltern ehren und lieben. 16. Die Priester sollen geehrt werden.

I. 3. Deklination: Stämme auf -ευ

Die Substantive auf -εύς sind masc. und haben im Nom. den Ton auf der letzten Silbe. Zu beachten ist die Länge der Endungen -ως, -ᾶ, -ᾶς.

II. Unregelmäßige Steigerung

a) Die Endungen -ίων, -ιον im Komp. und -ιστος, -ίστη, -ιστον im Superl. haben u. a. ἡδύς, ἡδεῖα, ἡδύ und ταχύς, ταχεῖα, ταχύ: ἡδύς – ἡδίων, ἥδιον – ἥδιστος; ταχύς – ταχίων, τάχιον (dafür θᾶττων, θᾶττον und θάσσων, θᾶσσον) – τάχιστος.

b) Bei einigen Adjektiven werden Komp. und Superl. von anderen Stämmen gebildet (s. Tabelle S. 169).

c) Die Komparative auf -ίων, -ιον haben statt -ιονα und -ιονες, -ιονας vielfach -ίω und -ίους.

d) Zu einigen Komp. und Superl. fehlt der Positiv (Defektive).

III. Konjugation

Statt der Endung -ν hat im NT. die 3. Pers. Pl. -σαν regelmäßig im Imp. (φευγέτωσαν), gelegentlich im Impf. und Aor. II (εἴχοσαν, ἐλάβοσαν) und im Impf. der Verba contracta (εὐλογοῦσαν).

ὁ βασιλεύς, έως	der König
ὁ ἱερεύς, έως	der Priester
ὁ ἀρχιερεύς, έως	der Hohepriester
ὁ γραμματεύς, έως	der Schreiber, der Schriftgelehrte
οἱ γονεῖς, έων	die Eltern
ἡδύς, εῖα, ύ	angenehm, Adv. gern
κραυγάζω	schreien
ὁμοιόω	gleichmachen, vergleichen
μαστιγόω	auspeitschen, züchtigen
ὁμολογέω	gestehen, bekennen, preisen
ἀρνέομαι	verleugnen, verweigern, leugnen
παράγω	einführen; vorübergehen
ἐπισκηνόω*	seine Wohnung nehmen, sich niederlassen
ἐπιποθέω	Sehnsucht haben, verlangen
ἀναπέμπω	emporsenden, senden; zurücksenden
καθιστάνω	hinstellen, einsetzen, hinbringen
δωρέομαι	schenken
ὄψομαι	Fut. zu ὁράω

μεταμέλομαι	Reue empfinden
Aor. Pass. μετεμελήθην	
βλασφημέω	verleumden, (Gott) lästern
ἐκχωρέω*	fortgehen
καταδιώκω*	nacheilen
εἰσπορεύομαι	hineingehen
ἡ ἐφημερία*, ας	die Tagklasse (Abteilung der Priester)
ἡ γενετή*, ῆς	die Geburt
τὸ τάχος, ους	die Schnelligkeit
ἐν τάχει	in Eile, rasch, bald
ἡ ὁμόνοια*, ας	die Eintracht
ἡ εὐστάθεια*, ας	die Beständigkeit
τὸ ἐπάγγελμα*, ατος	die Verheißung
εὐκταῖος*, α, ον	erwünscht
ὁ ἡγεμών, όνος	der Fürst, der Statthalter
ἡ τροφή, ῆς	die Nahrung
ἔσω (Adv.)	hinein, innen
οὐδαμῶς	durchaus nicht
ὡσαύτως	ebenso
ὕστερον (Adv.)	später, darauf
πρότερον (Adv.)	früher, vorher
μάλιστα	am meisten
ἅμα	zugleich, gleichzeitig, gemeinsam
πανοικ(ε)ί* (Adv.)	mit dem ganzen Haus
ἐπὶ τὸ αὐτό	zusammen

34.

1. Οὐδεὶς οἰκέτης δύναται δυσὶ κυρίοις δουλεύειν. 2. Καὶ ἀκούσαντες οἱ δέκα ἠγανάκτησαν περὶ τῶν δύο ἀδελφῶν. 3. Ἔπειτα μετὰ τρία ἔτη ἀνῆλθον εἰς Ἱεροσόλυμα ἱστορῆσαι Κηφᾶν, καὶ ἐπέμεινα πρὸς αὐτὸν ἡμέρας δεκαπέντε. 4. Μετὰ τρεῖς ἡμέρας ἐγείρομαι. 5. Καὶ εἶδον ὅτε ἤνοιξεν τὸ ἀρνίον μίαν ἐκ τῶν ἑπτὰ σφραγίδων, καὶ ἤκουσα ἑνὸς ἐκ τῶν τεσσάρων ζώων λέγοντος ὡς φωνῆς βροντῆς· ἔρχου. 6. Joh. 2,20. 7. Καὶ ἔπεσαν οἱ πρεσβύτεροι οἱ εἴκοσι τέσσαρες καὶ τὰ τέσσαρα ζῷα καὶ προσεκύνησαν τῷ Θεῷ. 8. Lk. 4,1 f. 9. Lk. 13,4. 10. Οἱ ἑπτὰ ἀστέρες ἄγγελοι τῶν ἑπτὰ ἐκκλησιῶν εἰσιν. 11. Καὶ ἔλαβον τὰ τριάκοντα ἀργύρια. 12. Lk. 15,7. 13. Καὶ ὑψώθη τὸ ὕδωρ ἐπὶ τῆς γῆς ἡμέρας ἑκατὸν πεντήκοντα. 14. Apg. 23,23. 15. Καὶ ὁ ἀριθμὸς αὐτοῦ ἑξακόσιοι ἑξήκοντα ἕξ. 16. Ἔζησεν δὲ Νῶε μετὰ τὸν κατακλυσμὸν τριακόσια πεντήκοντα ἔτη. καὶ ἐγένοντο πᾶσαι αἱ

ἡμέραι Νῶε ἐννακόσια πεντήκοντα ἔτη, καὶ ἀπέθανεν. 17. 2. Petr. 3,8. 18. Mt. 15,38. 19. Κατέλιπον ἐμαυτῷ ἑπτακισχιλίους ἄνδρας, οἵτινες οὐκ ἔκαμψαν γόνυ τῇ Βάαλ. 20. Offb. 5,11. 21. Καὶ τῇ ἡμέρᾳ τῇ τρίτῃ γάμος ἐγένετο ἐν Κανᾶ τῆς Γαλιλαίας. 22. Τετάρτῃ δὲ φυλακῇ τῆς νυκτὸς ὁ Ἰησοῦς ἦλθεν πρὸς τοὺς μαθητὰς περιπατῶν ἐπὶ τὴν θάλασσαν. 23. Καὶ ὁ πέμπτος ἄγγελος ἐσάλπισεν. 24. Καὶ συνετελέσθησαν ὁ οὐρανὸς καὶ ἡ γῆ καὶ πᾶς ὁ κόσμος αὐτῶν· καὶ συνετέλεσεν ὁ Θεὸς ἐν τῇ ἡμέρᾳ τῇ ἕκτῃ τὰ ἔργα αὐτοῦ, ἃ ἐποίησεν. καὶ κατέπαυσεν τῇ ἡμέρᾳ τῇ ἑβδόμῃ ἀπὸ πάντων τῶν ἔργων αὐτοῦ. 25. Lk. 1,59. 26. Lk. 3,1 f. 27. Ἐπιμενῶ δὲ ἐν Ἐφέσῳ ἕως τῆς Πεντηκοστῆς. 28. Διότι ἠθελήσαμεν ἐλθεῖν πρὸς ὑμᾶς, ἐγὼ μὲν Παῦλος καὶ ἅπαξ καὶ δίς. 29. Νηστεύω δὶς τοῦ σαββάτου. 30. Ἀμὴν λέγω σοι, ὅτι σὺ σήμερον ταύτῃ τῇ νυκτὶ πρὶν ἢ δὶς ἀλέκτορα φωνῆσαι τρίς με ἀπαρνήσῃ. 31. 1. Kor. 7,7. 32. Lk. 10,25–29[1]. 33. Ἀπ᾽ ἀρχῆς μετ᾽ ἐμοῦ ἐστε. 34. Ἀπὸ δὲ ἕκτης ὥρας σκότος ἐγένετο ἐπὶ πᾶσαν τὴν γῆν ἕως ὥρας ἐνάτης. 35. Ἄχρι γὰρ νόμου ἁμαρτία ἦν ἐν κόσμῳ. 36. Mt. 2,1 f. 37. Lk. 2,10f. 38. Οὐχ οἱ δέκα ἐκαθαρίσθησαν; οἱ δὲ ἐννέα ποῦ; 39. Τὰ ἄνω φρονεῖτε, μὴ τὰ ἐπὶ τῆς γῆς. 40. Lk. 24,24. 41. Τὰ τῆς εἰρήνης διώκωμεν. 42. Gal. 5,14. 43. Ἐγένετο δὲ καὶ φιλονεικία ἐν αὐτοῖς, τὸ τίς αὐτῶν δοκεῖ εἶναι μείζων.

1. Das Zeugnis von zwei oder drei Menschen ist wahr. 2. In drei Tagen werde ich den Tempel wieder aufbauen. 3. Lazarus war schon vier Tage (Akk.) im Grab. 4. Die vier Wesen sprachen: Amen. 5. Johannes schrieb den sieben Gemeinden, die in Asien waren. 6. Die 72 Jünger kehrten voll (πλήρης c. gen. oder μετά c. gen.) Freude zurück. 7. Nach 430 Jahren zogen die Israeliten aus Ägypten aus. 8. Das Jahr hat (= ἐστίν c. gen. qual.) 365 Tage oder zwölf Monate, der Monat 28, 30 oder 31 Tage, der Tag 24 Stunden. 9. 3000 Menschen wurden getauft. 10. Das erste Tier war einem Löwen gleich. 11. Im sechsten Monat wurde der Engel zu Maria gesandt. 12. Vom vierten bis zum (ἕως) neunten Tag des zwölften Monats war ich bei euch. 13. Am 5. Tag machte Gott die Fische des Meeres. 14. Im 600. Jahre, am 27. Tag des 2. Monats, kamen (γίνεσθαι) die Wasser über (ἐπί c. acc.) die ganze Erde. 15. Dreimal geschah das Wunder. 16. Tausende und Zehntausende von Engeln dienen Gott.

---

[1] ἀνέστη 3. S. Ind. Aor. von ἀνίσταμαι aufstehen, auftreten.

I. Die Kardinalzahlen

a) Dekliniert werden die Zahlen von 1 bis 4 und, als Adjektive dreier Endungen auf -οι, -αι, -α, die Hunderter von 200 an.

b) In der Zusammensetzung steht die kleinere Zahl ohne καί nach, und zwar auch der Einer bei den Zahlen von 12 (δεκαδύο neben δώδεκα) bis 19 (im Gegensatz zum älteren Griechisch): δεκαπέντε, εἴκοσι τρεῖς.

c) Statt der Adjektive χίλιοι und μύριοι finden sich gewöhnlich die Substantive ἡ χιλιάς, άδος und ἡ μυριάς, άδος die Zahl von Tausend, Zehntausend.

II. Die Ordinalzahlen

a) Die Ordinalzahlen sind Adjektive dreier Endungen auf -ος, -α (-η), -ον.

b) In der Zusammensetzung steht die kleinere Zahl mit oder ohne καί nach oder mit καί vor: τριακοστός (καὶ) πέμπτος; bei Zusammensetzung mit 1 steht die Kardinalzahl des Einers: εἷς καὶ εἰκοστός; bei den Zahlen von 13 bis 19 steht der Einer der Kardinalzahl (nicht wie im Attischen der Ordinalzahl) mit καί vor: πεντεκαιδέκατος (attisch: πέμπτος καὶ δέκατος).

c) Der erste Tag der Woche oder des Monats wird durch die Kardinalzahl ausgedrückt: ἐν τῇ μιᾷ τῶν σαββάτων am ersten Tag der Woche (Apg. 20,7).

III. Der Artikel

a) Die pronominale Natur des Artikels zeigt sich in den Wendungen ὁ μέν – ὁ δέ der eine – der andere und in dem Ausdruck ὁ δέ der aber, das zur Anknüpfung und Fortführung in der Erzählung gebraucht wird (Satz 31, 32).

b) Der Artikel fehlt oft in präpositionalen Wendungen, bei Zeitbestimmungen (Satz 33), bei Ordinalzahlen (Satz 34), bei abstrakten Substantiven (Satz 35), ferner, wohl im Anschluß an das Hebräische, bei Substantiven mit Genetiv (Satz 36, 37).

c) Bei Namen von Personen, Orten und Völkern kann der Artikel aus besonderen Gründen stehen, in der Regel steht er bei Ἰησοῦς.

d) Der Artikel steht bei substantivierten Adjektiven, Zahlwörtern (Satz 38), Adverbien (Satz 39), bei präpositionalen Ausdrücken (Satz 40), vor einem Genetiv (Satz 41), vor Zitaten (Satz 42) und vor indirekten Fragesätzen (Satz 43).

ἀγανακτέω	erregt, unwillig sein
ἀνέρχομαι*	hinaufgehen
ἱστορέω*	besuchen
μετανοέω	seinen Sinn ändern, Buße tun, sich bekehren
ἐσθίω	essen
κάμπτω*	beugen, biegen; sich beugen
σαλπίζω	trompeten, in die Posaune stoßen
καταπαύω*	(trans.) beendigen, (intr.) aufhören
περιτέμνω	beschneiden
ἡγεμονεύω*	gebieten, Statthalter sein
τετρ(α)αρχέω*	Tetrarch (Vierfürst) sein
ἐκπειράζω*	auf die Probe stellen, versuchen
τίκτω	gebären, hervorbringen
καθαρίζω	reinigen, rein machen; für rein erklären
ὁ οἰκέτης*, ου	der Hausgenosse, der (Haus)sklave
ἡ σφραγίς, ῖδος	das Siegel
τὸ ζῷον, ου	das Lebewesen, das Tier
ἡ βροντή, ῆς	der Donner
ὁ πύργος*, ου	der Turm
τὸ ἀργύριον, ου	das Silber, das Geld, das Silberstück (Geld)
ὁ ἱππεύς*, έως	der Reiter
ὁ δεξιολάβος*, ου	der Leibwächter
ὁ κατακλυσμός*, οῦ	die Überschwemmung, die Sintflut
τὸ γόνυ, ατος	das Knie
ὁ κύκλος, ου	der Kreis
κύκλῳ (Adv. u. Präp.)	ringsumher, rings um
ἡ μυριάς, άδος	zehntausend, die Myriade
ἡ χιλιάς, άδος	tausend, die Tausendschaft
ἡ νύξ, νυκτός	die Nacht
ἡ ἡγεμονία*, ας	der Oberbefehl, das Amt des Statthalters
ἡ πεντηκοστή*, ῆς	das Pfingstfest
ὁ ἀλέκτωρ, ορος	der Hahn
τὸ σκότος, ους	die Finsternis
ἡ φιλον(ε)ικία*, ας	die Streitsucht
νομικός, ή, όν	das Gesetz betreffend, gesetzeskundig
ἔπειτα	dann, darauf
ἄχρι	(Präp. c. gen.) bis, (Konj.) bis, solange als (ἄχρι οὗ)

35.

1. Εἰρήνην τὴν ἐμὴν δίδωμι ὑμῖν· οὐ καθὼς ὁ κόσμος δίδωσιν, ἐγὼ δίδωμι ὑμῖν. 2. Ἰούδα, φιλήματι τὸν υἱὸν τοῦ ἀνθρώπου παραδίδως; 3. Καὶ δυνάμει μεγάλῃ ἀπεδίδουν τὸ μαρτύριον οἱ ἀπόστολοι τῆς ἀναστάσεως τοῦ κυρίου Ἰησοῦ. 4. Οἱ στρατιῶται ἤρχοντο πρὸς τὸν Ἰησοῦν καὶ ἔλεγον· χαῖρε, ὁ βασιλεὺς τῶν Ἰουδαίων· καὶ ἐδίδοσαν αὐτῷ ῥαπίσματα. 5. Joh. 17,1f. 6. Τὸ ἔθνος τὸ σὸν καὶ οἱ ἀρχιερεῖς παρέδωκάν σε ἐμοί. 7. Κάλεσον τοὺς ἐργάτας καὶ ἀπόδος αὐτοῖς τὸν μισθόν. 8. Κἂν ψωμίσω πάντα τὰ ὑπάρχοντά μου, καὶ ἐὰν παραδῶ τὸ σῶμά μου, ἵνα καυθήσομαι[1], ἀγάπην δὲ μὴ ἔχω, οὐδὲν ὠφελοῦμαι. 9. Αὐτὸς δὲ ὁ Κύριος τῆς εἰρήνης δώῃ ὑμῖν τὴν εἰρήνην διὰ παντὸς ἐν παντὶ τρόπῳ. 10. Ἀπόδοτε οὖν τὰ Καίσαρος Καίσαρι καὶ τὰ τοῦ Θεοῦ τῷ Θεῷ. 11. Mt. 26,14–16[2]. 12. Ὁ ἔχων δύο χιτῶνας μεταδότω τῷ μὴ ἔχοντι. 13. Gal. 2,20. 14. Ὁ υἱὸς τοῦ ἀνθρώπου παραδίδοται εἰς χεῖρας ἁμαρτωλῶν. 15. 2. Kor. 4,11. 16. Μέλλει ὁ υἱὸς τοῦ ἀνθρώπου παραδίδοσθαι εἰς χεῖρας ἀνθρώπων. 17. Ἡ μαρτυρία τῆς πράξεως ἡμῶν διδόσθω ὑπ' ἄλλων, καθὼς ἐδόθη τοῖς πατράσιν ἡμῶν τοῖς δικαίοις. 18. Ἐλάλησεν ὑμῖν ἔτι ὢν ἐν τῇ Γαλιλαίᾳ λέγων τὸν υἱὸν τοῦ ἀνθρώπου ὅτι δεῖ παραδοθῆναι εἰς χεῖρας ἀνθρώπων ἁμαρτωλῶν. 19. Mk. 13,11. 20. Ὁ οἰκοδεσπότης τὸν ἀμπελῶνα ἐκδώσεται ἄλλοις γεωργοῖς, οἵτινες ἀποδώσουσιν αὐτῷ τοὺς καρποὺς ἐν τοῖς καιροῖς αὐτῶν. 21. Lk. 4,6. 22. Ἰδοὺ διδῶ ἐκ τῆς συναγωγῆς τοῦ σατανᾶ, τῶν λεγόντων ἑαυτοὺς Ἰουδαίους εἶναι, καὶ οὐκ εἰσίν, ἀλλὰ ψεύδονται. 23. 1. Kor. 11,23f. 24. Ἄνθρωπός τις ἐφύτευσεν ἀμπελῶνα καὶ ἐξέδετο αὐτὸν γεωργοῖς, καὶ ἀπεδήμησεν χρόνους ἱκανούς. καὶ καιρῷ ἀπέστειλεν πρὸς τοὺς γεωργοὺς δοῦλον, ἵνα ἀπὸ τοῦ καρποῦ τοῦ ἀμπελῶνος δώσουσιν[1] αὐτῷ. 25. Offb. 22,12. 26. Παρακαλοῦμεν μὴ εἰς κενὸν τὴν χάριν τοῦ Θεοῦ δέξασθαι ὑμᾶς. 27. Mt. 11,7: ... θεάσασθαι; 28. Ἐπείνασα γὰρ καὶ ἐδώκατέ μοι φαγεῖν. 29. Οὐ γὰρ ἀπέστειλέν με Χριστὸς βαπτίζειν, ἀλλὰ εὐαγγελίζεσθαι. 30. Joh. 19,16f.: Τότε ... 31. Mt. 24,23f. 32. Apg. 5,3: ... ἅγιον; 33. Mt. 11,27. 34. Προσεύχεσθε μὴ εἰσελθεῖν εἰς πειρασμόν. 35. Θέλω δὲ πάντας ὑμᾶς λαλεῖν γλώσσαις, μᾶλλον δέ, ἵνα προφητεύητε. 36. Ἔξεστιν δοῦναι κῆνσον Καίσαρι ἢ οὔ; 37. Οὐκ ἔδει καὶ σὲ ἐλεῆσαι τὸν σύνδουλόν σου, ὡς κἀγὼ σὲ ἠλέησα; 38. Τότε παραγίνεται ὁ Ἰησοῦς ἀπὸ τῆς Γαλιλαίας ἐπὶ τὸν Ἰορδάνην πρὸς τὸν Ἰωάννην τοῦ βαπτισθῆναι ὑπ' αὐτοῦ. ὁ δὲ Ἰωάννης διεκώλυεν αὐτὸν λέγων· ἐγὼ χρείαν ἔχω ὑπὸ

---

[1] Ind. Fut. statt Konj. Aor.

[2] ἔστησαν 3. Pl. Ind. Aor. Akt. von ἵστημι stellen, festsetzen.

σοῦ βαπτισθῆναι, καὶ σὺ ἔρχῃ πρός με; 39. Ὃς ἂν γὰρ ἔχῃ, δοθήσεται αὐτῷ, καὶ ὃς ἂν μὴ ἔχῃ, καὶ ὃ δοκεῖ ἔχειν, ἀρθήσεται ἀπ' αὐτοῦ. 40. Mk. 8,27–29. 41. Τὸ δὲ ἀνίπτοις χερσὶν φαγεῖν οὐ κοινοῖ τὸν ἄνθρωπον. 42. Röm. 13,8. 43. Lk. 4,42. 44. Apg. 2,1. 45. Jak. 1,19: Ἔστω . . . 46. Mt. 26,34f. 47. Ἐγώ εἰμι ὁ μαρτυρῶν περὶ ἐμαυτοῦ, καὶ μαρτυρεῖ περὶ ἐμοῦ ὁ πέμψας με πατήρ. 48. Eph. 1,15–17. 49. Joh. 1,29. 50. Mt. 27,17. 51. Ἐγένετο δέ μοι ὑποστρέψαντι εἰς Ἰερουσαλὴμ καὶ προσευχομένου μου ἐν τῷ ἱερῷ γενέσθαι με ἐν ἐκστάσει.

1. Du gibst uns unser Brot. 2. Bittet, und es wird euch gegeben werden. 3. Alles (Pl.) ist mir von meinem Vater übergeben worden. 4. Der Herr gebe euch den Frieden! 5. Das Kind, das uns gegeben ist (Part.), ist der Erlöser der Welt. 6. Wir teilen mit den Brüdern, die nichts haben. 7. Die sieben Diakone gaben den Armen Brot und Kleider. 8. Jesus ist in die Welt gekommen, um sein Leben für die Sünder hinzugeben. 9. Ihr gabt uns Bücher. 10. Judas, warum verrietest du den Herrn? 11. Pilatus wollte Jesus freigeben, weil er sah (Part.), daß die Juden ihn ungerecht ihm überliefert hatten (Aor.). 12. Wenn du mit andern teilst (ἐν m. subst. Inf.), suche nicht deine eigene Ehre! 13. Wir glauben, daß euch die Gnade Gottes gegeben wird. 14. Du weißt (γινώσκω), daß wir mit den Brüdern teilen, wenn sie in Not sind (Part.), so daß du nicht nötig hast (Inf.), uns zu ermahnen. 15. Wer gibt (Part.), dem wird gegeben werden.

I. Die Verba auf -μι

1. Neben der Konjugation auf -ω gibt es eine weitere auf -μι; dazu gehören
   a) die „großen" Verba auf -μι: δίδωμι, τίθημι, ἵημι, ἵστημι;
   b) die „kleinen" Verba auf -μι: εἶμι, εἰμί, φημί, οἶδα, κάθημι;
   c) eine Reihe von Verben auf -νυμι und -ημι (-αμαι);
   d) die sogenannten Wurzelaoriste.
2. Die Konjugation auf -μι gibt es im Neugriechischen nicht mehr, die Stämme haben die Endungen der ω-Konjugation erhalten. Das NT. weist im Verlauf dieser Umbildung neben den alten Formen auch eine Reihe von neuen auf (sie sind in der Übersicht S. 178–180 neben den alten aufgeführt).
3. a) Im Pr., Impf. und vielfach im starken Aor. steht kein Themavokal. Formen mit Kontraktion im Ausgang lassen sich durch Angleichung oder als Übergang in die Konjugation auf -ω verstehen.

105

Die übrigen Tempora werden gebildet wie bei der Konjugation auf -ω. δίδωμι, τίθημι und ἵημι haben im Ind. Aor. Akt. Formen auf -κα; ἵστημι hat neben athematischer Bildung auch einen schwachen Aor. in anderer Bedeutung (s. die Aufstellung S. 119f.).

b) Es gibt Formen mit kurzem und langem Stammvokal.

c) Der Konj. ist wie bei der ω-Konjugation durch η und ω gekennzeichnet; diese Vokale werden mit dem vokalischen Auslaut des Stammes kontrahiert, ebenso das ι des Opt.

d) Im Ind. Pr. Akt. sind die Endungen der 3. Pers. Sing. und Pl. zu beachten.

4. Der Verbalstamm von δίδωμι lautet δω-, δο-, der Präsensstamm wird durch Reduplikation gebildet: διδω-, διδο-. Eine Neubildung mit -ε- liegt in der 3. Sing. Impf. Med./Pass. ἐδίδετο und in der 3. Sing. Ind. Aor. Med. ἔδετο vor (vgl. Mt. 21,33 mit der Parallelstelle Mk. 12,1: ἐξέδοτο – ἐξέδετο); die Handschriften und die Ausgaben weichen voneinander ab.

II. Der Infinitiv

1. Der Inf. des Zweckes steht bei Verben der Bewegung, bei δίδωμι, ἀποστέλλω u. a.; statt des Inf. kann auch ein Nebensatz mit ἵνα stehen (Beispiele: Satz 25, 26, 27[b], 28, 29, (34); 30).

2. Der Inf. der (tatsächlichen, möglichen und beabsichtigten) Folge wird gewöhnlich mit ὥστε eingeleitet (Satz 31, 32).

3. Der Inf. steht als Ergänzung zu Verben wie „wollen, können, auffordern, erlauben, bitten, begehren"; manchmal kommen Nebensätze mit ὅπως, gewöhnlich mit ἵνα vor (Satz 11, 16, 27[a], 33, 34; 35).

4. Der Inf. (oder ein Nebensatz mit ἵνα) steht bei unpersönlichen Ausdrücken wie ἔξεστιν, δεῖ, δυνατόν ἐστιν und Wendungen wie ἄξιός εἰμι, χρείαν ἔχω, ὥρα ἐστίν (Satz 18, 36, 37, 46, 51; 38[b]).

5. Der Inf. steht bei πρίν nach positivem Hauptsatz (Satz 46).

6. Der Inf. und a. c. i. (oder Nebensatz mit ὅτι) steht bei Verben des Wahrnehmens, Glaubens und Sagens (Satz 22, 40).

7. Durch den Artikel wird der Inf. substantiviert und steht

a) im Nom. und Akk. vereinzelt (Satz 41, 42);

b) im Gen., und zwar

   α) zur Bezeichnung von Absicht und Folge (Satz 38[a], 43);

   β) bei Verben des Hinderns und Aufhörens u. ä. (Apg. 14, 18);

   γ) abhängig von Substantiven (Lk. 22,6);

c) in Verbindung mit Präpositionen im Gen., Dat. und Akk. (Satz 44, 45).

8. Meistens wird das Subjekt beim Inf. nicht mehr ausgedrückt, wenn es das Subjekt des übergeordneten Verbums ist (n. c. i.); jedoch kann auch in diesem Fall der a. c. i. stehen, wie auch umgekehrt bei ungleichem Subjekt der bloße Inf. vorkommt (Satz 39).

III. Das Partizip steht

1. attributiv
   a) mit und ohne Artikel und vertritt einen Relativsatz (11^b, 13, 42, 47, 49^b, 50);
   b) substantiviert, gewöhnlich mit Artikel (Satz 22);
2. ergänzend
   a) bei Verben des näher bestimmten Seins und Tuns wie ὑπάρχω, παύομαι (Satz 48^b);
   b) bei Verben des Wahrnehmens und Erkennens (Satz 49^a);
3. adverbial (einem Adverbialsatz entsprechend)
   a) als part. coni., und zwar kausal, kondizional, konzessiv, final (Part. Fut).), modal, temporal; formelhaft stehen ἔχων, λαβών, ἀρξάμενος u. a.; ebenso λέγων, ἀποκριθείς in Verbindung mit Verben des Sagens, besonders vor der direkten Rede (Satz 5, 11^a, 18^a, 19, 23, 48^{a-b}; 43, 18^b, 38, 40^{a, b, c}).
   b) als gen. abs., und zwar auch dann, wenn das Subjekt der durch das Part. ausgedrückten Handlung im Satz selbst, sogar als Subjekt (Mt. 1,18), vorkommt (Satz 27, 43, 50, 51).

δίδωμι	geben, schenken, gewähren, hingeben, übergeben
μεταδίδωμι	Anteil geben, mitteilen
ἀποδίδωμι	abgeben, herausgeben; zurückgeben, wiedererstatten
ἀποδίδομαι Med.	verkaufen
παραδίδωμι	übergeben, ausliefern, anbefehlen; erzählen, lehren; erlauben
ἐκδίδωμι*	herausgeben
ἐκδίδομαι* Med.	verpachten
ἐλήλυθα	Pf. zu ἔρχομαι
ψωμίζω*	speisen, in Brocken verteilen
καίω	anbrennen (trans.), verbrennen (trans.); Pass. intr.
προμεριμνάω*	sich vorher Sorgen machen
κλάω Aor. ἔκλασα	brechen

ἀποδημέω	verreisen
ἐπιγινώσκω	(genau) erkennen
διακωλύω*	verhindern
συμπληρόω*	vollkommen anfüllen, erfüllen
ἔφη	er (sie, es) sagte (bei direkter Rede)
τὸ φίλημα, ατος	der Kuß
τὸ ῥάπισμα, ατος	der Schlag, der Backenstreich
ὁ ἐργάτης, ου	der Arbeiter
ὁ τρόπος, ου	die Art und Weise, das Betragen
ἡ εὐκαιρία*, ας	die rechte Zeit, die günstige Gelegenheit
ὁ χιτών, ῶνος	das Untergewand
ἡ πρᾶξις, εως	die Tätigkeit, die Tat, das Werk; der Zustand
ἡ ἀνάμνησις*, εως	die Erinnerung, das Gedächtnis
ὁ ψευδόχριστος*, ου	der falsche Messias
ὁ ψευδοπροφήτης, ου	der falsche Prophet
τὸ τέρας, ατος	das Wunder
ὁ κῆνσος*, ου	die Steuer(einschätzung)
ὁ σύνδουλος, ου	der Mitsklave
ἡ μνεία, ας	die Erinnerung, das Gedenken, die Erwähnung
ἡ ἀποκάλυψις, εως	die Enthüllung, die Offenbarung
ἡ ἐπίγνωσις, εως	die Erkenntnis
ὁ ἀμνός*, οῦ	das Lamm
ἡ ἔκστασις, εως	das Staunen, die Verzückung
ἄνιπτος*, ον	ungewaschen
ὁμοῦ (Adv.)	zusammen, zugleich
ἐπαύριον (Adv.)	morgen
τῇ ἐπ. (zu erg. ἡμέρᾳ)	am nächsten Tag

36.

1. Τὴν ψυχήν μου τίθημι ὑπὲρ τῶν προβάτων. 2. Ὁ ποιμὴν ὁ καλὸς τὴν ψυχὴν αὐτοῦ τίθησιν ὑπὲρ τῶν προβάτων. 3. Ὁ δὲ Κύριος προσετίθει τοὺς σῳζομένους καθ’ ἡμέραν ἐπὶ τὸ αὐτό. 4. Τότε ἐπετίθεσαν τὰς χεῖρας ἐπ’ αὐτούς, καὶ ἐλάμβανον πνεῦμα ἅγιον. 5. Apg. 3,1 f. 6. Joh. 15,16. 7. Εἰπέ μοι, ποῦ ἔθηκας αὐτόν. 8. Καὶ λαβὼν τοὺς ἑπτὰ ἄρτους εὐχαριστήσας ἔκλασεν καὶ ἐδίδου τοῖς μαθηταῖς αὐτοῦ, ἵνα παρατιθῶσιν, καὶ παρέθηκαν τῷ ὄχλῳ. καὶ εἶχον ἰχθύδια ὀλίγα· καὶ εὐλογήσας αὐτὰ εἶπεν καὶ ταῦτα παρατιθέναι. 9. Πῶς ὁμοιώσωμεν τὴν βασιλείαν τοῦ Θεοῦ, ἢ ἐν τίνι αὐτὴν

παραβολῇ θῶμεν; 10. Πρόσθες ἡμῖν πίστιν. 11. 1. Kor. 3,10f.
12. Joh. 10,17f. 13. Πάτερ, εἰς χεῖράς σου παρατίθεμαι τὸ πνεῦμά
μου. 14. Εἴ τις καλεῖ ὑμᾶς τῶν ἀπίστων καὶ θέλετε πορεύεσθαι, πᾶν
τὸ παρατιθέμενον ὑμῖν ἐσθίετε. 15. Πολλάκις προεθέμην ἐλθεῖν πρὸς
ὑμᾶς. 16. Κἀγὼ διατίθεμαι ὑμῖν, καθὼς διέθετό μοι ὁ πατήρ μου
βασιλείαν. 17. Καὶ οἱ μάρτυρες ἀπέθεντο τὰ ἱμάτια αὐτῶν παρὰ τοὺς
πόδας νεανίου καλουμένου Σαύλου. 18. Ἀποθώμεθα οὖν τὰ
ἔργα τοῦ σκότους, ἐνδυσώμεθα δὲ τὰ ὅπλα τοῦ φωτός. 19. 2. Tim.
2,2. 20. Τέθεικά σε εἰς φῶς ἐθνῶν τοῦ εἶναί σε εἰς σωτηρίαν ἕως
ἐσχάτου τῆς γῆς. 21. Ποῦ τεθείκατε αὐτόν; 22. Ὁ κόσμος ὅλος ἐν
τῷ πονηρῷ κεῖται. 23. Mt. 28,5f.[1]. 24. Καὶ γίνεται κατακεῖσθαι
αὐτὸν ἐν τῇ οἰκίᾳ αὐτοῦ, καὶ πολλοὶ τελῶναι καὶ ἁμαρτωλοὶ συνανέκειντο
τῷ Ἰησοῦ καὶ τοῖς μαθηταῖς αὐτοῦ. 25. Ἡ δὲ Μαρία ἡ Μαγδαληνὴ
καὶ Μαρία ἡ Ἰωσῆτος ἐθεώρουν, ποῦ τέθειται. 26. Mt. 6,33.
27. Καὶ προσετέθη ὄχλος ἱκανὸς τῷ Κυρίῳ. 28. Apg. 2,41.
29. Apg. 7,20f.
30. Πᾶς οὖν, ὅστις ἀκούει μου τοὺς λόγους τούτους καὶ ποιεῖ αὐτούς,
ὁμοιωθήσεται ἀνδρὶ φρονίμῳ, ὅστις ᾠκοδόμησεν αὐτοῦ τὴν οἰκίαν ἐπὶ
τὴν πέτραν. 31. Apg. 12,10: ... αὐτοῖς. 32. Ὑμεῖς ἐστε οἱ υἱοὶ
τῶν προφητῶν καὶ τῆς διαθήκης, ἧς ὁ Θεὸς διέθετο πρὸς τοὺς πατέρας
ὑμῶν. 33. Lk. 9,43f.: Πάντων ... 34. Σὺ δὲ μένε, ἐν οἷς ἔμαθες.
35. Οὐδὲ φοβῇ σὺ τὸν Θεόν, ὅτι ἐν τῷ αὐτῷ κρίματι εἶ; καὶ ἡμεῖς μὲν
δικαίως, ἄξια γὰρ ὧν ἐπράξαμεν, ἀπολαμβάνομεν. 36. Apg. 1,21f.
37. Ἤρξαντο ἅπαν τὸ πλῆθος τῶν μαθητῶν χαίροντες αἰνεῖν τὸν Θεὸν
φωνῇ μεγάλῃ περὶ πασῶν ὧν εἶδον δυνάμεων. 38. Πολλὰ μὲν οὖν καὶ
ἕτερα παρακαλῶν ὁ Ἰωάννης εὐηγγελίζετο τὸν λαόν, ὁ δὲ Ἡρῴδης ὁ
τετραάρχης ἐλεγχόμενος ὑπ' αὐτοῦ περὶ Ἡρῳδιάδος τῆς γυναικὸς τοῦ
ἀδελφοῦ αὐτοῦ καὶ περὶ πάντων ὧν ἐποίησεν πονηρῶν ὁ Ἡρῴδης, προσέ-
θηκεν καὶ τοῦτο ἐπὶ πᾶσιν, κατέκλεισεν τὸν Ἰωάννην ἐν φυλακῇ. 39. Ἔστιν
παιδάριον ὧδε, ὃς ἔχει πέντε ἄρτους κριθίνους καὶ δύο ὀψάρια.
40. Apg. 15,36. 41. Mk. 6,56: .... ἀσθενοῦντας.
42. 1. Kor. 9,7f. 43. Ὁ υἱὸς τοῦ ἀνθρώπου ἐλθὼν ἄρα εὑρήσει
τὴν πίστιν ἐπὶ τῆς γῆς; 44. Mt. 18,1. 45. Mt. 27,21-23.
46. Röm. 3,28f. 47. Apg. 10,47. 48. Mt. 9,27f. 49. Τί οὖν
ἐροῦμεν; 50. Θέλεις οὖν ἐλθόντες συλλέξωμεν αὐτά; 51. Πῶς
κρινεῖ ὁ Θεὸς τὸν κόσμον;
52. Διελάλουν πρὸς ἀλλήλους, τί ἂν ποιήσαιεν τῷ Ἰησοῦ. 53. Joh.
7,16f. 54. Μὴ μεριμνᾶτε τῇ ψυχῇ ὑμῶν, τί φάγητε ἢ τί πίητε, μηδὲ
τῷ σώματι ὑμῶν, τί ἐνδύσησθε.

---

[1] οἶδα ich weiß.

1. Warum setzt ihr nicht den guten Wein vor? 2. Sollen wir den Freunden das Brot und die Fische vorsetzen? 3. Auf dem Tisch, den die Diener hingestellt hatten, lag das heilige Buch. 4. Ihr nahmt euch vor, zu uns zu kommen. 5. Weißt du, was in den heiligen Schriften niedergelegt ist? 6. Die Leute legten ihre Kleider auf den Weg. 7. Der Herr schickte wiederum (προστίθημι c. inf.) einen Knecht zu den Winzern. 8. Als Jesus (bei Tische) lag (Part.), kamen Zöllner und Sünder zu ihm. 9. Wird jeder, der an Christus glaubt, gerettet werden? 10. Durch das Zeichen, das (attr. rel.) Jesus wirkte, überzeugte er seine Jünger. 11. Bist du der Erlöser, oder verkündest du, daß der Erlöser kommt? 12. Maria überlegte, wie das Wunder geschehen solle. 13. Ist es nicht erlaubt, am Sabbat Gutes zu tun? 14. Ein Christ, der zu sündigen fortfährt (προστίθημι c. inf.), wird zu den Ungläubigen gezählt (προστίθημι c. dat.). 15. Glaubt ihr, daß Gott mich gesandt hat? Ja, Herr, wir glauben.

I. τίθημι

1. Der Verbalstamm ist ϑη-, ϑε-; in der Präsensreduplikation erscheint die einfache Tenuis τ. Die Aspiration im Stamm geht verloren, wenn (im Fut. und Aor. Pass.) die unmittelbar folgende Silbe mit ϑ (Tempuszeichen) beginnt (Hauchdissimilation): ἐτέϑην, τεϑήσομαι.

2. Als Pf./Med. Pass. zu τίθημι steht entweder κεῖμαι (in Übereinstimmung mit dem älteren Griechisch) oder τέϑειμαι.

II. Die Relativsätze

1. Das Relativpronomen ὅς, ἥ, ὅ ist auch Demonstrativpronomen (ὅς δέ: Joh. 5,11; Mk. 15,23), meistens in der Verbindung ὅς μέν – ὅς δέ: Röm. 14,5; Mt. 25,15; 13,8. Ganz selten vertritt es das Fragepronomen in indirekten Fragesätzen (Joh. 13,7; 1. Tim. 1,7).

2. Der Unterschied zwischen dem Relativpronomen ὅς mit bestimmter und ὅστις mit unbestimmter Beziehung wird im NT. nicht mehr aufrecht erhalten. Zu beachten ist die Schreibung des Neutrums ὅ τι (Satz 5, 11; 6, 19, 30; 31, 47).

3. Attractio relativi. Das Relativpronomen ὅς steht vielfach, wenn es im Akk. stehen müßte, in demselben Fall wie das Beziehungswort (Satz 32, 33: ἐπὶ πᾶσιν, οἷς statt ἐπὶ πᾶσιν, ἅ). (Es kommt auch umgekehrt vor, daß sich das Beziehungswort nach dem Relativpronomen richtet: 1. Kor. 10,16).

4. Das Demonstrativum vor dem Relativsatz kann durch das Relativpronomen mit ausgedrückt werden (Satz 35: ὧν statt τούτων, ἅ; 34: ἐν οἷς statt ἐν τούτοις, ἅ).

5. Eine Präposition kann vor dem Relativpronomen ausfallen, wenn sie schon vor dem Beziehungswort steht (Satz 36: ἐν παντὶ χρόνῳ, ᾧ).

6. Das Beziehungswort kann in den Relativsatz einbezogen werden und steht dann in demselben Fall wie das Relativpronomen, aber von ihm getrennt (Satz 37: περὶ πασῶν ὧν εἶδον δυνάμεων statt περὶ πασῶν δυνάμεων, ἃς εἶδον; 38).

7. Das Personalpronomen wird gelegentlich nach dem Relativpronomen wiederholt (Mk. 7,25 γυνή, ἧς εἶχεν τὸ θυγάτριον αὐτῆς πνεῦμα ἀκάθαρτον; Offb. 3,8 θύραν, ἣν οὐδεὶς δύναται κλεῖσαι αὐτήν; 20,8; dieser Pleonasmus ist begünstigt durch den hebräischen Sprachgebrauch).

8. Constructio ad sensum kommt beim Relativpronomen vor, und zwar in Geschlecht und Zahl (Satz 39 παιδάριον, ὅς; 40 κατὰ πόλιν πᾶσαν, ἐν αἷς).

9. Relativsätze im Konjunktiv haben finalen, konsekutiven oder kondizionalen (mit ἄν oder ἐάν) Sinn; es kann statt des Konj. (Aor.) auch der Ind. Fut. (fast immer ohne ἄν) stehen (Satz 6; Lk. 11,6).

10. In iterativen Relativsätzen der Vergangenheit steht gewöhnlich das Impf. mit ἄν oder ἐάν (Satz 41).

III. Die Fragesätze

1. a) Das Fragepronomen τίς, τί, immer mit Akut, steht in direkten und indirekten Fragen und wird meist substantivisch gebraucht (Satz 42, 45); ποῖος steht adjektivisch, jedoch nicht bei Personen (ἐν ποίᾳ ἐξουσίᾳ). Bei Adjektiven steht τί (Satz 45: τί κακόν).

b) τί kann stehen
   α) prädikativ zu ταῦτα (Lk. 15,26) und auch zu Personen (Apg. 12,18),
   β) adverbial in der Bedeutung „warum?“ (Joh. 18,23) und „wie?“ (Mt. 7,14).

IV. Die direkten Fragesätze

2. Wenn die Frage nicht durch ein Fragepronomen oder -adverb eingeleitet ist, braucht sie nicht durch eine Fragepartikel gekennzeichnet zu werden (Satz 48).

3. Im ersten Glied einer Doppelfrage unterbleibt die Fragepartikel, das zweite wird durch ἤ „oder" eingeleitet (Satz 42; Gal. 1,10); Einleitung mit ἤ, wobei das fehlende Glied zu ergänzen ist, findet sich gelegentlich (Mt. 20,15).

4. In der Frage steht οὐ und οὐχί, wenn bejahende (Satz 46), μή und μήτι, wenn verneinende (Satz 47; Joh. 18,35) Antwort erwartet wird.

5. Die Fragepartikel ἆρα (nicht zu verwechseln mit dem folgernden ἄρα „also" (Satz 44), das allerdings in Verbindung mit Fragewörtern vorkommt) und ἆρα γε steht selten (Satz 43; Apg. 8,30); εἰ steht als Fragepartikel nicht nur bei indirekten, sondern gelegentlich auch bei direkten Fragen (Mt. 12,10). Häufig steht in Fragen γάρ (Satz 45).

6. In der Antwort steht bejahend ναί „ja" (Satz 48; Mt. 13,51), verneinend οὔ (mit Akzent!), οὐχί oder ein mit οὐ gebildetes Wort wie οὐδείς (Joh. 8,11), οὐθέν (Lk. 22,35), wenn sie nicht durch die positive oder negative wörtliche (Mk. 14,61 f. ἐγώ εἰμι; Joh. 1,21 οὐκ εἰμί) oder sinngemäße (Mk. 15,2 σὺ λέγεις) Wiederholung gebildet wird. Ναί hat auch bekräftigende Bedeutung (Offb. 22,20; Mt. 11,9).

7. Deliberative und dubitative Fragen stehen im Konj. (meist Aor.: Satz 45; Mt. 26,54; Lk. 3,10: τί οὖν ποιήσωμεν); selten im Ind. Fut. (Satz 49; Lk. 22,49; Röm. 3,5; 4,1); sie können durch θέλεις, βούλει, βούλεσθε eingeführt werden (Satz 50; Joh. 18,39).

8. Selten kommt der Opt. potentialis mit ἄν in direkten Fragen vor (Apg. 17,18: τί ἂν θέλοι λέγειν;) häufiger steht in solchen Fällen der Ind. Fut. (Satz 51).

V. Die indirekten Fragesätze

9. Die abhängige Frage wird durch ein Fragepronomen oder -adverb oder εἰ eingeleitet. Doppelfragen mit πότερον – ἤ sind selten (Satz 53).

10. In den abhängigen deliberativen und dubitativen Fragesätzen steht der Konj. (Satz 54).

11. In indirekten Fragesätzen steht gewöhnlich der Ind.; gelegentlich findet sich der Opt., und zwar fast immer mit ἄν (Satz 52; Lk. 1,62; Apg. 5,24), vereinzelt nach εἰ „ob" (Apg. 17,27; 27,12.39).

τίθημι   setzen, stellen, legen, hinstellen, niederlegen,
                  darstellen, herstellen, machen, bestimmen
                  Med. (wie Akt.) einrichten, sich vornehmen

κεῖμαι	liegen, gesetzt sein, bestimmt sein, dasein, sich befinden, gelten
ἐπιτίθημι	auflegen, beilegen; Med. geben; nachstellen
ἐκτίθημι*	aussetzen, auseinandersetzen
προστίθημι	hinzufügen, verleihen, antun; mit dem Inf. Umschreibung für das Adv. wiederum, weiterhin
κατατίθημι*	niederlegen
κατάκειμαι	(darnieder)liegen (krank, bei Tisch, zum Ruhen)
συνανάκειμαι	zusammen (zu Tische) liegen
ἀποτίθημι	ablegen, niederlegen, hinlegen
διατίθεμαι	anordnen, verfügen, bestimmen
παρατίθημι	danebenstellen, vorlegen, vortragen; Med. übergeben, anvertrauen
προτίθημι*	hinstellen; Med. aufstellen, sich vornehmen
ἐποικοδομέω	[auf etwas] aufbauen
ἐλέγχω	dartun, nachweisen; jemanden überführen, tadeln
κατακλείω*	einschließen
δύναμαι	ich kann, ich vermag
γνώσομαι	Fut. zu γινώσκω
ἡ ἐλεημοσύνη, ης	die Wohltat, das Almosen
τὸ ἰχθύδιον*, ου	der (kleine) Fisch
ὁ ἀρχιτέκτων*, ονος	der Baumeister
ὁ τελώνης, ου	der Zolleinnehmer, der Zöllner
τὸ κρίμα, ατος	der Streitfall, die Entscheidung, das Urteil
τὸ βάπτισμα, ατος	die Taufe
τὸ παιδάριον*, ου	der (kleine) Knabe
τὸ ὀψάριον, ου	die Zukost, der Fisch
ἡ ἀγορά, ᾶς	der Markt
τὸ ὀψώνιον*, ου	der Sold, der Lohn
τὸ γάλα, γάλακτος	die Milch
χωλός, ή, όν	lahm, gelähmt
ὡραῖος*, α, ον	angenehm, schön
κρίθινος*, η, ον	aus Gerstenmehl
ἀστεῖος*, α, ον	wohlgefällig
αὐτόματος*, η, ον	von selbst geschehend
ποῦ	wo? (in direkten und indirekten Fragen)
δεῦτε (Adv.)	wohlan! auf! kommt her!
ὡσεί	gleichsam wie, ungefähr

ἐκεῖθεν	von dort
ἆρα	(Fragepartikel)
οὐ, οὐχί	nicht (in der Frage)
μή, μήτι	etwa (in der Frage)
ναί	ja; wahrhaftig
πότερον – ἤ	ob – oder ob

37.

1. Ἐξῆλθον ἐκ τοῦ πατρὸς καὶ ἐλήλυθα εἰς τὸν κόσμον· πάλιν ἀφίημι τὸν κόσμον καὶ πορεύομαι πρὸς τὸν πατέρα. 2. Διὰ τοῦτο μὴ γίνεσθε ἄφρονες, ἀλλὰ συνίετε, τί τὸ θέλημα τοῦ Κυρίου 3. Εἴ τις ἀδελφὸς γυναῖκα ἔχει ἄπιστον, καὶ αὕτη συνευδοκεῖ οἰκεῖν μετ' αὐτοῦ, μὴ ἀφιέτω αὐτήν. 4. Παντὸς ἀκούοντος τὸν λόγον τῆς βασιλείας καὶ μὴ συνιέντος ἔρχεται ὁ πονηρὸς καὶ ἁρπάζει τὸ ἐσπαρμένον ἐν τῇ καρδίᾳ αὐτοῦ. ὁ δὲ ἐπὶ τὴν καλὴν γῆν σπαρείς, οὗτός ἐστιν ὁ τὸν λόγον ἀκούων καὶ συνιείς. 5. Ἀλλὰ ἔχω κατὰ σοῦ, ὅτι τὴν ἀγάπην σου τὴν πρώτην ἀφῆκας. 6. Ἰδοὺ ἡμεῖς ἀφήκαμεν πάντα καὶ ἠκολουθήσαμέν σοι. 7. Ἐνόμιζεν δὲ Μωϋσῆς συνιέναι τοὺς ἀδελφοὺς αὐτοῦ, ὅτι ὁ Θεὸς διὰ χειρὸς αὐτοῦ δίδωσιν σωτηρίαν αὐτοῖς· οἱ δὲ οὐ συνῆκαν. 8. Ἀφίετε, εἴ τι ἔχετε κατά τινος, ἵνα καὶ ὁ πατὴρ ὑμῶν ὁ ἐν τοῖς οὐρανοῖς ἀφῇ ὑμῖν τὰ παραπτώματα ὑμῶν. 9. Τί ποιοῦμεν, ὅτι οὗτος ὁ ἄνθρωπος πολλὰ ποιεῖ σημεῖα; ἐὰν ἀφῶμεν αὐτὸν οὕτως, πάντες πιστεύσουσιν εἰς αὐτόν. 10. Ἄφες τοὺς νεκροὺς θάψαι τοὺς ἑαυτῶν νεκρούς. 11. Τότε ἀφεὶς τοὺς ὄχλους ἦλθεν εἰς τὴν οἰκίαν. 12. Ἰδοὺ ἀφίεται ὑμῖν ὁ οἶκος ὑμῶν ἔρημος. 13. Οὐκ ἀφήσω ὑμᾶς ὀρφανούς, ἔρχομαι πρὸς ὑμᾶς. 14. Lk. 12,10. 15. Μακάριοι, ὧν ἀφέθησαν αἱ ἀνομίαι καὶ ὧν ἐπεκαλύφθησαν αἱ ἁμαρτίαι. 16. Mt. 24,2. 17. Lk. 7,47–49. 18. Λάβετε πνεῦμα ἅγιον· ἄν τινων ἀφῆτε τὰς ἁμαρτίας, ἀφέωνται αὐτοῖς· ἄν τινων κρατῆτε, κεκράτηνται. 19. Καὶ ἄφες ἡμῖν τὰς ἁμαρτίας ἡμῶν, καὶ γὰρ αὐτοὶ ἀφίομεν παντὶ ὀφείλοντι ἡμῖν. 20. Mt. 13,13. 21. Röm. 3,10f.

22. Ἐπὶ τῆς Μωϋσέως καθέδρας ἐκάθισαν οἱ γραμματεῖς καὶ οἱ Φαρισαῖοι. 23. Ὅταν δὲ ἔλθῃ ὁ υἱὸς τοῦ ἀνθρώπου ἐν τῇ δόξῃ αὐτοῦ καὶ πάντες οἱ ἄγγελοι μετ' αὐτοῦ, τότε καθίσει ἐπὶ θρόνου δόξης αὐτοῦ. 24. Ὁ Ἰησοῦς ἐν δεξιᾷ τοῦ θρόνου τοῦ Θεοῦ κεκάθικεν. 25. Mt. 26,55. 26. Lk. 2,46. 27. Σὺ κάθῃ κρίνων με κατὰ τὸν νόμον. 28. Ἐν τῇ ἡμέρᾳ ἐκείνῃ ἐξελθὼν ὁ Ἰησοῦς ἀπὸ τῆς οἰκίας ἐκάθητο παρὰ τὴν θάλασσαν. 29. Mt. 26,64. 30. Εἶπεν Κύριος τῷ κυρίῳ μου· κάθου ἐκ δεξιῶν μου, ἕως ἂν θῶ τοὺς ἐχθρούς σου ὑποκάτω τῶν ποδῶν σου. 31. Mt. 19,27–29.

32. Οὐκ οἶδα, τί λέγεις. 33. Νῦν οἴδαμεν, ὅτι οἶδας πάντα.
34. Mt. 24,36. 35. Πάτερ, ἄφες αὐτοῖς, οὐ γὰρ οἴδασιν, τί ποιοῦσιν.
36. Τὴν μὲν οὖν βίωσίν μου ἐκ νεότητος τὴν ἀπ' ἀρχῆς γενομένην ἐν τῷ
ἔθνει μου ἔν τε Ἱεροσολύμοις ἴσασι πάντες Ἰουδαῖοι. 37. 1. Kor.
14,11. 38. Ἴστε, ἀδελφοί μου ἀγαπητοί. 39. Πλανᾶσθε μὴ εἰδότες
τὰς γραφὰς μηδὲ τὴν δύναμιν τοῦ Θεοῦ. 40. Λέγω σοι, Πέτρε, οὐ
φωνήσει σήμερον ἀλέκτωρ, ἕως τρίς με ἀπαρνήσῃ εἰδέναι. 41. Joh.
1,29–31. 42. Lk. 2,49f. 43. Καὶ ὁ Ἰησοῦς ἐθεράπευσεν πολλοὺς
κακῶς ἔχοντας ποικίλαις νόσοις, καὶ δαιμόνια πολλὰ ἐξέβαλεν καὶ οὐκ
ἤφιεν λαλεῖν τὰ δαιμόνια, ὅτι ᾔδεισαν αὐτόν.
44. Mt. 5,17f. 45. Joh. 13,38. 46. 1. Kor. 11,26. 47. Mk.
2,19. 48. Joh. 5,7. 49. 1. Kor. 13,11. 50. Mk. 14,7.
51. Joh. 2,9f. 52. Lk. 2,15. 53. Lk. 24,32. 54. Τὰ δὲ λοιπά, ὡς
ἂν ἔλθω, διατάξομαι.

1. Höre und verstehe, was ich sage! 2. Der Herr kann die
Sünden nachlassen. 3. Das Volk versteht das Gesetz nicht.
4. Jesus öffnete den Jüngern die Schrift, so daß (ὥστε c. inf.) sie die
Worte der Propheten verstanden. 5. Vergebt euern Feinden, wie
euch der Herr vergeben hat. 6. Wir haben euch vergeben.
7. Wenn du deinem Bruder nicht vergibst, wird Gott dir nicht ver-
geben. 8. Betet zu Gott, damit er euch die Sünden vergibt.
9. Laß, wir wollen bleiben (Konj.), bis der Freund kommt.
10. Verlasse alles und folge mir! 11. Die Jünger ließen sich an
dem Ort nieder. 12. Die Scharen, die am Meere saßen (Part.),
hörten Jesus [zu]. 13. Jesus saß mit seinen Jüngern auf dem Berg.
14. Maria und Martha saßen in dem Haus. 15. Wir müssen
bleiben, bis alles (Pl.) vollendet ist. 16. Als die Engel in den
Himmel zurückgekehrt waren, gingen die Hirten nach Bethlehem.
17. Die Stunde wird kommen, da du mich in der Herrlichkeit des
Vaters sehen wirst.

I. ἵημι

Von ἵημι kommen im NT. nur Komposita vor. Die Umbildung
nach der Konjugation auf -ω ist stark fortgeschritten (-ίω); die
handschriftliche Überlieferung geht auseinander, so daß z.B. von
συνίημι nur an einer Stelle (Apg. 7,25: συνιέναι) alle Handschriften
einheitlich eine Form der Konjugation auf -μι bezeugen. Zu beach-
ten ist das Augment in dem Impf. ἤφιεν (Satz 43) von ἀφίω. Das
Pf. Akt. (εἶκα) kommt nicht vor, im Pass. steht (statt des attischen
εἶμαι) ἔωμαι.

II. κάϑ-ημαι

Das Verbum καϑῆσϑαι (nicht zu verwechseln mit den Formen von καϑίημι herablassen) ist ein Kompositum zu dem ungebräuchlichen Simplex ἦσϑαι, hat aber das Augment vor der Präposition: Impf. ἐκαϑήμην, Fut. καϑήσομαι. Zum Ersatz für ungebräuchliche Formen und in der gleichen Bedeutung werden καϑίζω und καϑέζομαι gebraucht.

III. οἶδα

ist eigentlich ein Pf. zu dem Stamm εἰδ- (lat. vid-); es wird wie ein Präs. gebraucht und hat im NT. (im Gegensatz zum attischen Griechisch) fast nur regelmäßige Formen wie Pf. und Plpf. ohne κ (aber auch 3. Pl. ἴσασιν; 2. Pl. Ind. oder Imp. ἴστε). Fut. εἰδήσω und εἴσομαι.

IV. Die Temporalsätze

1. Die Temporalsätze werden eingeleitet durch:
ὅτε als, da, nachdem: Lk. 13,35;
ὅταν wann, wenn, so oft als: Mt. 10,23;
ὡς als, nachdem, während: Joh. 4,40; Lk. 2,39; Satz 53;
ὡς ἄν und ὡς ἐάν (mit dem Konj.) wenn, sobald: Satz 54;
ἕως, ἕως ἄν bis, solange als, während: Satz 40, 44; Mt. 10,23;
    26,36; Mk. 6,10; Lk. 13,35; 21,32; 22,34; Joh. 9,4;
ἕως ὅτου bis, solange als, während: Lk. 22,16; Joh. 9,18;
ἕως οὗ bis, solange als, während; bevor: Joh. 13,38;
ἄχρι(ς), ἄχρι(ς) οὗ bis, solange als: Satz 46; Apg. 27,33; 1. Kor.
    15,25; Hebr. 3,13; Offb. 2,25; 20,5;
μέχρι(ς), μέχρι(ς) οὗ bis: Mk. 13,30;
ἐφ' ὅσον χρόνον, ἐφ' ὅσον, ὅσον χρόνον solange als: Satz 47; Röm. 7,1;
ἐν ᾧ bis, während: Satz 48.

2. Ὅτε ist eigentliche Konjunktion (Lk. 13,35; Apg. 8,39) oder vertritt ein Relativpronomen nach einem Zeitbegriff (Lk. 17,22; Joh. 4,21.23; 5,25). In Sätzen mit ὅτε steht der Ind., bei Handlungen der Vergangenheit meist Aor. (Satz 49; Röm. 6,20; Mt. 26,1; Joh. 1,19).

3. Ὅταν, gewöhnlich mit dem Konj., bezeichnet die bedingte, mögliche und öfter sich wiederholende Handlung (Satz 23, 50; Mt. 10,23; Lk. 6,26; Joh. 2,10; 4,25; 9,5; 2. Kor. 12,10; Kol. 3,4).

4. Ὡς (fast immer mit dem Ind., Ausnahme Gal. 6,10) mit dem Aor. heißt „als", „nachdem" (Satz 51; Lk. 2,39; Joh. 4,40; Apg. 19,21), mit dem Präs. oder Impf. „während", „solange als" (Satz

53; Joh. 12,36; Apg. 8,36); häufig ist die Verbindung καὶ ἐγένετο ὡς „und es geschah, als" (Satz 52); ὡς ἄν oder ὡς ἐάν steht mit dem Konj. und weist auf ein zukünftiges Geschehen hin (Satz 54).

5. Die durch ἕως und die gleichbedeutenden Ausdrücke eingeleiteten Sätze stehen im Ind. oder (meist mit ἄν) im Konj.

ἵημι	loslassen, senden, schicken
ἀφίημι (ἀφίω)	wegschicken, entlassen; erlassen, nachlassen; verlassen, lassen
συνίημι (συνίω)	verstehen, einsehen, begreifen
καθίζω	(trans.) niedersetzen, einsetzen; (intr.) sich setzen, sich niederlassen
καθέζομαι	sitzen, sich setzen
κάθημαι	sitzen, sich setzen
οἶδα	wissen, kennen, verstehen
συνευδοκέω	beistimmen, billigen
ἁρπάζω	raffen, rauben, wegnehmen, entführen
νομίζω	meinen, glauben
ἐπικαλύπτω*	verhüllen, bedecken
ἐρῶ	Fut. zu λέγω
ἐκζητέω	suchen, forschen, fordern
δύνασθε, δύνανται	ihr könnt, sie können
καταργέω	entkräften, zunichte machen, vernichten
ἀντλέω*	schöpfen
γνωρίζω	zu erkennen geben, mitteilen; erkennen, wissen
διανοίγω	öffnen, auslegen
διατάσσω (St. -ταγ-)	anordnen, befehlen
τὸ παράπτωμα, ατος	der Fehltritt, das Vergehen, die Sünde
ὁ ὀρφανός*, οῦ	die Waise, adj. verwaist
ἡ ἀνομία, ας	die Gesetzlosigkeit, die gesetzwidrige Tat
ἡ καθέδρα*, ας	der Sitz, der Sessel
ἡ παλιγγενεσία*, ας	die Wiedergeburt
ἡ βίωσις*, εως	die Lebensweise
τὸ ἰῶτα* (indekl.)	das Jota
ἡ νεότης*, ητος	die Jugend
ὁ νυμφών*, ῶνος	der Hochzeitssaal
οἱ υἱοὶ τοῦ νυμφῶνος*	die Hochzeitsgesellen
ὁ νυμφίος, ου	der Bräutigam
ἡ κολυμβήθρα*, ας	der Teich (zum Baden)
ἔρημος, ον	verlassen, einsam, leer

117

ποικίλος, η, ον   verschiedenartig, mannigfaltig, bunt
εὖ (Adv.)   gut, wohl
ὁσάκις* (Adv.)   so oft als
δή   ja, doch ja, doch, schon
χάριν c. gen.   um – willen, wegen

38.

1. Νόμον οὖν καταργοῦμεν διὰ τῆς πίστεως; μὴ γένοιτο. ἀλλὰ νόμον ἱστάνομεν. 2. Ἀρχόμεθα πάλιν ἑαυτοὺς συνιστάνειν; οὐ πάλιν ἑαυτοὺς συνιστάνομεν ὑμῖν. 3. Οὐ ὁ ἑαυτὸν συνιστάνων, ἐκεῖνός ἐστιν δόκιμος, ἀλλὰ ὃν ὁ Κύριος συνίστησιν. 4. Apg. 3,22. 5. Mt. 18,1–3. 6. Joh. 6,40. 7. Κύριε, μὴ στήσῃς αὐτοῖς ταύτην τὴν ἁμαρτίαν. 8. Röm. 6,12f. 9. Apg. 8,9–11. 10. Röm. 5,19. 11. Hebr. 5,1¹. 12. Mk. 2,11f. 13. Διάκονοι ἔστωσαν μιᾶς γυναικὸς ἄνδρες, τέκνων καλῶς προϊστάμενοι καὶ τῶν ἰδίων οἴκων. 14. Σέργιος Παῦλος προσκαλεσάμενος Βαρνάβαν καὶ Σαῦλον ἐπεζήτησεν ἀκοῦσαι τὸν λόγον τοῦ Θεοῦ, ἀνθίστατο δὲ αὐτοῖς Ἐλύμας ὁ μάγος. 15. Καὶ ἐξίσταντο πάντες οἱ ὄχλοι καὶ ἔλεγον· μήτι οὗτός ἐστιν ὁ υἱὸς Δαυίδ; 16. Mk. 9,31. 17. Ὅτε δὲ ἦλθεν Κηφᾶς εἰς Ἀντιόχειαν, κατὰ πρόσωπον αὐτῷ ἀντέστην. 18. Ταῦτα δὲ αὐτῶν λαλούντων αὐτὸς ἔστη ἐν μέσῳ αὐτῶν καὶ λέγει αὐτοῖς· εἰρήνη ὑμῖν. 19. Καὶ καταβαινόντων αὐτῶν ἐκ τοῦ ὄρους ἐνετείλατο αὐτοῖς ὁ Ἰησοῦς λέγων· μηδενὶ εἴπητε τὸ ὅραμα, ἕως οὗ ὁ υἱὸς τοῦ ἀνθρώπου ἐκ νεκρῶν ἀναστῇ. 20. Ἔγειρε καὶ στῆθι εἰς τὸ μέσον· καὶ ἀναστὰς ἔστη. 21. Ἔγειρε, ὁ καθεύδων, καὶ ἀνάστα ἐκ νεκρῶν. 22. Ἀποστήτω ἀπὸ ἀδικίας πᾶς ὁ ὀνομάζων τὸ ὄνομα Κυρίου. 23. Παρέστη μοι ταύτῃ τῇ νυκτὶ τοῦ Θεοῦ, οὗ εἰμι ἐγώ, ᾧ καὶ λατρεύω, ἄγγελος λέγων· μὴ φοβοῦ, Παῦλε· Καίσαρί σε δεῖ παραστῆναι. 24. Mt. 27,11. 25. Mk. 13,9. 26. 1. Kor. 15,1. 27. Apg. 4,10. 28. Τῇ ἐπαύριον πάλιν εἱστήκει ὁ Ἰωάννης καὶ ἐκ τῶν μαθητῶν αὐτοῦ δύο. 29. Mt. 12,46f. 30. Ὁ δοκῶν ἑστάναι βλεπέτω, μὴ πέσῃ. 31. Ἐγώ εἰμι Γαβριὴλ ὁ παρεστηκὼς ἐνώπιον τοῦ Θεοῦ. 32. Ἀμὴν λέγω ὑμῖν, ὅτι εἰσίν τινες ὧδε τῶν ἑστηκότων, οἵτινες οὐ μὴ γεύσωνται θανάτου, ἕως ἂν ἴδωσιν τὴν βασιλείαν τοῦ Θεοῦ ἐληλυθυῖαν ἐν δυνάμει. 33. Οἱ δὲ ἀκούσαντες ἐξήρχοντο εἷς καθ᾽ εἷς ἀρξάμενοι ἀπὸ τῶν πρεσβυτέρων, καὶ κατελείφθη μόνος καὶ ἡ γυνὴ ἐν μέσῳ ἐστῶσα. 34. Offb. 14,1. 35. Apg. 5,25. 36. Μέσος ὑμῶν στήκει, ὃν ὑμεῖς οὐκ οἴδατε. 37. Οὕτως στήκετε ἐν Κυρίῳ, ἀγαπητοί.

¹ τὰ πρὸς τὸν Θεόν Akk. der Beziehung.

38. Apg. 4,19f. 39. Κύριε, ἐὰν θέλῃς, δύνασαί με καθαρίσαι.
40. Εἴ τι δύνῃ, βοήθησον ἡμῖν. 41. Mk. 6,5. 42. Mk. 4,33.
43. Οὔτε οἶδα οὔτε ἐπίσταμαι, σὺ τί λέγεις. 44. Apg. 15,7:
Ἄνδρες... 45. Apg. 24,10: Ἐκ... 46. Καὶ ἦλθον καὶ ἔπλησαν
ἀμφότερα τὰ πλοῖα ὥστε βυθίζεσθαι αὐτά. 47. Lk. 5,26.
48. 1. Kor. 10,16f. 49. Röm. 8,6f. 50. Röm. 3,5f. 51. Τί
ἐστιν ἄνθρωπος, ὅτι μιμνήσκῃ αὐτοῦ, ἢ υἱὸς ἀνθρώπου, ὅτι ἐπισκέπτῃ
αὐτόν; 52. Apg. 17,30f.: ... δικαιοσύνη[2]. 53. Lk. 23,14: ...
λαόν.
54. Κἂν δέῃ με σὺν σοὶ ἀποθανεῖν, οὐ μή σε ἀπαρνήσομαι. 55. Ἐὰν
δὲ καὶ ἀθλῇ τις, οὐ στεφανοῦται, ἐὰν μὴ νομίμως ἀθλήσῃ.

1. Als Jesus in dem Tempel stand (Part.), traten die Pharisäer zu
ihm. 2. Die Priester werden von Gott eingesetzt, um Opfer dar-
zubringen. 3. Ziehe die Waffenrüstung Gottes an, damit du dem
Feinde widerstehen [kannst]. 4. Ich sah den Sohn Gottes inmitten
der Engel stehen (Part.). 5. Widerstehet dem Bösen! 6. Wir
glauben, daß du wahrhaft auferstanden bist. 7. Gott, der seinen
Sohn von [den] Toten auferweckt hat (Aor.), wird auch uns auf-
erwecken. 8. Wir staunen über (ἐπί c. dat.) diese Weisheit.
9. Christus steht in euerer Mitte. 10. Bei dem Kreuz standen die
Mutter Jesu und Johannes. 11. Erfüllt (Part. Aor.) [vom]
Heiligen Geist (Gen.), trat Stephanus auf. 12. Ich konnte nicht zu
euch kommen. 13. Der Bruder empfiehlt uns seinen Freund.
14. Da ihr nicht kommen könnt, schicken wir euch den Brief.
15. Wenn wir dieses Geheimnis auch nicht verstehen, glauben wir
dir [doch], weil wir wissen, daß du von Gott gesandt bist.

I. ἵστημι

1. Von diesem Verbum (Verbalstamm στη-, στα-) werden Formen
mit transitiver und intransitiver Bedeutung gebildet; die folgende
Aufstellung zeigt die gewöhnliche Bildung und Bedeutung der
einzelnen Tempora:

	transitiv			intransitiv
	Aktiv	Medium	Passiv	
Pr.	ἵστημι	ἵσταμαι	ἵσταμαι	ἵσταμαι
	ich stelle	ich stelle	ich werde	ich stelle mich,
		für mich	gestellt	ich trete

[2] τὰ νῦν Akk. der Beziehung.

Fut.	στήσω	στήσομαι	σταθήσομαι	στήσομαι
				σταθήσομαι
Aor.	ἔστησα	ἐστησάμην	ἐστάθην	ἔστην
				ἐστάθην
Pf.	ἔστακα			ἔστηκα
				ich habe mich gestellt,
				ich stehe
Plpf.				εἱστήκειν
				ich hatte mich gestellt,
				ich stand

2. Neben die Formen der Konjugation auf -μι treten die der neugebildeten Stämme auf -ω, ἱστάνω und ἱστάω. Im Präs. (und Impf.) kommen im NT. nur wenige Formen auf -μι vor, und zwar nur von Komposita; es sind folgende: Akt.: Präs. 1. Sing. -ίστημι, 3. Sing. -ίστησιν; Med./Pass.: Präs. -ίσταται, -ίστανται, -ίστασθαι, -ιστάμενος; Imp. -ίστασο; Impf. -ίστατο, -ίσταντο.

Im intransitiven Aor. heißt die 2. Pers. Sing. Imp. gewöhnlich στῆθι, aber auch -στα (ἀνάστα).

Das Part. des intransitiven Pf. heißt ἑστηκώς, -κυῖα, -κός (Gen. -κότος, -κυίας, -κότος) und ἑστώς (Gen. ἑστῶτος), ἑστῶσα, ἑστός (und ἑστώς); der Inf. ist ἑστάναι.

Zu beachten ist der Unterschied zwischen Formen von ἵστημι und στήκω stehen, feststehen (z. B. ἕστηκεν – ἔστηκεν).

3. Wie ἵστημι werden im Präs. und Impf. noch folgende im NT. vorkommende Verben konjugiert, die beiden ersten haben jedoch keine Präsens-Reduplikation; auch hier gibt es, abgesehen von δύναμαι, nur wenige Beispiele:

a) δύναμαι können, vermögen (Dep. Pass.): Ind. 2. Sing. δύνασαι und δύνῃ; Konj. δύνωμαι; Opt. δυναίμην; Impf. ἐδυνάμην und ἠδυνάμην; Fut. δυνήσομαι; Aor. ἐδυνήθην, ἠδυνήθην, ἠδυνάσθην.

b) ἐπίσταμαι verstehen, wissen, kennen: Impf. ἠπιστάμην.

c) ὀνίνημι nützen; Med. froh werden; es kommt im NT. nur Philem. 20 (Anspielung auf den Namen ᾿Ονήσιμος) im Opt. Aor. Med. vor: ὀναίμην.

d) πίμπλημι erfüllen, anfüllen: Aor. Akt. ἔπλησα; Pass. Fut. πλησθήσομαι, Aor. ἐπλήσθην. Kompositum: ἐμπί(μ)πλημι, -πλάω.

e) πίμπρημι verbrennen; Pass. glühen, anschwellen; es steht im NT. nur Apg. 28,6 Inf. Präs. Pass. πίμπρασθαι.

II. Die Kausalsätze

1. Kausale Konjunktionen sind ὅτι, διότι, ἐπεί, ἐπειδή „da", „weil"; manchmal ist die Unterordnung nicht so stark, so daß im Deutschen ein selbständiger Satz mit „denn" eintreten muß: Satz 48, 49; 1. Kor. 1,22.25; 2. Kor. 7,8.14; ἐπεί und ἐπεὶ ἄρα haben gelegentlich die Bedeutung „denn sonst": Satz 50; 1. Kor. 7,14.

2. Manchmal entspricht ὅτι dem hebräischen כִּי in konsekutiver Bedeutung: Satz 51; Mk. 4,41; Lk. 4,36.

3. Kausale Bedeutung haben auch καθότι (eigentlich: „gemäß dem, wie": Apg. 4,35): Satz 52; Lk. 19,9; ὡς, καθώς: Eph. 1,4; Phil. 1,7; ἐφ' ᾧ: (Röm. 5,12!); Phil. 3,12; ἀνθ' ὧν: Lk. 1,20; 12,3.

4. Für einen Kausalsatz kann eine Partizipialkonstruktion eintreten: Mt. 1,19; dabei kann ὡς stehen, um die subjektive Begründung (aus dem Denken des Handelnden heraus) auszudrücken: Satz 53.

5. Die Negation in Kausalsätzen ist οὐ.

III. Die Konzessivsätze

1. Konzessivpartikeln sind εἰ καί „wenn auch": 1. Kor. 7,21; 2. Kor. 7,8; Hebr. 6,9; ἐὰν καί „wenn auch": Satz 55; κἄν „wenn sogar", „selbst wenn": Satz 54; Joh. 3,14; 10,38.

2. Statt eines Konzessivsatzes kann eine Partizipialkonstruktion stehen; Mt. 7,11; manchmal ist der konzessive Sinn durch die Partikeln καίπερ oder καίτοι angedeutet: Hebr. 5,8.

IV. Die Konsekutivsätze

Statt eines Konsekutivsatzes, eingeleitet durch ὥστε „so daß", wie Gal. 2,13, steht meistens ein Infinitiv (a. c. i.) mit oder ohne ὥστε: Satz 12, 46; Apg. 15,39; Mt. 27,14; Off. 5,5; Hebr. 6,10. Im Sinn des hebräischen כִּי kann ὅτι einen Konsekutivsatz einleiten: Satz 51 (Ps. 8,5).

ἵστημι (ἱστάνω)	stellen, hinstellen, aufstellen, festsetzen
ἵσταμαι	sich stellen, hintreten, stehen bleiben; Pf. stehen
συνίστημι (συνιστάνω, συνιστάω)	zusammenbringen, vorstellen, empfehlen, darstellen, erweisen
συνίσταμαι	zusammenstehen, bestehen aus, Bestand haben
ἀνίστημι	aufstellen, aufstehen lassen, auferwecken
ἀνίσταμαι	aufstehen, auftreten, sich aufmachen

παρίστημι (παριστάνω) bereitstellen, zur Verfügung stellen, darstellen, darbringen, dartun
παρίσταμαι   dazutreten, kommen; Pf. dabeistehen
ἐξίστημι (ἐξιστάνω)   aus der Fassung bringen, verwirren
ἐξίσταμαι   von Sinnen kommen, außer sich geraten
καθίστημι (καθιστάνω) hinstellen, einsetzen, bestellen, zu etwas machen, bewirken
προΐσταμαι   vorstehen, leiten, verwalten, sorgen für
ἀνθίσταμαι   sich entgegenstellen, sich widersetzen
ἀφίστημι   entfernen, abtrünnig machen
ἀφίσταμαι   sich entfernen, abtrünnig werden, abfallen, ablassen
στήκω   stehen, feststehen
δύναμαι   können, vermögen
ἐπίσταμαι   verstehen, wissen, kennen
πίμπλημι   erfüllen, anfüllen
ἔστωσαν   3. Pl. Imp. von εἰμί
δέρω   schinden, schlagen
βοηθέω   helfen, zu Hilfe kommen
ἀπολογέομαι   sich verteidigen
βυθίζομαι* (Pass.)   versinken
ἐπιφέρω*   herbringen, bringen, vorbringen, auferlegen
μιμνήσκομαι   sich erinnern, gedenken; Pass. erwähnt werden
ὑπεροράω*   nicht beachten
ἀθλέω*   kämpfen
στεφανόω   bekränzen, krönen
ἡ μαγεία*, ας   die Zauberei, Pl. die Zauberkünste
ἡ παρακοή*, ῆς   der Ungehorsam
ἡ ὑπακοή, ῆς   der Gehorsam
τὸ ὅραμα, ατος   das Gesicht, die Erscheinung
τὸ μέτωπον, ου   die Stirn
τὸ φρόνημα*, ατος   die Sinnesart, das Bestreben
ἡ ἔχθρα, ας   die Feindschaft
ἡ ἄγνοια, ας   die Unwissenheit
ἀρχαῖος, α, ον   ursprünglich, alt, früher
εὔθυμος*, ον   wohlgemut
παράδοξος*, ον   unerwartet, wunderbar
ἀμφότεροι, αι, α   beide
διότι   weil, deshalb, denn

122

ἐπεί   weil, da ja, denn
ἐπειδή   da ja, weil

39.

1. Ὑμεῖς ἐπίστασθε, ἀπὸ πρώτης ἡμέρας, ἀφ᾽ ἧς ἐπέβην εἰς τὴν Ἀσίαν, πῶς μεθ᾽ ὑμῶν τὸν πάντα χρόνον ἐγενόμην. 2. Ὡς δὲ ἀνέβησαν οἱ ἀδελφοὶ αὐτοῦ εἰς τὴν ἑορτήν, τότε καὶ αὐτὸς ἀνέβη. 3. Πρὸ δὲ τῆς ἑορτῆς τοῦ πάσχα εἰδὼς ὁ Ἰησοῦς, ὅτι ἦλθεν αὐτοῦ ἡ ὥρα, ἵνα μεταβῇ ἐκ τοῦ κόσμου τούτου πρὸς τὸν πατέρα, ἀγαπήσας τοὺς ἰδίους τοὺς ἐν τῷ κόσμῳ, εἰς τέλος ἠγάπησεν αὐτούς. 4. Οἱ δὲ παραπορευόμενοι ἐβλασφήμουν αὐτὸν κινοῦντες τὰς κεφαλὰς αὐτῶν καὶ λέγοντες· ὁ καταλύων τὸν ναὸν καὶ ἐν τρισὶν ἡμέραις οἰκοδομῶν, σῶσον σεαυτόν, εἰ υἱὸς εἶ τοῦ Θεοῦ, κατάβηθι ἀπὸ τοῦ σταυροῦ. ὁμοίως καὶ οἱ ἀρχιερεῖς ἐμπαίζοντες μετὰ τῶν γραμματέων καὶ πρεσβυτέρων ἔλεγον· ἄλλους ἔσωσεν, ἑαυτὸν οὐ δύναται σῶσαι· βασιλεὺς Ἰσραήλ ἐστιν, καταβάτω νῦν ἀπὸ τοῦ σταυροῦ καὶ πιστεύσομεν ἐπ᾽ αὐτόν. 5. Καὶ μεταβὰς ἐκεῖθεν ὁ Ἰησοῦς ἦλθεν παρὰ τὴν θάλασσαν τῆς Γαλιλαίας, καὶ ἀναβὰς εἰς τὸ ὄρος ἐκάθητο ἐκεῖ. 6. Καὶ πάλιν ἤρξατο διδάσκειν παρὰ τὴν θάλασσαν καὶ συνάγεται πρὸς αὐτὸν ὄχλος πλεῖστος, ὥστε αὐτὸν εἰς πλοῖον ἐμβάντα καθῆσθαι ἐν τῇ θαλάσσῃ, καὶ πᾶς ὁ ὄχλος πρὸς τὴν θάλασσαν ἐπὶ τῆς γῆς ἦσαν. 7. Κύριε, θέλεις εἴπωμεν πῦρ καταβῆναι ἀπὸ τοῦ οὐρανοῦ; 8. Καὶ οὐδεὶς ἀναβέβηκεν εἰς τὸν οὐρανὸν εἰ μὴ ὁ ἐκ τοῦ οὐρανοῦ καταβάς, ὁ υἱὸς τοῦ ἀνθρώπου. 9. Ἡμεῖς οἴδαμεν, ὅτι μεταβεβήκαμεν ἐκ τοῦ θανάτου εἰς τὴν ζωήν. 10. Πάτερ δίκαιε, καὶ ὁ κόσμος σε οὐκ ἔγνω, ἐγὼ δέ σε ἔγνων, καὶ οὗτοι ἔγνωσαν, ὅτι σύ με ἀπέστειλας. 11. Οὐ μὴ γνῷς, ποίαν ὥραν ἥξω ἐπὶ σέ. 12. Καὶ διεστείλατο αὐτοῖς πολλά, ἵνα μηδεὶς γνῷ τοῦτο. 13. Joh. 10,37f. 14. Mk. 2,8. 15. Γνόντες τὸν Θεὸν οὐχ ὡς Θεὸν ἐδόξασαν ἢ ηὐχαρίστησαν. 16. Γνῶθι τὸν Κύριον. 17. Mt. 6,3. 18. Joh. 6,69. 19. Εἴ τις δοκεῖ ἐγνωκέναι τι, οὔπω ἔγνω, καθὼς δεῖ γνῶναι· εἰ δέ τις ἀγαπᾷ τὸν Θεόν, οὗτος ἔγνωσται ὑπ᾽ αὐτοῦ. 20. Gal. 4,8f. 21. Ἄρτι γινώσκω ἐκ μέρους, τότε δὲ ἐπιγνώσομαι, καθὼς ἐπεγνώσθην.

22. Εἰ γὰρ καὶ τῇ σαρκὶ ἄπειμι, ἀλλὰ τῷ πνεύματι σὺν ὑμῖν εἰμι. 23. Apg. 10,21. 24. Ἐγὼ μὲν γάρ, ἀπὼν τῷ σώματι, παρὼν δὲ τῷ πνεύματι, ἤδη κέκρικα ὡς παρὼν τὸν οὕτως τοῦτο κατεργασάμενον. τοῦτο λογιζέσθω ὁ τοιοῦτος, ὅτι, οἷοί ἐσμεν τῷ λόγῳ δι᾽ ἐπιστολῶν ἀπόντες, τοιοῦτοι καὶ παρόντες τῷ ἔργῳ. 25. Ἐγερθεὶς παράλαβε τὸ παιδίον καὶ τὴν μητέρα αὐτοῦ καὶ φεῦγε εἰς Αἴγυπτον, καὶ ἴσθι ἐκεῖ, ἕως ἂν εἴπω σοι. 26. Ἤτω δὲ ὑμῶν τὸ ναὶ ναί, καὶ τὸ οὒ οὔ, ἵνα μὴ ὑπὸ κρίσιν πέσητε. 27. Mt. 20,4. 28. Lk. 8,9. 29. Καὶ σὺ ἦσθα μετὰ

Ἰησοῦ τοῦ Γαλιλαίου. 30. Mt. 25,21. 31. Ἡμεῖς ὅτε ἦμεν νήπιοι, ὑπὸ τὰ στοιχεῖα τοῦ κόσμου ἤμεθα δεδουλωμένοι. 32. Apg. 27,37. 33. 1. Kor. 6,5. 34. Ἄπειμι, οὗ ἐὰν βούλησθε, καὶ ποιῶ τὰ προστασσόμενα ὑπὸ τοῦ πλήθους. 35. Ἡμέρα καὶ νὺξ ἀνάστασιν ἡμῖν δηλοῦσιν· κοιμᾶται ἡ νύξ, ἀνίσταται ἡ ἡμέρα· ἡ ἡμέρα ἄπεισιν, νὺξ ἐπέρχεται. 36. Εἰς μὲν τὴν πρώτην σκηνὴν διὰ παντὸς εἰσίασιν οἱ ἱερεῖς τὰς λατρείας ἐπιτελοῦντες, εἰς δὲ τὴν δευτέραν ἅπαξ τοῦ ἐνιαυτοῦ μόνος ὁ ἀρχιερεύς. 37. Apg. 20,7: ... ἐπαύριον. 38. Lk. 8,4. 39. Apg. 21,18[1]. 40. Apg. 17,10. 41. 1. Kor. 15,50. 42. Röm. 3,8[2]. 43. Οἶδά σου τὰ ἔργα, ὅτι οὔτε ψυχρὸς εἶ οὔτε ζεστός. ὄφελον ψυχρὸς ἧς ἢ ζεστός. 44. 1. Kor. 4,8: Χωρὶς .... 45. Apg. 25,22. 46. Ἤθελον δὲ παρεῖναι πρὸς ὑμᾶς ἄρτι. 47. Τὸ ἀργύριόν σου σὺν σοὶ εἴη εἰς ἀπώλειαν. 48. Οὐ γὰρ θέλω ὑμᾶς ἀγνοεῖν, ἀδελφοί, τὸ μυστήριον τοῦτο, ἵνα μὴ ἦτε ἐν ἑαυτοῖς φρόνιμοι. 49. Lk. 14.10. 50. Σαῦλος εἶδεν ἐν ὁράματι ἄνδρα Ἀνανίαν ὀνόματι εἰσελθόντα καὶ ἐπιθέντα αὐτῷ χεῖρας, ὅπως ἀναβλέψῃ. 51. Röm. 3,3f. 52. 1. Kor. 1,27–29. 53. Apg. 27,42.

1. Erkenne dich selbst (refl.)! 2. Die Apostel gingen zu dem Tempel hinauf. 3. Wann wirst du erkennen, daß meine Worte wahr sind? 4. Ich habe die Schriften der heiligen Väter gelesen. 5. Die Jünger erkannten den Meister nicht, als er mit ihnen auf dem Weg war. 6. Wenige können die Geheimnisse des Gottesreiches erkennen (Inf. Aor.). 7. Als wir in die Stadt hinabgestiegen waren, ging Jesus mit seinen Jüngern in die Synagoge hinein. 8. Du mußt auf den Berg steigen, damit du erkennst, wohin die Männer gehen. 9. Petrus sprach zu den andern Aposteln: Warum geht der Meister fort? 10. Möge dein Weg der rechte sein! 11. Ich wollte, du wärest in der Stadt. 12. Urteile [über das], was ich sage. 13. Sei gläubig und fromm, damit dir der Herr den ewigen Lohn gibt! 14. Gregorius Thaumaturgus sprach zu dem Berg: Gehe von diesem Platz weg (μεταβαίνω), damit die frommen Leute dem Herrn ein Heiligtum bauen [können]! Und der Berg ging an einen andern Ort (hinüber).

[1] zu ἐπιούσῃ ergänze ἡμέρᾳ.
[2] zu καὶ μή ergänze ἐστίν.

I. Die Wurzelaoriste

Wie der intransitive Aor. von ἵστημι, ἔστην, ist auch bei einer Reihe von Verben mit sonst regelmäßigen Formen der Konjugation auf -ω der Aor. ohne Bildevokal (athematisch) gebildet, indem die Endungen unmittelbar an den Stamm treten. Das Fut. dieser Verben ist medial. Für das NT. kommen nur γινώσκω (ἔγνων) und die Komposita von βαίνω gehen (ἔβην) in Betracht. ἔβην wird wie ἔστην konjugiert; jedoch kommen im Imp. die Formen -βα, -βάτω, -βατε vor.

II. εἰμί

Das Wort ist als Kopula (nicht in der Bedeutung „dasein", „existieren") im Präs. außer in der 2. Sing. enklitisch. Die 3. Sing. wird in der Bedeutung „dasein", ebenso nach οὐκ, ὡς, εἰ, καί, τοῦτ' und ἀλλ' ἔστιν (sonst ἐστίν) betont. Das Wort hat einige mediale Formen, z. T. neben den alten der Konjugation auf -μι (1. Pl. Impf. ἤμεν und ἤμεθα) und kann in bestimmten Fällen durch γίνεσθαι ersetzt werden: Mt. 24,44; Lk. 19,19 (γίνου, aber 19,17 ἴσθι); Off. 2,10. Als 3. Sing. Imp. kommt neben ἔστω ἤτω vor: 1. Kor. 16,22; Jak. 5,12. Die 2. Sing. Impf. heißt ἦς und ἦσθα (nur Mt. 26,69; Mk. 14,67).

Ἔνι steht für ἔνεστιν „es ist darin", „es ist möglich" und in der Bedeutung „es gibt".

III. εἶμι

Von diesem Wort, das in früherer Zeit futurische Bedeutung hatte, kommen im NT. nur Komposita vor, und zwar nur in Lk., Apg. und Hebr., sonst stehen dafür ἔρχομαι und seine Komposita.

IV. φημί

Davon kommen im NT. nur folgende Formen vor: Präs. 1. Sing. φημί, 3. Sing. φησίν, 3. Pl. φασίν; Impf. und Aor. 3. Sing. ἔφη. Die Präsensformen sind enklitisch.

V. Die Finalsätze

Die Finalsätze werden eingeleitet durch ἵνα mit dem Konjunktiv (Satz 12, 13, 42, 44, 52), manchmal mit dem Ind. Fut. (Satz 49), ὅπως (Satz 50), manchmal mit ἄν (Satz 51), μή (Satz 53, als Konjunktion mit dem Konj., wie auch bei Verben des Fürchtens u. ä.). Die Negation ist μή (Satz 26, 48, 52).

VI. Die Wunschsätze

1. Zur Einführung eines unabhängigen Wunschsatzes steht das zur Partikel erstarrte ὤφελον oder ὄφελον (von ὀφείλω) = utinam, und zwar beim unerfüllbar gedachten Wunsch mit dem Ind. Impf. für die Gegenwart (Satz 43), mit dem Ind. Aor. für die Vergangenheit (Satz 44). Ist ein Wort des Wünschens vorhanden, so steht es im Ind. Impf. (Satz 45, 46; Röm. 9,3).

2. Selten steht der Opt. zum Ausdruck des erfüllbar gedachten Wunsches, besonders in der Wendung μὴ γένοιτο (Satz 47, 51).

3. Die Negation in Wunschsätzen ist μή.

βαίνω	schreiten, wandeln, gehen
ἐπιβαίνω	betreten, hinaufsteigen
μεταβαίνω	hinübergehen, übersiedeln
ἐμβαίνω	hineintreten, einsteigen
προσαναβαίνω*	(weiter) hinaufgehen
ἄπειμι (-εῖναι)	abwesend, entfernt sein
εἶμι (ἰέναι)	gehen werden
ἄπειμι* (-ιέναι)	weggehen
εἴσειμι*	hineingehen
ἔξειμι*	hinausgehen, fortgehen
σύνειμι*	zusammenkommen
ἔπειμι	hinzukommen, folgen
φημί	sagen
παραπορεύομαι	vorbei-, hindurchgehen
κινέω	bewegen, entfernen, anregen
ἐμπαίζω	seinen Spott treiben
προστάσσω	anordnen, gebieten
κοιμάω	Pass. schlafen, einschlafen, entschlafen
ἐπέρχομαι	herbeikommen, kommen über
ἐπιπορεύομαι	hingehen
ἐξουθενέω (ἐξουθενόω)	geringschätzen, verachten
ἐκκολυμβάω*	hinausschwimmen
διαφεύγω*	entfliehen
ἡ φύσις, εως	die Natur, die natürliche Beschaffenheit, die Kreatur
τὸ μέρος, ους	der Teil, die Seite, der Anteil
ἡ σκηνή, ῆς	das Zelt, die Hütte
τὸ αἷμα, ατος	das Blut
ἡ ἀπώλεια, ας	das Verderben; Vergeudung, Verschwendung

ἡ ἀπιστία, ας	die Untreue, der Unglaube
ὁ δεσμώτης*, ου	der Gefangene
ἀριστερός*, ά, όν	links
ἡ ἀριστερά	die linke Hand
ἔνδικος*, ον	rechtmäßig, gerecht
ψυχρός*, ά, όν	kalt, kühl
ζεστός*, ή, όν	heiß
ἀληθής, ές	wahr, wahrhaftig, echt
ἀγενής*, ές	unedel
αὔριον (Adv.)	morgen, bald
ἀνώτερον (Adv. Komp.)	hinauf, früher
ἀνά c. acc.	auf, hinauf (Ggs.: κατά); je (bei Zahlen)
ἀνὰ μέσον	mitten hinein, zwischen, inmitten
οὗ	wo (relat.)
διὰ παντός	in allem, fortwährend, beständig, jederzeit

40.

1. Καὶ ἔτι καθ᾽ ὑπερβολὴν ὁδὸν ὑμῖν δείκνυμι.　2. Ὁ πατὴρ φιλεῖ τὸν υἱὸν καὶ πάντα δείκνυσιν αὐτῷ, ἃ αὐτὸς ποιεῖ, καὶ μείζονα τούτων δείξει αὐτῷ ἔργα, ἵνα ὑμεῖς θαυμάζητε.　3. Τί σημεῖον δεικνύεις ἡμῖν, ὅτι ταῦτα ποιεῖς;　4. Ἀπολλῶς τοῖς Ἰουδαίοις διακατηλέγχετο δημοσίᾳ ἐπιδεικνὺς διὰ τῶν γραφῶν εἶναι τὸν Χριστόν, Ἰησοῦν. 5. Ὅταν ἔθνη τὰ μὴ νόμον ἔχοντα φύσει τὰ τοῦ νόμου ποιῶσιν, οὗτοι νόμον μὴ ἔχοντες ἑαυτοῖς εἰσιν νόμος· οἵτινες ἐνδείκνυνται τὸ ἔργον τοῦ νόμου γραπτὸν ἐν ταῖς καρδίαις αὐτῶν.　6. Εἰ τὸν χόρτον τοῦ ἀγροῦ σήμερον ὄντα καὶ αὔριον εἰς κλίβανον βαλλόμενον ὁ Θεὸς οὕτως ἀμφιέννυσιν, οὐ πολλῷ μᾶλλον ὑμᾶς, ὀλιγόπιστοι;　7. Τί ἐξήλθατε εἰς τὴν ἔρημον θεάσασθαι; κάλαμον ὑπὸ ἀνέμου σαλευόμενον; ἀλλὰ τί ἐξήλθατε ἰδεῖν; ἄνθρωπον ἐν μαλακοῖς ἠμφιεσμένον; ἰδοὺ οἱ τὰ μαλακὰ φοροῦντες ἐν τοῖς οἴκοις τῶν βασιλέων εἰσίν.　8. Ὁ δὲ πλεῖστος ὄχλος ἔστρωσαν ἑαυτῶν τὰ ἱμάτια ἐν τῇ ὁδῷ. 9. Joh. 21,18:... ἤθελες.　10. Ἔστωσαν ὑμῶν αἱ ὀσφύες περιεζωσμέναι καὶ οἱ λύχνοι καιόμενοι.　11. Ὁ ὀμόσας ἐν τῷ ναῷ ὀμνύει ἐν αὐτῷ καὶ ἐν τῷ κατοικοῦντι αὐτόν.　12. Ὤμοσεν Κύριος, καὶ οὐ μεταμεληθήσεται· σὺ ἱερεὺς εἰς τὸν αἰῶνα.　13. Joh. 12,25.　14. Lk. 20,15f.: Τί ...　15. Κύρ.ε, σῶσον, ἀπολλύμεθα. 16. 1. Kor. 1,18f.　17. Ἀπόστρεψον τὴν μάχαιράν σου εἰς τὸν τόπον αὐτῆς· πάντες γὰρ οἱ λαβόντες μάχαιραν ἐν μαχαίρῃ ἀπολοῦνται. 18. Οὐδεὶς ἐξ αὐτῶν ἀπώλετο εἰ μὴ ὁ υἱὸς τῆς ἀπωλείας.　19. Joh. 11,49f[1].　20. Lk. 15,4.

21. Εἰ υἱὸς εἶ τοῦ Θεοῦ, εἰπέ, ἵνα οἱ λίθοι οὗτοι ἄρτοι γένωνται. 22. Mk. 11,25. 23. Εἰ ἄλλοις οὐκ εἰμὶ ἀπόστολος, ἀλλά γε ὑμῖν εἰμι. 24. 2. Tim. 2,12f. 25. Röm. 8,9–11. 26. ᾿Αγαπητοί, εἰ οὕτως ὁ Θεὸς ἠγάπησεν ἡμᾶς, καὶ ἡμεῖς ὀφείλομεν ἀλλήλους ἀγαπᾶν. 27. Joh. 13,14. 28. Εἰ μὴ ἦλθον καὶ ἐλάλησα αὐτοῖς, ἁμαρτίαν οὐκ εἴχοσαν. 29. Joh. 19,11². 30. Lk. 7,39. 31. Joh. 15,18f. 32. Εἰ μὴ ἦν οὗτος παρὰ Θεοῦ, οὐκ ἠδύνατο ποιεῖν οὐδέν¹. 33. ᾿Απολελύσθαι ἐδύνατο ὁ ἄνθρωπος οὗτος, εἰ μὴ ἐπεκέκλητο Καίσαρα. 34. Καὶ τίς ὁ κακώσων ὑμᾶς, ἐὰν τοῦ ἀγαθοῦ ζηλωταὶ γένησθε; ἀλλ᾿ εἰ καὶ πάσχοιτε διὰ δικαιοσύνην, μακάριοι. κρεῖττον γὰρ ἀγαθοποιοῦντας, εἰ θέλοι τὸ θέλημα τοῦ Θεοῦ, πάσχειν ἢ κακοποιοῦντας. 35. ῎Εσπευδεν γὰρ ὁ Παῦλος, εἰ δυνατὸν εἴη αὐτῷ, τὴν ἡμέραν τῆς πεντηκοστῆς γενέσθαι εἰς ῾Ιεροσόλυμα. 36. Τοσαῦτα εἰ τύχοι γένη φωνῶν εἰσιν ἐν κόσμῳ καὶ οὐδὲν ἄφωνον· ἐὰν οὖν μὴ εἰδῶ τὴν δύναμιν τῆς φωνῆς, ἔσομαι τῷ λαλοῦντι βάρβαρος καὶ ὁ λαλῶν ἐν ἐμοὶ βάρβαρος. 37. Κύριε, ἐὰν θέλῃς, δύνασαί με καθαρίσαι. 38. ᾿Εὰν μὴ σημεῖα καὶ τέρατα ἴδητε, οὐ μὴ πιστεύσητε. 39. Joh. 8,31f. 40. ᾿Εὰν.οὗτοι σιωπήσουσιν, οἱ λίθοι κράξουσιν. 41. 1. Joh. 5,14–16. 42. Μὴ θαυμάζετε, ἀδελφοί, εἰ μισεῖ ὑμᾶς ὁ κόσμος. 43. 2. Kor. 11,14f. 44. Εἰ ἔγνως ἐν τῇ ἡμέρᾳ ταύτῃ καὶ σὺ τὰ πρὸς εἰρήνην, νῦν δὲ ἐκρύβη ἀπὸ ὀφθαλμῶν σου. 45. Οὐδὲν κακὸν εὑρίσκομεν ἐν τῷ ἀνθρώπῳ τούτῳ· εἰ δὲ πνεῦμα ἐλάλησεν αὐτῷ ἢ ἄγγελος; 46. Τί ἡ γενεὰ αὕτη ζητεῖ σημεῖον; ἀμὴν λέγω ὑμῖν, εἰ δοθήσεται τῇ γενεᾷ ταύτῃ σημεῖον. 47. Καὶ εἶπον· ἀεὶ πλανῶνται τῇ καρδίᾳ· αὐτοὶ δὲ οὐκ ἔγνωσαν τὰς ὁδούς μου, ὡς ὤμοσα ἐν τῇ ὀργῇ μου· εἰ εἰσελεύσονται εἰς τὴν κατάπαυσίν μου. 48. Πιστεύετέ μοι, ὅτι ἐγὼ ἐν τῷ πατρὶ καὶ ὁ πατὴρ ἐν ἐμοί· εἰ δὲ μή, διὰ τὰ ἔργα αὐτὰ πιστεύετε. 49. Γνωρίζω δὲ ὑμῖν, ἀδελφοί, τὸ εὐαγγέλιον, ὃ εὐηγγελισάμην ὑμῖν, ὃ καὶ παρελάβετε, ἐν ᾧ καὶ ἑστήκατε, δι᾿ οὗ καὶ σώζεσθε, τίνι λόγῳ εὐηγγελισάμην ὑμῖν, εἰ κατέχετε, ἐκτὸς εἰ μὴ εἰκῆ ἐπιστεύσατε. 50. Mt. 10,12f. 51. Mt. 26,42. 52. Apg. 5,38f. 53. Lk. 19,23³. 54. Εἰς τί ἡ ἀπώλεια αὕτη; ἐδύνατο γὰρ τοῦτο πραθῆναι πολλοῦ καὶ δοθῆναι πτωχοῖς.

1. Zeige uns die Schätze des Königs! 2. Als Paulus den Heiden die Wahrheit des Glaubens darlegte (ἐπιδείκνυμι; Part.), sagten sie: Wenn Gott uns seine Macht zeigt, werden wir glauben.

---

1 οὐκ – οὐδέν doppelte Negation zur Verstärkung.
2 vgl. Anm. ¹.
3 πράσσω hier: fordern.

3. Gott, du kleidest das Gras des Feldes. 4. Umgürtet euere Hüften! 5. Schwört nicht beim Tempel Gottes! 6. Jesus war zu den verlorenen Menschen gesandt. 7. Der König wird die Stadt der Feinde zugrunderichten. 8. Der Vater nahm den verlorenen Sohn auf. 9. Gott will nicht, daß die Welt zugrundegeht. 10. Wenn du uns nicht rettest, werden wir alle zugrundegehen. 11. Wir würden glauben, wenn du uns die Macht Gottes zeigtest. 12. Du könntest freigelassen werden, wenn du nicht den Kaiser angerufen hättest. 13. Wenn ihr mich wirklich liebt, werdet ihr meine Gebote halten. 14. Mein Reich ist von oben; andernfalls (wenn aber nicht) würde ich euch durch meine Macht besiegen.

I. Verba auf -νυμι

Die Verben, zu denen auch ἀπόλλυμι zu rechnen ist, bilden bereits vor der Zeit der Koine und des NT. nur das Präs. und Impf. außer Konj. und Opt. auf -μι, die übrigen Formen auf -ω. Im NT. treten die Bildungen auf -νύω noch stärker hervor; das Impf. wird immer auf -ω gebildet. Die übrigen Zeiten (also außer Präs. und Impf.) werden von dem Verbalstamm (ohne -νυ-) gebildet wie regelmäßig bei der Konjugation auf -ω; bei konsonantisch auslautenden Stämmen sind die Lautregeln zu beachten: δείκ-νυ-μι, δείξω, ἔδειξα, δέδειχα, δέδειγμαι, ἐδείχθην. Von den Formen auf -μι kommen hauptsächlich vor: Ind. Pr. 1. und 3. S. -νυμι, -νυσι(ν); Inf. -νύναι; Part. -νύς, -νύντος.

Von einer Reihe der Verben auf -νυμι (ζεύγνυμι verbinden; κεράννυμι mischen, ἐκέρασα, ἐκράθην, κεκερασμένος; κορέννυμι sättigen, ἐκορέσθην, κεκορεσμένος; κρεμάννυμι hängen (trans. und intr.), ἐκρέμασα, ἐκρεμάσθην; μείγνυμι mischen, ἔμειξα, ἐμείγην, μεμειγμένος; πήγνυμι festmachen, ἔπηξα; ῥώννυμι stark sein, ἔρρωμαι, ἔρρωσο, ἔρρωσθε (Imp. Pf. Pass.: lebe wohl, lebt wohl) kommt das Präs. und Impf. im NT. nicht vor. Manche frühere Verba auf -νυμι sind überhaupt durch Bildungen auf -ω (z. B. ἀνοίγνυμι durch ἀνοίγω) oder durch andere Verben (z. B. σκεδάννυμι durch σκορπίζω) ersetzt.

Von ἀπόλλυμι kann das Fut. Akt. ἀπολέσω und ἀπολῶ heißen; als mediales Pf. dient ἀπόλωλα, Part. ἀπολωλώς, -ότος.

II. Die Bedingungssätze

1. Folgende Formen der Bedingungssätze kommen im NT. vor:
a) der reale Fall: εἰ mit dem Ind. aller Tempora zum Ausdruck der Tatsächlichkeit der Annahme (die Bedingung gilt als objektiv

gegeben); εἰ hat dann 1. die Bedeutung „wenn wirklich" (man könnte hinzufügen „wie es heißt", „wie du sagst" o. ä.): Satz 21, 22, 23, 24, 25, 31ᵃ; oder steht 2. im Sinn einer Schlußfolgerung („wenn also"); hierbei kann es der Bedeutung einer kausalen Konjunktion nahekommen: Satz 25, 26, 27, 51; 3. im Anschluß an den Gebrauch des hebräischen אִם in Beteuerungen erhält es den Sinn einer starken Verneinung: Satz 46, 47.

b) der irreale Fall: εἰ mit dem Ind. der Augmenttempora zum Ausdruck der Nichtwirklichkeit der Annahme; im Hauptsatz kann ἄν hinzugefügt werden und steht dann möglichst am Anfang des Satzes (aber nicht als erstes Wort), oft mit der Negation zusammen (οὐκ ἄν): Satz 28 (εἰ μὴ ἦλθον, οὐκ εἴχοσαν wenn ich nicht gekommen wäre, hätten sie nicht), 29, 30, 31ᵇ, 32, 33.

c) der eventuelle Fall: ἐάν mit dem Konj. und Ind. zum Ausdruck des unter Umständen Erwarteten (die Bedingung hängt in ihrer Verwirklichung von Umständen ab): Satz 34, 36, 37, 38, 39, 41ᵃ, 50, 51, 52; 40, 41ᵇ.

d) der potentiale Fall: εἰ mit dem Opt. zum Ausdruck der subjektiven Annahme (ohne Rücksicht auf Wirklichkeit oder Nichtwirklichkeit); diese Form, bei der im NT. nur der Bedingungssatz, nicht der Hauptsatz den Opt. hat, kommt nicht häufig vor: Satz 34, 35; formelhaft ist εἰ τύχοι „wenn es trifft" = „etwa": Satz 36.

Bei diesen Formen ist jedoch folgendes zu beachten: Der sprachliche Ausdruck für die Bedingung ist nicht so festgelegt, daß es eine ganz eindeutige Regel und Anwendung gibt, und die Grenzen zwischen den einzelnen Formen sind nicht scharf, so daß man in manchen Fällen eine andere Auffassung der Art der Bedingung erwartet. Die Unsicherheit zeigt sich, wenn verschiedene Schriftsteller denselben Gedanken in verschiedener Form der Bedingung wiedergeben (z. B. Mt. 5,29 εἰ mit dem Ind., während die Parallele Mk. 9,47 ἐάν mit dem Konj. hat), und wenn die handschriftliche Überlieferung Verschiedenheiten aufweist. Ebenso ist der Gebrauch von εἰ und ἐάν nicht klar geschieden.

2. Die Negation ist bei ἐάν immer μή, bei εἰ kommt auch οὐ vor, im NT. beim realen Fall überwiegend.

3. Im Bedingungssatz fehlt nicht selten das Verbum, besonders, wenn es eine Form von εἶναι sein müßte: Satz 25, 48

4. Εἰ kommt noch in folgender Verwendung und Bedeutung vor;

a) „wenn" bei der sog. Aposiopese, d. h. Verschweigen: auf den Bedingungssatz folgt kein Nachsatz: Satz 44, 45;

b) „daß" nach Verben des Affekts: Satz 42, 43;

c) als Fragepartikel: „ob".

Ferner steht es in folgenden Verbindungen: εἰ καί wenn auch, wenn schon; εἰ δὲ καί wenn aber auch; εἴ γε wenn anders, insofern ja; εἰ μέντοι wenn jedoch; εἰ δὲ μή wo nicht, andernfalls, sonst; εἰ μή wenn nicht, außer, vielmehr; εἰ μήτι wenn nicht etwa, es müßte denn sein, daß; εἴπερ wenn anders; εἴπως ob etwa; ἐκτὸς εἰ μή außer wenn, es sei denn, daß.

5. 'Εάν steht auch statt ἄν im Relativsatz und in folgenden Verbindungen: ἐὰν καί wenn auch, selbst wenn; ἐὰν δὲ καί wenn aber doch; ἐὰν μή wenn nicht, außer wenn; ἐάνπερ wenn anders, gesetzt den Fall, daß.

6. Der Bedingungssatz ist manchmal aus dem Zusammenhang zu ergänzen: Satz 53, 54.

δείκνυμι, δεικνύω	zeigen, anweisen, nachweisen
ἐπιδείκνυμι	zeigen, vorzeigen, dartun
ἐνδείκνυμι	Med. zeigen, beweisen
ἀμφιέννυμι*	bekleiden
στρώννυμι, στρωννύω	ausbreiten
ζώννυμι*, ζωννύω	gürten
περιζώννυμι, -ζωννύω	umgürten; Med. sich umgürten
ὄμνυμι, ὀμνύω	schwören; bei: Akk., ἐν, κατά c. gen.
ἀπόλλυμι	verderben (trans.), vernichten; verlieren
ἀπόλλυμαι Med.	umkommen, zugrundegehen, verderben
διακατελέγχομαι*	gänzlich widerlegen
φορέω	(dauernd) tragen
κόπτω	abschlagen, schlagen
ἀθετέω	für ungültig erklären, verwerfen
ἀπιστέω	ungläubig sein
ζῳοποιέω	lebendig machen, beleben
ἐνοικέω	wohnen in, innewohnen
ἅπτω	anzünden
ἅπτομαι c. gen.	anrühren, berühren
κακόω	Böses zufügen; böse machen
ἀγαθοποιέω	Gutes tun
κακοποιέω*	Böses tun, Übeltäter sein
σπεύδω	sich beeilen, hasten, beschleunigen
τυγχάνω Aor. ἔτυχον	treffen, erlangen; sich treffen, sich zufällig befinden
μετασχηματίζω	umgestalten, verwandeln; Med. refl.
πιπράσκω Pf. πέπρακα	verkaufen
Aor. Pass. ἐπράθην	

ἡ ὑπερβολή, ῆς   das Übermaß
   καθ' ὑπερβολήν   im Übermaß, außerordentlich
ὁ χόρτος, ου   das Gras, das Heu
ὁ κλίβανος*, ου   der (Back)ofen
ὁ κάλαμος, ου   das Schilfrohr, das Maßrohr, das Schreibrohr
ὁ κλάδος, ου   der Zweig
ἡ ὀσφῦς, ύος   die Hüfte, die Lende
ὁ λύχνος, ου   die Lampe
ἡ σύνεσις, εως   die Auffassungsgabe, die Einsicht, das Verständnis
ὁ ζηλωτής, οῦ   der Eiferer
τὸ αἴτημα*, ατος   die Bitte, das Anliegen
τὸ θαῦμα*, ατος   das Wunderbare, die Verwunderung
ἡ κατάπαυσις, εως   die Ruhe; die Ruhestätte
ὁ τόκος*, ου   der Zins
δημόσιος*, α, ον   öffentlich
   δημοσίᾳ (Adv.)   in voller Öffentlichkeit
ὀλιγόπιστος, ον   kleingläubig
μαλακός, ή, όν   weich, weichlich
συνετός*, ή, όν   einsichtig, verständig
ἄφωνος*, ον   stumm, ohne Sprache
θεομάχος*, ον   gegen Gott kämpfend
εἰκῇ (Adv.)   ohne Grund, vergebens, umsonst
ἐκτὸς εἰ μή   außer wenn, es sei denn, daß

41.

1. Δώσω σοι τὰς κλεῖδας τῆς βασιλείας τῶν οὐρανῶν, καὶ ὃ ἐὰν δήσῃς ἐπὶ τῆς γῆς, ἔσται δεδεμένον ἐν τοῖς οὐρανοῖς, καὶ ὃ ἐὰν λύσῃς ἐπὶ τῆς γῆς, ἔσται λελυμένον ἐν τοῖς οὐρανοῖς. 2. Μνημόνευε οὖν, πῶς εἴληφας καὶ ἤκουσας, καὶ τήρει καὶ μετανόησον. 3. Ἐγὼ δὲ ἐδεήθην περὶ σοῦ, ἵνα μὴ ἐκλίπῃ ἡ πίστις σου. 4. Ἐδεῖτο δὲ αὐτοῦ ὁ ἀνήρ, ἀφ' οὗ ἐξεληλύθει τὰ δαιμόνια, εἶναι σὺν αὐτῷ· ἀπέλυσεν δὲ αὐτὸν λέγων· ὑπόστρεφε εἰς τὸν οἶκόν σου καὶ διηγοῦ, ὅσα σοι ἐποίησεν ὁ Θεος. καὶ ἀπῆλθεν καθ' ὅλην τὴν πόλιν κηρύσσων, ὅσα ἐποίησεν αὐτῷ ὁ Ἰησοῦς. 5. Τὸ πνεῦμα, ὅπου θέλει, πνεῖ, καὶ τὴν φωνὴν αὐτοῦ ἀκούεις, ἀλλ' οὐκ οἶδας, πόθεν ἔρχεται καὶ ποῦ ὑπάγει· οὕτως ἐστὶν πᾶς ὁ γεγεννημένος ἐκ τοῦ πνεύματος. 6. Mt. 7,24f. 7. Ἀναφάναντες δὲ τὴν Κύπρον καὶ καταλιπόντες αὐτὴν εὐώνυμον ἐπλέομεν εἰς Συρίαν καὶ κατήλθομεν εἰς Τύρον. 8. Εἴ τινος τὸ ἔργον μενεῖ, ὃ ἐποικοδόμησεν, μισθὸν λήμψεται· εἴ τινος τὸ ἔργον κατακαήσεται, ζημιωθήσεται, αὐτὸς δὲ σωθήσεται, οὕτως δὲ ὡς

διὰ πυρός. 9. Ἀμὴν ἀμὴν λέγω ὑμῖν, ὅτι κλαύσετε καὶ θρηνήσετε ὑμεῖς, ὁ δὲ κόσμος χαρήσεται· ὑμεῖς λυπηθήσεσθε, ἀλλ᾽ ἡ λύπη ὑμῶν εἰς χαρὰν γενήσεται. 10. Lk. 4,25f. 11. Εἴ τις ἐν μαχαίρῃ ἀποκτενεῖ, δεῖ αὐτὸν ἐν μαχαίρῃ ἀποκτανθῆναι. 12. Lk. 19,41f. 13. Joh. 14,28f. 14. Εἰς τί ἡ ἀπώλεια αὕτη; ἐδύνατο γὰρ τοῦτο πραθῆναι πολλοῦ καὶ δοθῆναι πτωχοῖς. 15. Apg. 27,23f. 16. Ὁ δὲ Παῦλος ἔτι προσμείνας ἡμέρας ἱκανάς, τοῖς ἀδελφοῖς ἀποταξάμενος ἐξέπλει εἰς τὴν Συρίαν. 17. 1. Joh. 1,3. 18. 1. Joh. 2,18f. 19. Gal. 3,16. 20. Τοῦτό ἐστιν τὸ εἰρημένον διὰ τοῦ προφήτου. 21. 2. Tim. 2,8–10. 22. Mt. 12,28. 23. Mk. 7,24. 24. Τῆς οιλοξενίας μὴ ἐπιλανθά-νεσθε· διὰ ταύτης γὰρ ἔλαθόν τινες ξενίσαντες ἀγγέλους. 25. Lk. 12,6. 26. Offb. 8,12. 27. Καὶ τότε φανήσεται τὸ σημεῖον τοῦ υἱοῦ τοῦ ἀνθρώπου ἐν τῷ οὐρανῷ. 28. 1. Petr. 4,18. 29. Apg. 6,13f. 30. Gal. 2,3. 31. Offb. 21,6. 32. Apg. 16,7. 33. Joh. 21,11. 34. Ἐν τῇ ὑπομονῇ ὑμῶν κτήσεσθε τὰς ψυχὰς ὑμῶν. 35. Ὁ Θεὸς τῆς δόξης ὤφθη τῷ πατρὶ ἡμῶν Ἀβραὰμ ὄντι ἐν τῇ Μεσοποταμίᾳ. 36. Καὶ ἰδόντες αὐτὸν ἐξεπλάγησαν, καὶ εἶπεν πρὸς αὐτὸν ἡ μήτηρ αὐτοῦ· τέκνον, τί ἐποίησας ἡμῖν οὕτως; 37. Ὀψίας γενομένης, ὅτε ἔδυ ὁ ἥλιος, ἔφερον πρὸς αὐτὸν πάντας τοὺς κακῶς ἔχοντας καὶ τοὺς δαιμονιζομένους. 38. Καὶ ἕτερον ἔπεσεν εἰς τὴν γῆν τὴν ἀγαθήν, καὶ φυὲν ἐποίησεν καρπὸν ἑκατονταπλασίονα.

1. Die Soldaten nahmen (Part.) Jesus und banden [ihn]. 2. Wir bitten euch, nach Tyrus zu segeln (ἵνα oder Inf. Aor.). 3. Bitte (Aor.) den Herrn, und er wird dir vergeben. 4. Als ich nach Korinth fuhr (Part.), wehte ein starker (großer) Wind. 5. Man muß diese Bücher verbrennen (Aor.). 6. Die Tür ist verschlossen. 7. Obwohl die Türen verschlossen waren (Part. Pf.), kam Jesus zu den Jüngern. 8. Der Menschensohn muß getötet und von den Toten auferweckt werden (Inf. Aor.). 9. Ihr habt uns gesagt, daß ihr die Schätze verborgen habt. 10. Du hast den Herrn gesehen und sein Wort gehört. 11. Ein Engel erschien den Hirten. 12. Elias wird erscheinen, bevor der Menschensohn wiederkommt. 13. Jesus ließ die bösen Geister nicht reden. 14. Werdet ihr die wertvollen Güter erwerben? 15. Herodes erschrak, als er die Worte der Magier gehört hatte. 16. Der Himmel und die Erde werden verwandelt werden.

δέομαι   bitten, beten
φαίνω   scheinen, leuchten; Pass. sichtbar werden, sich zeigen, scheinen

ἀναφαίνω*	sichten; Pass. erscheinen
λείπω (Aor. ἔλιπον)	zurücklassen; Med.-Pass. zurückbleiben, nachstehen, ermangeln; intr. Akt. fehlen
ἐκλείπω	ausgehen, aufhören
πνέω	wehen, blasen, hauchen
προσπίπτω	niederfallen, anfallen
κατακαίω	verbrennen (trans.)
κλείω	schließen, verschließen
πλέω	zur See fahren, segeln
ἐκπλέω*	absegeln
προσμένω	bleiben, ausharren bei
φθάνω	zuvorkommen; hingelangen
λανθάνω	verborgen sein, unbemerkt bleiben
πλήσσω	schlagen
ἐκπλήσσω	erschrecken (trans.), außer sich bringen; Pass. außer sich geraten
ἀλλάσσω	verändern, verwandeln, vertauschen
ἐάω	lassen, zulassen; beiseite lassen
ἕλκω (ἑλκύω)	ziehen, schleppen
κατέρχομαι	herabkommen
ζημιόω	Schaden zufügen; Pass. Schaden erleiden, bestraft werden
θρηνέω	klagen, beweinen
ἐγγίζω	sich nähern
χαρίζομαι	(aus Gnaden) schenken
ἀποτάσσομαι Med.	Abschied nehmen
κακοπαθέω*	Unglück erleiden, Ungemach ertragen
ξενίζω	gastlich aufnehmen, beherbergen; befremden
πωλέω	verkaufen
σκοτίζω	Pass. sich verfinstern, finster sein
ἀναγκάζω	zwingen
διψάω	dürsten
σχίζω	spalten; Pass. sich spalten, uneins werden
κτάομαι	erwerben, erlangen; Pf. besitzen
δύνω*, δύω (Aor. ἔδυν, ἔδυσα)	untergehen
φύω* (Aor. ἐφύην)	hervorsprossen
ἡ κλείς, δός	der Schlüssel
ἡ βροχή*, ῆς	der Regen
ἡ χήρα, ας	die Witwe
ὁ λιμός, οῦ	der Hunger, die Hungersnot

τὸ σπέρμα, ατος	der Same, die Nachkommenschaft
ὁ κακοῦργος*, ου	der Übeltäter
ἡ φιλοξενία*, ας	die Gastfreundschaft
τὸ στρουθίον*, ου	der Sperling
τὸ ἀσσάριον*, ου	das As (Münze)
ἡ ὀψία, ας	der Abend
τὸ δίκτυον, ου	das Netz
εὐώνυμος, ον	links
μόλις (Adv.)	mit Mühe, kaum

Zusammenhängende Stücke

In den Anmerkungen werden nur diejenigen Formen und grammatischen Erscheinungen erklärt, die bei der Durchnahme des angegebenen Stückes noch nicht bekannt sind. Unbekannte Wörter, deren Formen bereits erkannt und gebildet werden können, sind im alphabetischen Wörterverzeichnis (S. 141) aufzusuchen.

1. Mt. 12,8.35 (zu 3).
2. Lk. 6,45 (zu 7): . . . τὸ πονηρόν: αὐτοῦ (Gen.) von ihm (durch Possessivpronomen übersetzen); προφέρω hervorbringen.
3. Lk. 5,15 (zu 10): μᾶλλον (Adv.) mehr
4. Mt. 24,36f. (zu 11): οἶδεν er weiß; ὁ πατήρ der Vater; ἡ παρουσία, ας die Ankunft; ἔσται er wird sein.
5. Mt. 24,27 (zu 11): φαίνομαι scheinen, leuchten; ἡ ἀστραπή, ῆς der Blitz; ἡ δυσμή, ῆς der Untergang.
6. Joh. 8,44 (zu 11): . . . ἐν αὐτῷ: τοῦ πατρός des Vaters; ποιεῖν tun; ὁ ἀνθρωποκτόνος, ου der Mörder; ἦν er war; ἔστηκεν er stand.
7. Phil. 3,18f. (zu 15); περιπατοῦσιν sie wandeln; κλαίων Part. Pr. Akt. Nom. S. m.; τὸ τέλος das Ende; ἐπίγειος, ον irdisch; φρονοῦντες Part. Pr. Akt. Nom. Pl. m. von φρονέω sinnen auf.
8. Lk. 22,14f. (zu 16): ἐπεθύμησα Aor. von ἐπιθυμέω begehren; πρὸ τοῦ με παθεῖν substantivierter a.c.i. mit Präposition.
9. Mt. 5,18f. (zu 17): εἷς, μία, ἕν ein; τὸ ἰῶτα das Jota; ἡ κεραία, ας das Strichlein; πάντα (neutr. Pl.) alles; ἐλάχιστος, η, ον der geringste; ἐδίδαξον Aor. zu διδάσκω; κληθήσεται 3. S. Ind. Fut. Pass. von καλέω rufen, nennen.
10. Joh. 8,48–50 (zu 18): ἀπεκρίθη, ἀπεκρίθησαν 3. S. und Pl. Ind. Aor. von ἀποκρίνομαι antworten; εἶπαν = εἶπον (3. Pl.); τιμάω ehren; ζητῶν, κρίνων Part. Pr. Akt. Nom. S. m. von ζητέω suchen, κρίνω richten.
11. Apg. 9,26–30 (zu 19): κολλάομαι sich anschließen; πάντες (Nom. Pl. m.) alle; πιστεύοντες Part. Pr. Akt. Nom. Pl. m.; ἐπαρ-

ρησιάσατο 3. S. Ind. Aor. von παρρησιάζομαι frei, offen reden; τὸ ὄνομα der Name; συ(ν)ζητέω sich besprechen, disputieren; ὁ Ἑλληνιστής, οῦ der Hellenist; ἐπιχειρέω versuchen; ἀνεῖλον st. Aor. zu ἀναιρέω wegnehmen, beseitigen; ἐπιγνόντες Part. Aor. Akt. Nom. Pl. m. von ἐπιγινώσκω; ἐξαπέστειλαν 3. Pl. Ind. Aor. Akt. von ἐξαποστέλλω.

12. Joh. 7,1–9 (zu 19): ἀποκτεῖναι Inf. Aor. Akt. von ἀποκτείνω; ἐγγύς (Adv.) nahe; ἡ σκηνοπηγία, ας das Laubhüttenfest; μετάβηθι 2. S. Imp. Aor. Akt. von μεταβαίνω hinübergehen; κρυπτός, ἡ, όν verborgen; φανέρωσον 2. S. Imp. Aor. Akt. von φανερόω; δύναται er kann; ἀνάβητε 2. Pl. Imp. Aor. Akt. von ἀναβαίνω; πεπλήρωται 3. S. Ind. Pf. Pass. von πληρόω; εἰπών Part. Aor. Akt. Nom. S. m. von εἶπον; ἔμεινεν 3. S. Ind. Aor. Akt. von μένω.

13. 1. Kor. 13,4–7 (zu 20): μακροθυμέω Geduld haben, langmütig sein; χρηστεύομαι sich gütig erzeigen; περπερεύομαι prahlen; φυσιόω aufblähen; ἀσχημονέω unschicklich handeln; παροξύνω (zum Zorn) reizen; συγχαίρω sich mitfreuen; στέγω bedecken, aushalten; πάντα (neutr. Pl.) alles.

14. Jak. 4,1–3 (zu 20): ἡ μάχη, ης der Kampf; ἡ ἡδονή, ῆς die Lust; ἐπιτυγχάνω (-έτυχον) erlangen; μάχομαι kämpfen; πολεμέω Krieg führen; δαπανάω ausgeben, verwenden.

15. Mt. 23,1–12 (zu 22): λέγων Part. Pr. Akt. Nom. S. m. von λέγω; ἐκάθισαν sie sitzen; οἱ γραμματεῖς die Schriftgelehrten; πάντα (neutr. Pl.) alles; δεσμεύω zusammenbinden; τὸ φορτίον, ου die Last; βαρέα Nom. Pl. n. von βαρύς schwer; δυσβάστακτος, ον schwer zu tragen; ἐπιτιθέασιν sie legen auf; ὁ ὦμος, ου die Schulter; πλατύνω breit machen; τὸ φυλακτήριον, ου der Gebetsriemen; τὸ κράσπεδον, ου der Saum; ἡ πρωτοκλισία, ας der Ehrenplatz; ἡ πρωτοκαθεδρία, ας der Ehrenplatz; ὁ ἀσπασμός, οῦ der Gruß; πάντες (Nom. Pl. m.) alle; πατέρα Akk. S. von ὁ πατήρ der Vater; οὐράνιος, ον himmlisch; ὁ καθηγητής, οῦ der Lehrer; μείζων (Nom. S. m.) größer.

16. Lk. 22,66–71 (zu 23): συνήχθη 3. S. Ind. Aor. Pass. von συνάγω; τὸ πρεσβυτέριον, ου das Ältestenkollegium; οἱ ἀρχιερεῖς die Hohenpriester; οἱ γραμματεῖς die Schriftgelehrten; ἀποκριθῆτε 2. Pl. Konj. Aor. von ἀποκρίνομαι antworten; καθήμενος sitzend; ἡ δύναμις die Macht, die Kraft; πάντες (Nom. Pl. m.) alle; ἔφη er sagte; τὸ στόμα der Mund.

17. 1. Kor. 5,12–6,6 (zu 23): ἐξαίρω (-ῆρον) wegnehmen; τολμάω wagen; τὸ πρᾶγμα die Rechtssache, der Prozeß; ἔχων Part. Pr. Akt. Nom. S. m. von ἔχω; οἴδατε ihr wißt; ἀνάξιος, ον unwürdig;

τὸ κριτήριον, ου das Gericht; ἐλάχιστος, η, ον der geringste; μήτιγε geschweige denn; βιωτικός, ή. όν zum Leben gehörig, alltäglich; ἐξουθενημένος Part. Pf. Pass. von ἐξουθενέω geringschätzen; ἡ ἐντροπή, ῆς die Beschämung; δυνήσεται er wird können.

18. Joh. 20,24–29 (zu 25): δώδεκα zwölf; ἑωράκαμεν (Pf.) wir haben gesehen; ὁ ἧλος, ου der Nagel; ἡ πλευρά, ᾶς die Seite; κεκλεισμένος Part. Pf. Pass. von κλείω; ἔστη (Aor.) er trat; εἶτα dann; ἀπεκρίθη 3. S. Ind. Aor. von ἀποκρίνομαι; ἑώρακας (Pf.) du hast gesehen; ἰδόντες, πιστεύσαντες Part. Aor. Akt. Nom. Pl. m. von εἶδον, πιστεύω.

19. Joh, 12,1–3 (zu 26): διηκόνει Impf. von διακονέω (Augment!); ἀνακείμενος, η, ον bei Tische liegend; λαβοῦσα Part. Aor. Akt. Nom. S. f. von λαμβάνω; ἡ λίτρα, ας das Pfund; ἡ νάρδος, ου die Narde, das Nardenöl; πιστικός, ή, όν echt(?); πολύτιμος, ον wertvoll; ὁ πούς, ποδός der Fuß; ἐξέμαξεν Aor. von ἐκμάσσω abwischen.

20. Röm. 5,15–17 (zu 28): ἑνός Gen. von εἷς einer; περισσεύω überreich vorhanden sein; ἁμαρτήσαντος Part. Aor. Akt. Gen. S. m. von ἁμαρτάνω; τὸ δώρημα, ατος die Gabe; τὸ κατάκριμα, ατος die Verurteilung, die Strafe; τὸ δικαίωμα, ατος die Rechtssatzung, hier: die Rechtfertigung; ἡ περισσεία, ας der Überfluß; λαμβάνοντες Part. Pr. Akt. Nom. Pl. m. von λαμβάνω.

21. Röm. 8,12–18 (zu 28): τὰς πράξεις die Handlungen, die Taten; θανατόω töten, ertöten; συμμαρτυρέω mitbezeugen; ὁ συγκληρονόμος, ου der Miterbe; συμπάσχω zusammen leiden mit; συνδοξάζω mit verherrlichen; τὸ πάθημα, ατος das Leid; μέλλουσαν Part. Pr. Akt. Akk. S. f. von μέλλω.

22. Lk. 23,47–49 (zu 30): συμπαραγίνομαι zugleich hinkommen; ἡ θεωρία, ας das Schauspiel; τύπτω schlagen; τὸ στῆθος die Brust; (Pl. τὰ στήθη); εἰστήκεισαν sie standen; γνωστός, ή, όν bekannt; συνακολουθέω begleiten.

23. 1. Joh. 5,5–12 (zu 30): τρεῖς drei; ἕν neutr. zu εἷς einer; μείζων (Nom. S. m.) größer; ἔδωκεν (Aor.) er hat gegeben.

24. 1. Kor. 1,20–29 (zu 31): ὁ γραμματεύς der Schriftgelehrte; ὁ συζητητής, οῦ der Erforscher, der Disputator; μωραίνω töricht machen, töricht werden lassen; εὐδοκέω beschließen; τὸ κήρυγμα, ατος die Verkündigung; σῶσαι Inf. Aor. Akt. von σώζω; τὸ σκάνδαλον, ου die Falle, das Ärgernis; κλητός, ή, όν Verbaladj. von καλέω; ἡ δύναμις die Macht, die Gewalt; ἡ κλῆσις die Berufung; ἀγενής, ές unedel.

25. Lk. 18,1–8 (zu 32): ἐγκακέω müde werden; ἐκδικέω Recht verschaffen; ὁ ἀντίδικος, ου der Gegner (im Prozeß), der Widersacher; ὁ κόπος, ου die Mühe, die Beschwerde; ὑπωπιάζω ins Gesicht fahren; ἡ ἐκδίκησις, εως die Rache, die Bestrafung; βοάω rufen; ἡ νύξ, νυκτός die Nacht; μακροθυμέω Geduld haben, langmütig sein; ἐν τάχει bald, schleunig (Adv.).

26. Mt. 2,1–6 (zu 33): τεχθείς von τίκτω; ποιμαίνω weiden.

27. Gen. 5,1–24 (zu 34): 1 Αὕτη ἡ βίβλος γενέσεως ἀνθρώπων· ᵎΗι ἡμέρᾳ ἐποίησεν ὁ Θεὸς τὸν ᾽Αδάμ, κατ᾽ εἰκόνα Θεοῦ ἐποίησεν αὐτόν· 2 ἄρσεν καὶ θῆλυ ἐποίησεν αὐτοὺς καὶ εὐλόγησεν αὐτούς, καὶ ἐπωνόμασεν τὸ ὄνομα αὐτῶν ᾽Αδάμ, ᾗ ἡμέρᾳ ἐποίησεν αὐτούς. 3 ἔζησεν δὲ ᾽Αδὰμ διακόσια καὶ τριάκοντα ἔτη καὶ ἐγέννησεν κατὰ τὴν ἰδέαν αὐτοῦ καὶ κατὰ τὴν εἰκόνα αὐτοῦ καὶ ἐπωνόμασεν τὸ ὄνομα αὐτοῦ Σήθ. 4 ἐγένοντο δὲ αἱ ἡμέραι ᾽Αδὰμ μετὰ τὸ γεννῆσαι αὐτὸν τὸν Σὴθ ἑπτακόσια ἔτη, καὶ ἐγέννησεν υἱοὺς καὶ θυγατέρας. 5 καὶ ἐγένοντο πᾶσαι αἱ ἡμέραι ᾽Αδάμ, ἃς ἔζησεν, ἐννακόσια καὶ τριάκοντα ἔτη, καὶ ἀπέθανεν.

6 Ἔζησεν δὲ Σὴθ διακόσια καὶ πέντε ἔτη καὶ ἐγέννησεν τὸν ᾽Ενώς. 7 καὶ ἔζησεν Σὴθ μετὰ τὸ γεννῆσαι αὐτὸν τὸν ᾽Ενὼς ἑπτακόσια καὶ ἑπτὰ ἔτη καὶ ἐγέννησεν υἱοὺς καὶ θυγατέρας. 8 καὶ ἐγένοντο πᾶσαι αἱ ἡμέραι Σὴθ ἐννακόσια καὶ δώδεκα ἔτη, καὶ ἀπέθανεν.

9 Καὶ ἔζησεν ᾽Ενὼς ἑκατὸν ἐνενήκοντα ἔτη καὶ ἐγέννησεν τὸν Καινάν. 10 καὶ ἔζησεν ᾽Ενὼς μετὰ τὸ γεννῆσαι αὐτὸν τὸν Καινὰν ἑπτακόσια καὶ δέκα πέντε ἔτη καὶ ἐγέννησεν υἱοὺς καὶ θυγατέρας. 11 καὶ ἐγένοντο πᾶσαι αἱ ἡμέραι ᾽Ενὼς ἐννακόσια καὶ πέντε ἔτη, καὶ ἀπέθανεν.

12 Καὶ ἔζησεν Καινὰν ἑκατὸν ἑβδομήκοντα ἔτη καὶ ἐγέννησεν τὸν Μαλελεήλ. 13 καὶ ἔζησεν Καινὰν μετὰ τὸ γεννῆσαι αὐτὸν τὸν Μαλελεὴλ ἑπτακόσια καὶ τεσσαράκοντα ἔτη καὶ ἐγέννησεν υἱοὺς καὶ θυγατέρας. 14 καὶ ἐγένοντο πᾶσαι αἱ ἡμέραι Καινὰν ἐννακόσια καὶ δέκα ἔτη, καὶ ἀπέθανεν.

15 Καὶ ἔζησεν Μαλελεὴλ ἑκατὸν καὶ ἑξήκοντα πέντε ἔτη καὶ ἐγέννησεν τὸν ᾽Ιάρεδ. 16 καὶ ἔζησεν Μαλελεὴλ μετὰ τὸ γεννῆσαι αὐτὸν τὸν ᾽Ιάρεδ ἑπτακόσια καὶ τριάκοντα ἔτη καὶ ἐγέννησεν υἱοὺς καὶ θυγατέρας. 17 καὶ ἐγένοντο πᾶσαι αἱ ἡμέραι Μαλελεὴλ ὀκτακόσια καὶ ἐνενήκοντα πέντε ἔτη, καὶ ἀπέθανεν.

18 Καὶ ἔζησεν ᾽Ιάρεδ ἑκατὸν καὶ ἑξήκοντα δύο ἔτη καὶ ἐγέννησεν τὸν ῾Ενώχ. 19 καὶ ἔζησεν ᾽Ιάρεδ μετὰ τὸ γεννῆσαι αὐτὸν τὸν ῾Ενὼχ ὀκτακόσια ἔτη καὶ ἐγέννησεν υἱοὺς καὶ θυγατέρας. 20 καὶ ἐγένοντο πᾶσαι αἱ ἡμέραι ᾽Ιάρεδ ἐννακόσια καὶ ἑξήκοντα δύο ἔτη, καὶ ἀπέθανεν.

21 Καὶ ἔζησεν ῾Ενὼχ ἑκατὸν καὶ ἑξήκοντα πέντε ἔτη καὶ ἐγέννησεν τὸν Μαθουσάλα. 22 καὶ ἔζησεν ῾Ενὼχ μετὰ τὸ γεννῆσαι αὐτὸν τὸν

Μαθουσάλα διακόσια ἔτη καὶ ἐγέννησεν υἱοὺς καὶ θυγατέρας. 23 καὶ ἐγένοντο πᾶσαι αἱ ἡμέραι Ἐνὼχ τρ.ακόσια ἑξήκοντα πέντε ἔτη. 24 καὶ εὐηρέστησεν Ἐνὼχ τῷ Θεῷ καὶ οὐχ ηὑρίσκετο, ὅτι μετέθηκεν αὐτὸν ὁ Θεός.

ἡ εἰκών, όνος das Bild; ἄρσην, εν männlich; θῆλυς, εια, υ weiblich; ἐπονομάζω benennen; ἡ ἰδέα, ας das Aussehen, die Art; μετὰ τὸ γεννῆσαι αὐτόν substantivierter a.c.i. mit Präp.; εὐαρεστέω wohlgefällig sein; μετέθηκεν (Aor.) er versetzte, er entrückte.
28. Mt. 19,30–20,16 (zu 34): πρωΐ (Adv.) frühmorgens; μισθόομαι (Med.) in Lohn nehmen, dingen; συμφωνέω übereinstimmen, übereinkommen; τὸ δηνάριον, ου der Denar; ἑστώς, ῶτος (Part.) stehend; ἀργός, ή, όν untätig, müßig; δώσω ich werde geben; ἑστήκατε ihr steht; ἡ ὀψία, ας der Abend; ὁ ἐπίτροπος, ου der Verwalter; ἀπόδος (Imp.) gib; λήμψονται Fut. von λαμβάνω; γογγύζω murren; ἴσος, η, ον gleich; τὸ βάρος, ους die Last; ὁ καυσών, ῶνος die Hitze; ὁ ἑταῖρος, ου der Gefährte, der Freund; δοῦναι (Inf. Aor.) geben.
29. Joh. 6,26–40 (zu 35): χορτάζω sättigen; ἡ βρῶσις, εως das Essen, die Speise; ἀπολλύμενος, η, ον Part. Pr. von ἀπόλλυμαι zugrundegehen; σφραγίζω versiegeln, siegeln; πεινάσῃ von πεινάω; πώποτε jemals; ἑωράκατε (Pf.) ihr habt gesehen; ἀπολέσω, ἀναστήσω 1. S. Konj. Aor. Akt. vor. ἀπόλλυμι verlieren, ἀνίστημι auferwecken.
30. Apg. 6,1–6 (zu 35): ὁ γογγυσμός, οῦ das Murren; ὁ Ἑλληνιστής, οῦ der Hellenist; παραθεωρέω übersehen; καθημερινός, ή, όν täglich; ἐπισκέψασθε von ἐπισκέπτομα:; καταστήσομεν 1. Pl. Fut. Akt. von καθίστημι aufstellen; προσκαρτερέω festhalten an, sich eifrig beschäftigen mit; ἤρεσεν von ἀρέσκω; ὁ προσήλυτος, ου der Proselyt; ἔστησαν 3. Pl. Ind. Aor. Akt. von ἵστημι stellen, hinstellen; ἐπέθηκαν 3. Pl. Ind. Aor. Akt. von ἐπιτίθημι auflegen.
31. Joh. 7,45–52 (zu 36): ὁ ὑπηρέτης, ου der Diener; ἐπάρατος, ον verflucht; τὸ πρότερον (Adv.) früher; γνῶ 3. S. Konj. Aor. Akt. von γινώσκω; ἐραυνάω untersuchen, erforschen.
32. Mk. 3,31–35 (zu 37)
33. Joh. 4,19–26 (zu 37): οὔτε und nicht, οὔτε – οὔτε weder – noch; ὁ προσκυνητής, οῦ der Anbeter.
34. Mt. 9,1–8 (zu 37): ἐμβάς Part. Aor. Akt. Nom. S. m. von ἐμβαίνω; διαπεράω übersetzen, hinüberfahren; παραλυτικός, ή, όν gelähmt; ἡ κλίνη, ης die Bahre; βεβλημένος Part. Pf. Pass. von βάλλω; θαρσέω guten Mutes sein; ἡ ἐνθύμησις, εως der Gedanke; ἐνθυμέομαι überlegen, sinnen auf.

139

35. Mk. 3,20–30 (zu 38): καταβάντες Part. Aor. Akt. Nom. Pl. m. von καταβαίνω; μερίζω teilen, trennen; τὸ σκεῦος, ους das Gerät, Pl. die Habe; διαρπάζω ausplündern, rauben; τὸ ἁμάρτημα, ατος die Sünde; ἡ βλασφημία, ας die Lästerung; ἡ ἄφεσις, εως die Entlassung, die Vergebung; ἔνοχος, ον verfallen, schuldig.

36. Apg. 9,36–43 (zu 38): ἡ μαθήτρια, ας die Jüngerin; διερμηνεύω übersetzen; ἡ δορκάς, άδος die Gazelle; λούω waschen; τὸ ὑπερῷον, ου das Obergemach; ὀκνέω zaudern; ἐπιδεικνύμενος, η, ον Part. Pr. Med. von ἐπιδείκνυμι vorzeigen, Med. an sich vorzeigen; ἀνακαθίζω sich aufsetzen; ὁ βυρσεύς, έως der Gerber.

37. Joh. 5,1–9 (zu 39): ἡ προβατική (erg. πύλη), ῆς das Schaftor; ἡ κολυμβήθρα, ας der Teich; ἐπιλέγω (zu)benennen; ἑβραϊστί auf hebräisch oder aramäisch; ἡ στοά, ᾶς die Halle; ξηρός, ά, όν dürr, trocken; ausgezehrt; ἡ κίνησις, εως die Bewegung; ἡ ταραχή, ῆς die Störung, die Erregung; ὑγιής, ές gesund; δήποτε irgend(einmal); τὸ νόσημα, ατος die Krankheit; ἤδη schon.

38. Lk. 18,9–14 (zu 39): ὁ ἅρπαξ, αγος der Räuber; ὁ μοιχός, οῦ der Ehebrecher; ἀποδεκατόω verzehnten; ἐπαίρω aufheben; ἱλάσκομαι versöhnen, Pass. sich versöhnen lassen, gnädig sein; παρά c. acc. an – vorbei, entlang; neben, im Vergleich zu; mehr als; gegen.

39. Joh. 3,14–21 (zu 39): ὁ ὄφις, εως die Schlange; ἀπόληται 3. S. Konj. Aor. von ἀπόλλυμαι zugrundegehen.

40. 1. Kor. 15,12–19 (zu 40): ἐγήγερται Pf. Pass. von ἐγείρω; ὁ ψευδομάρτυς, υρος der falsche Zeuge, einer, der Falsches bezeugt; μάταιος, α, ον eitel, nichtig; ἐλεεινός, ή, όν bemitleidenswert.

41. Gal. 1,6–10 (zu 40); μετατίθημι umstellen, verändern, verwandeln; μεταστρέφω umkehren, verkehren; τὸ ἀνάθεμα, ατος der Fluch (= verflucht); προείρηκα Pf. Akt. zu προλέγω voraussagen.

42. Mt. 13,24–30 (zu 41); ἐπισπείρω dazusäen; τὸ ζιζάνιον, ου der Lolch, (Unkraut); ὁ σῖτος, ου der Weizen, das Getreide; βλαστάνω (Aor. ἐβλάστησα) treiben, sprossen; συλλέγω zusammenlesen; συναυξάνω zusammenwachsen; ὁ θερισμός, οῦ die Ernte; ὁ θεριστής, οῦ der Schnitter; ἡ δέσμη, ης das Bündel; ἡ ἀποθήκη, ης die Scheune.

43. Mt. 13,44–46 (zu 41): ἀγοράζω kaufen; ὁ ἔμπορος, ου der Kaufmann.

44. Joh. 20,11–18 (zu 41): παρακύπτω sich beugen; λευκός, ή, όν weiß (erg. ἱματίοις); ὁ κηπουρός, οῦ der Gärtner.

Alphabetisches Verzeichnis der griechischen Wörter

(Das Kreuz (†) verweist auf die Erklärungen zu den zusammenhängenden Stücken S. 135ff.).

ἀγαθόν	5	αἴτημα	40	ἀναβλέπω	13
ἀγαθοποιέω	40	αἰτία	15	ἀναγγέλλω	29
ἀγαθός	2	αἰών	29	ἀναγινώσκω	5
ἀγαλλιάομαι	18	αἰώνιος	12	ἀναγκάζω	41
ἀγαλλιάω	18	ἀκάθαρτος	28	ἀναγκαῖος	31
ἄγαμος	18	ἄκαρπος	20	ἀνάγκη	6
ἀγανακτέω	34	ἀκοή	13	ἀναδέχομαι	14
ἀγαπάω	18	ἀκολουθέω	23	ἀνάθεμα	41†
ἀγάπη	6	ἀκούω	4	ἀναιρέω	27
ἀγαπητός	19	ἀκροατής	8	ἀνακαθίζω	36†
ἄγγελος	2	ἀλαζονεία	30	ἀνακρίνω	27
ἀγενής	39	ἀλείφω	9	ἀναλαμβάνω	4
ἁγιάζω	28	ἀλέκτωρ	34	ἀναμάρτητος	16
ἁγιασμός	30	ἀλήθεια	7	ἀνάμνησις	35
ἅγιος	1	ἀληθής	39	ἀνάξιος	17†
ἄγνοια	38	ἀληθινός	1	ἀναπαύω	10
ἁγνός	5	ἀληθῶς	15	ἀναπέμπω	33
ἀγορά	36	ἀλλά	2	ἀναπίπτω	16
ἀγοράζω	43†	ἀλλάσσω	41	ἀνασείω	14
ἀγρός	9	ἀλλήλων	10	ἀνάστασις	32
ἄγω	4	ἄλλος	8	ἀναστροφή	9
ἀδελφή	14	ἅμα	33	ἀνατολή	13
ἀδελφός	4	ἁμαρτάνω	16	ἀνατρέφω	27
ἀδηλότης	28	ἁμάρτημα	35†	ἀναφαίνω	41
ἀδιαλείπτως	4	ἁμαρτία	7	ἀναφέρω	27
ἀδικία	19	ἁμαρτωλός	5	ἀνεκτός	32
ἄδικος	16	ἀμελέω	25	ἄνεμος	21
ἀεί	1	ἀμήν	11	ἀνεπίλημπτος	29
ἀθανασία	14	ἄμμος	15	ἀνέρχομαι	34
ἀθετέω	40	ἀμνός	35	ἀνήρ	25
ἀθλέω	38	ἄμπελος	5	ἀνθίσταμαι	38
αἷμα	39	ἀμπελών	29	ἀνθρωποκτόνος	6†
αἰνέω	19	ἀμφιέννυμι	40	ἄνθρωπος	1
αἱρέομαι	23	ἀμφότεροι	38	ἄνιπτος	35
αἴρω	9	ἄν (=ἐάν)	17, 40	ἀνίστημι	38
αἰσχύνη	15	ἀνά	39	ἀνόητος	29
αἰσχύνω	31	ἀνὰ μέσον	39	ἀνοίγω	26
αἰτέω	19	ἀναβαίνω	9	ἀνομία	37

141

ἀντίδικος	25†	ἀπολογέομαι	38	ἀσπάζομαι	4
ἀντιλαμβάνομαι	16	ἀπολογία	31	ἀσπασμός	15†
ἀντιλέγω	7	ἀπολούομαι	14	ἀσσάριον	41
ἀντιμετρέω	21	ἀπολύω	8	ἀστεῖος	36
ἀντλέω	37	ἀποστέλλω	4	ἀστήρ	25
ἄνυδρος	12	ἀπόστολος	1	ἀστραπή	5†
ἀνυπόκριτος	12	ἀποστρέφω	31	ἀσχημονέω	13†
ἄνω	15	ἀποτάσσω	41	ἀσωτία	15
ἄνωθεν	31	ἀποτίθημι	36	ἀτιμάζω	25
ἀνώτερον	39	ἀποτομία	28	ἀτιμία	7
ἄξιος	7	ἀποφέρω	27	ἄτιμος	28
ἀξιόω	20	ἅπτω	40	ἄτοπος	30
ἀόρατος	26	ἀπώλεια	39	αὐλή	16
ἀπαγγέλλω	8	ἆρα	36	αὐξάνω	9
ἀπάγω	6	ἄρα	15	αὔριον	39
ἅπαξ	39	ἀργός	28†	αὐτόματος	36
ἀπαρνέομαι	23	ἀργύριον	34	αὐτός	10
ἀπαρχή	23	ἄργυρος	26	εἰς τὸ αὐτό	16
ἅπας	30	ἀργυροῦς	20	ἐπὶ τὸ αὐτό	33
ἀπείθεια	22	ἀρέσκω	31	αὐτοῦ	17
ἀπειθέω	22	ἀρεστός	19	ἄφεσις	35†
ἄπειμι (-ιέναι)	39	ἀριθμέω	26	ἀφθαρσία	14
ἄπειμι (-εἶναι)	39	ἀριθμός	8	ἄφθαρτος	26
ἀπεκδέχομαι	4	ἀριστερός	39	ἀφίημι	37
ἀπέρχομαι	4	ἀρκετός	8	ἀφίστημι	38
ἀπέχομαι	29	ἀρνέομαι	33	ἄφρων	29
ἀπιστέω	40	ἀρνίον	32	ἄφωνος	40
ἀπιστία	39	ἁρπάζω	37	ἀχρεῖος	24
ἄπιστος	2, 12	ἅρπαξ	38†	ἄχρι(ς)	24, 34
ἁπλότης	28	ἄρρωστος	9		
ἀπό	2, 5	ἄρσην	27†	βαίνω	39
ἀπογίνομαι	27	ἄρτι	8	βάλλω	16
ἀποδεκατόω	38†	ἄρτος	1	βαπτίζω	10
ἀποδέχομαι	14	ἀρχαῖος	38	βάπτισμα	36
ἀποδημέω	35	ἀρχή	6	βαπτιστής	8
ἀποδίδωμι	35	ἀρχιερεύς	33	βάρβαρος	29
ἀποθήκη	42†	ἀρχισυνάγωγος	15	βάρος	28†
ἀποθησαυρίζω	30	ἀρχιτέκτων	36	βαρύς	15†
ἀποθνήσκω	6	ἀρχιτρίκλινος	14	βασιλεία	7
ἀποκαλύπτω	25	ἄρχομαι	14	βασιλεύς	33
ἀποκάλυψις	35	ἄρχω	14	βασιλεύω	7
ἀποκρίνομαι	30	ἄρχων	30	βασίλισσα	27
ἀποκτείνω	9	ἀσεβής	31	βαστάζω	11
ἀπολαμβάνω	4	ἀσθένεια	18	βιάζω	8
ἀπόλλυμαι	40	ἀσθενέω	24	βιβλίον	27
ἀπόλλυμι	40	ἀσθενής	31	βίβλος	5

143

δοκέω	19	εἱλόμην	23	ἐκχέω	22
δόκιμος	27	εἶμι	39	ἐκχωρέω	33
δοκός	5	εἰμί	11	ἐλαία	31
δόξα	7	εἴπερ	28	ἔλαιον	9
δοξάζω	4	εἶπον	16	ἐλαύνω	27
δορκάς	36†	εἰρήνη	6	ἐλέγχω	36
δουλ(ε)ία	23	εἰρηνοποιός	22	ἐλεεινός	40†
δουλεύω	2	εἰς	1	ἐλεέω	19
δοῦλος	1	εἷς	29	ἐλεημοσύνη	36
δουλόω	22	εἰσακούω	12	ἐλευθερία	32
δρόμος	20	εἴσειμι	39	ἐλεύθερος	29
δύναμαι	23, 38	εἰσέρχομαι	6	ἐλευθερόω	30
δύναμις	32	εἴσοδος	21	ἐλεύσομαι	12
δυνάστης	27	εἰσπορεύομαι	33	ἐλήλυθα	35
δυνατός	3	εἰσφέρω	4	ἕλκω	41
δύνω	41	εἶτα	18†	Ἕλλην	29
δύο	9	ἐκ	1	Ἑλληνιστής	11†
δυσβάστακτος	15†	ἕκαστος	4	ἐλπίζω	28
δύσκολος	14	ἑκατονταπλασίων	29	ἐλπίς	28
δυσμή	5†	ἐκβάλλω	3, 8	ἐμαυτοῦ	17
δωρεά	7	ἐκγελάομαι	18	ἐμβαίνω	39
δωρεάν	16	ἐκδέχομαι	16	ἐμμένω	25
δωρέω	33	ἐκδίδωμι	35	ἐμός	9, 11
δώρημα	20†	ἐκδικέω	25†	ἐμπαιγμονή	12
δῶρον	3	ἐκδίκησις	25†	ἐμπαίζω	39
		ἐκεῖ	12	ἐμπαίκτης	12
ἐάν	17, 40	ἐκεῖθεν	36	ἔμπορος	43†
ἑαυτοῦ	17	ἐκεῖνος	8	ἔμπροσθεν	22
ἐάω	41	ἐκζητέω	37	ἐν	1
ἑβραϊστί	37†	ἐκκλείω	20	ἔναντι	32
ἐγγίζω	14	ἐκκλησία	8	ἐνάρχομαι	28
ἐγγράφω	28	ἐκκολυμβάω	39	ἔνατος	9
ἐγγύς	12†	ἐκλέγομαι	14	ἐνδείκνυμι	40
ἐγγύτερον	13	ἐκλείπω	41	ἔνδικος	39
ἐγείρω	6	ἐκλεκτός	21	ἔνδοξος	31
ἐγκακέω	25†	ἐκμάσσω	26	ἐνδύω	14
ἐγκαταλείπω	31	ἐκπειράζω	34	ἕνεκα, ἕνεκεν	10
ἐγώ	11	ἐκπλέω	41	ἐνέργεια	14
ἔδραμον	17	ἐκπλήσσω	41	ἐνεργέω	32
ἔθνος	31	ἐκπορεύομαι	4	ἐνέργημα	32
ἔθος	31	ἐκριζόω	22	ἐνθυμέομαι	34†
εἰ	4, 23	ἔκστασις	35	ἐνθύμησις	34†
εἶδον	16	ἐκτενῶς	19	ἔνι (= ἔνεστιν)	29
εἴδωλον	10	ἐκτίθημι	36	ἐνιαυτός	26
εἰκῇ	40	ἐκτὸς εἰ μή	40	ἐνοικέω	40
εἰκών	27†	ἐκφέρω	23	ἔνοχος	35†

ἐφημερία	33	θαρσέω	34†	ἱμάς	30
ἔχθρα	38	θαῦμα	40	ἱμάτιον	20
ἐχθρός	4	θαυμάζω	3	ἵνα	17
ἔχω	2	θαυμαστός	3	ἰός	26
ἕως	7, 8	θεάομαι	18	ἱππεύς	34
		θέλημα	28	ἵππος	26
		θέλω	9	ἴσος	28†
ζάω	18	θεμέλιον	30	ἱστάνω	38
ζεστός	39	θεμέλιος	30	ἵστημι	38
ζῆλος	20	θεμελιόω	24	ἱστορέω	34
ζηλόω	20	θεομάχος	40	ἰσχυρός	1
ζηλωτής	40	Θεός	1	ἰσχύς	32
ζημιόω	41	θεραπεύω	5	ἰσχύω	9
ζητέω	19	θερισμός	42†	ἰχθύδιον	36
ζιζάνιον	42†	θεριστής	42†	ἰχθύς	32
ζυγός	32	θεωρέω	19	ἰῶτα	37
ζύμη	6	θεωρία	22†		
ζωή	6	θῆλυς	27†	καθάπερ	22
ζώννυμι	40	θηρίον	26	καθαρίζω	34
ζωννύω	23, 40	θησαυρίζω	17	καθέδρα	37
ζῷον	34	θησαυρός	2	καθέζομαι	37
ζῳοποιέω	40	θνητός	1	καθεύδω	10
		θορυβάζομαι	18	καθηγητής	15†
ἤ	6, 13	θόρυβος	14	κάθημαι	37
ἤγαγον	16	θρηνέω	41	καθημερινός	30†
ἡγεμονεύω	34	θρίξ	26	καθίζω	37
ἡγεμονία	34	θρόνος	29	καθιστάνω	33
ἡγεμών	33	θυγάτηρ	25	καθίστημι	38
ἡγέομαι	19	θύρα	18	καθότι	22
ἤδη	37†	θυσία	12	καθώς	13
ἡδονή	14†	θύω	14	καί	1
ἡδύς	33	θῶραξ	26	τί καί;	13
ἥκω	1			καινός	14
ἦλθον	16	ἴαμα	32	καιρός	11
ἥλιος	25	ἰάομαι	18	Καῖσαρ	25
ἧλος	18†	ἰατρός	30	καίω	35
ἡμεῖς	11	ἰδέα	27†	κακοπαθέω	41
ἡμέρα	7	ἴδιος	4	κακοποιέω	40
ἡμέτερος	11	ἰδού	10	κακός	4
ἤνεγκον	23	ἱερεύς	33	κακοῦργος	41
ἡττάομαι	24	ἱερόν	3	κακόω	40
		ἱερός	5	κάλαμος	40
θάλασσα	7	ἵημι	37	καλέω	19
θάνατος	11	ἱκανός	20	καλός	3
θανατόω	21†	ἱλάσκομαι	38†	κάμηλος	26
θάπτω	27	ἱλασμός	11	κάμπτω	34

καρδία	12	κινέω	39	κυριακός	16
καρπός	3	κίνησις	37†	κυριεύω	21
κατά	3, 12	κλάδος	40	κύριος	1
καταβαίνω	5	κλαίω	17	κωλύω	21·
καταγγέλλω	13	κλάω	35	κώμη	10
καταγινώσκω	19	κλείς	41	κωφός	13
καταδικάζω	27	κλείω	41		
καταδιώκω	33	κληρονομέω	30	λαῖλαψ	27
καταισχύνω	31	κληρονόμος	21	λαλέω	19
κατακαίω	41	κλῆσις	24†	λαμβάνω	7, 13, 16
κατακαλύπτω	6	κλίβανος	40	λανθάνω	41
κατάκειμαι	36	κλίνη	34†	λαός	9
κατακλείω	36	κλίνω	14	λατρεία	15
κατακλυσμός	34	κοιλία	15	λατρεύω	12
κατάκριμα	20†	κοιμάω	39	λέγω	2
καταλείπω	27	κοινόω	20	λείπω	41
καταλύω	25	κοινωνία	22	λευκός	44†
καταμαρτυρέω	21	κόκκινον	24	λέων	30
κατάπαυσις	40	κολλάομαι	11†	λῃστής	20
καταπαύω	34	κολοβόω	21	λίθος	3
καταπίπτω	27	κόλπος	27	λιμός	41
κατάρα	21	κολυμβήθρα	37†	λίτρα	19†
καταράομαι	18	κομψός	23	λογίζομαι	13
καταργέω	37	κόπος	25†	λόγιον	22
καταφρονέω	29	κόπτω	40	λόγος	1
κατεργάζομαι	15	κόραξ	27	λοιπός	17
κατέρχομαι	41	κόσμος	4	λούω	36†
κατέχω	17	κράβαττος	23	λύκος	4
κατιόομαι	26	κράζω	30	λυπέω	22
κατοικέω	31	κράσπεδον	15†	λύπη	6
κάτω	15	κραταιός	25	λυχνία	20
καυσόω	21	κραταιόω	20	λύχνος	40
καυσών	28†	κρατέω	25	λύω	6
καυχάομαι	18	κραυγάζω	33		
κελεύω	6	κρίθινος	36	μαγεία	38
κενός	27	κρίμα	36	μαγεύω	32
κενόω	23	κρίνω	13	μάγος	3
κεραία	23	κρίσις	32	μαθητής	8
κερδαίνω	31	κριτήριον	17†	μαθήτρια	36†
κεφαλή	6	κριτής	8	μακάριος	3
κῆνσος	35	κρυπτός	12†	μακρόθεν	32
κηπουρός	44†	κρύπτω	27	μακροθυμέω	13†
κήρυγμα	24†	κτάομαι	41	μακροθυμία	19
κῆρυξ	26	κτίσις	32	μακρός	31
κηρύσσω	6	κύκλος	34	μαλακία	30
κίνδυνος	1	κυνάριον	16	μαλακός	40

147

μάλιστα	33	μηκέτι	27	νομικός	34
μᾶλλον	18	μήν	29	νόμιμος	18
μαμωνᾶς	18	μήτηρ	25	νομοθεσία	15
μανθάνω	16	μήτιγε	17†	νόμος	3
μάννα	25	μιαίνω	7	νόσημα	37†
μαργαρίτης	24	μικρός	19	νόσος	5
μαρτυρέω	24	μιμνῄσκομαι	38	νοῦς	20
μαρτυρία	15	μισέω	19	νυμφίος	37
μαρτύριον	21	μισθόομαι	28†	νυμφών	37
μάρτυς	25	μισθός	4	νῦν	6
μαστιγόω	33	μισθωτός	9	νυνί	24
μάστιξ	26	μνᾶ	18	νύξ	34
μάταιος	40†	μνεία	35		
μάχαιρα	16	μνημεῖον	15	ξενίζω	41
μάχη	14†	μνημονεύω	23	ξένος	16
μάχομαι	14†	μνημόσινον	21	ξηραίνω	24
μεγαλύνω	1	μοιχός	38†	ξηρός	37†
μεγαλωσύνη	25	μόλις	41	ξύλον	16
μέγας	32	μονή	25		
μεθύσκομαι	15	μονογενής	31	ὁ μέν – ὁ δέ	8
μέλλω	7	μόνον	13	ὅδε	14
μέλος	31	μόνος	10	ὁδεύω	9
μέν	8	μονόφθαλμος	23	ὁδός	5
μένω	1	μυριάς	34	ὁδούς	30
μερίζω	35†	μύρον	9	ὅθεν	13
μεριμνάω	18	μυστήριον	32	οἶδα	37
μέρος	39	μώλωψ	27	οἰκέτης	34
μέσον	4, 39	μωραίνω	24†	οἰκέω	26
μετά	11, 14	μωρία	7	οἰκία	28
μεταβαίνω	39	μωρός	12	οἰκιακός	21
μεταδίδωμι	35			οἰκοδεσπότης	21
μεταλαμβάνω	7	ναί	23, 36	οἰκοδομέω	21
μεταμέλομαι	33	ναός	20	οἰκοδομή	21
μετανοέω	34	νάρδος	19†	οἰκονόμος	19
μετάνοια	22	νεανίας	8	οἶκος	4
μεταπέμπομαι	14	νεανίσκος	24	οἰκουμένη	31
μεταστρέφω	41†	νεκρός	9	οἰκτιρμός	26
μετασχηματίζω	40	νέος	23	οἰκτίρμων	29
μετατίθημι	41†	νεότης	37	οἰκτίρω	9
μετέχω	7	νεφέλη	12	οἶνος	9
μετρέω	21	νήπιος	19	οἷος	21
μέτρον	21	νῆσος	5	οἴχομαι	22
μέτωπον	38	νηστεύω	11	ὀκνέω	36†
μή, μήτι	2, 21, 36	νικάω	18	ὀλιγόπιστος	40
μηδέ	18	νίπτω	27	ὀλίγος	13
μηδείς	6, 29	νομίζω	37	ὅλος	9

περισσός	17	πολλάκις	5	προσκυνέω		30
περιτέμνω	34	πολλοί	3	προσκυνητής		33†
περίχωρος	10	πολύς	32	προσλαμβάνω		22
περπερεύομαι	13†	πολύτιμος	19†	προσμένω		41
πέτρα	24	πονηρεύομαι	17	προσπίπτω		41
πηγή	12	πονηρόν	4	προστάσσω		39
πηλός	27	πονηρός	4	προστίθημι		36
πίμπλημι	38	πορεύομαι	4	προσφέρω		3
πίνω	17	πορφυροῦς	20	προσωπολήμπτης		31
πιπράσκω	40	πόσος	21	πρόσωπον	10,	13
πίπτω	23	ποταμός	10	προτείνω		30
πιστεύω	1, 12	ποταπός	21	πρότερον	33,	36†
πιστικός	19†	πότε	12	προτίθημι		36
πίστις	32	ποτέ	9	προϋπάρχω		32
πιστός	1	πότερον – ἤ	36	προφέρω		2†
πλανάω	18	ποτήριον	25	προφητεία		30
πλάνη	14	ποῦ	36	προφητεύω		13
πλατύνω	15†	πούς	28	προφήτης		8
πλευρά	25, 18†	πρᾶγμα	17†	πρωΐ		28†
πλέω	41	πραιτώριον	22	πρωτοκαθεδρία		15†
πλῆθος	31	πρᾶξις	35	πρωτοκλισία		15†
πληθύνω	8	πράσσω	13, 40	πρῶτον		8
πλήν	12, 17	πραΰς	32	πρῶτος		5
πλήρης	31	πρεσβυτέριον	16†	πτέρυξ		26
πληρόω	20	πρεσβύτερος	5	πτωχός		11
πλησίον	32	πρίν	27	πυκνός		18
πλήσσω	41	πρό	11	πύλη		6
πλοῖον	7	προβατική	37†	πυνθάνομαι		23
πλούσιος	14	πρόβατον	4	πῦρ		25
πλουτέω	30	προγράφω	27	πύργος		34
πλοῦτος	28	πρόθυμος	31	πυρόω		21
πνεῦμα	28	προΐσταμαι	38	πωλέω		41
πνευματικός	7	προκόπτω	9	πώποτε		29†
πνέω	41	προλαμβάνω	16	πῶς		10
πόθεν	10	προλέγω	41†	πώς		21
ποιέω	19	προμεριμνάω	35			
ποιητής	8	πρός	4	ῥάπισμα		35
ποικίλος	37	προσαναβαίνω	39	ῥῆμα		28
ποιμαίνω	26†	προσδοκάω	21	ῥίζα		11
ποιμήν	29	προσέρχομαι	13	ῥύομαι		14
ποίμνη	29	προσευχή	9			
ποῖος	21	προσεύχομαι	4	σάββατον		13
πολεμέω	14†	προσέχω	6	σαγήνη		32
πόλεμος	15	προσήλυτος	30†	σαλεύω	24,	26
πόλις	32	προσκαλέομαι	19	σάλπιγξ		26
πολιτεύομαι	13	προσκαρτερέω	30†	σαλπίζω		34

σαρκικός	29	στοιχεῖον	21	συνιστάω	38
σάρξ	26	στόμα	28	συνίστημι	38
σατανᾶς	18	στόμαχος	18	συνίω	37
σεαυτοῦ	17	στρατεύομαι	29	συντελέω	25
σεισμός	32	στρατιώτης	16	σύντροφος	8
σελήνη	25	στρέφω	27	συσταυρόω	24
σεληνιάζομαι	13	στρουθίον	41	σφαγή	27
σημεῖον	9	στρώννυμι	40	σφάζω	32
σήμερον	11	στρωννύω	40	σφόδρα	23
σιδηροῦς	26	στῦλος	32	σφραγίζω	29†
σῖτος	42†	σύ	7	σφραγίς	34
σιωπάω	19	συγκληρονόμος	21†	σχίζω	41
σκανδαλίζω	23	συγχαίρω	13†	σχίσμα	29
σκάνδαλον	24†	συζητέω	11†	σῴζω	1
σκεῦος	35†	συζητητής	24†	σῶμα	28
σκηνή	39	συκῆ	18	σωτήρ	25
σκηνοπηγία	12†	συλλέγω	42†	σωτηρία	13
σκηνοποιός	10	συμβασιλεύω	12	σωτήριον	14
σκηνόω	31	συμβούλιον	17		
σκιά	22	συμμαθητής	17	ταμεῖον	17
σκοτία	29	συμμαρτυρέω	21†	ταπεινός	32
σκοτίζω	41	συμπαραγίνομαι	22†	ταπεινόω	25
σκότος	34	συμπάσχω	21†	ταράσσω	26
σκυθρωπός	8	συμπληρόω	35	ταραχή	37†
σκύλλω	20	συμπορεύομαι	10	τάραχος	16
σός	11	συμφέρω	17	τάσσω	26
σουδάριον	18	συμφωνέω	28†	τάχος	33, 25†
σοφία	7	σύν	11	ταχύς	32
σοφός	19	συνάγω	5	τέ	8
σπείρω	32	συναγωγή	5	τέ καί	5
σπέρμα	41	συνακολουθέω	22†	τεκνίον	17
σπερμολόγος	27	συνανάκειμαι	36	τέκνον	3
σπεύδω	40	συναυξάνω	42†	τέκτων	30
σπλάγχνον	24	συνδοξάζω	21†	τελειόω	24
σταυρός	9	σύνδουλος	35	τελευτάω	25
σταυρόω	20	συνέδριον	10	τελευτή	28
στέγη	20	συνείδησις	32	τελέω	24
στέγω	13†	σύνειμι (-ιέναι)	39	τέλος	31
στενάζω	17	συνέρχομαι	31	τελώνης	36
στενός	6	σύνεσις	40	τέρας	35
στέφανος	26	συνετός	40	τετρ(α)αρχέω	34
στεφανόω	24	συνευδοκέω	37	τετρ(α)άρχης	8
στῆθος	22†	συνέχω	30	τέχνη	10
στήκω	38	συνζητέω	11†	τηλικοῦτος	28
στηρίζω	29	συνίημι	37	τρέω	19
στοά	37†	συνιστάνω	38	τί	2

τί καί;	13	ὑπό	4, 24	φυλάσσω	2
τὶ	15	ὑποδέχομαι	14	φυλή	30
τίθημι	36	ὑπόδημα	28	φυσιόω	13†
τίκτω	34	ὑποκάτω	18	φύσις	39
τιμάω	10†	ὑποκριτής	8	φυτεύω	13
τιμή	7	ὑπομένω	12	φύω	41
τίμιος	23	ὑπομονή	7	φωνέω	24
τίς	5	ὑπονοέω	20	φωνή	9
τὶς	15	ὑποστρέφω	14	φῶς	28
τοιοῦτος	21	ὑποτάσσω	8		
τόκος	40	ὑπωπιάζω	25†	χαίρω	11
τολμάω	17†	ὑστερέω	24	χαρά	10
τόπος	9	ὕστερον	33	χαρήσομαι	12
τοσοῦτος	21	ὕψιστος	20	χαρίζομαι	41
τότε	8	ὑψόω	21	χάριν	37
τράπεζα	7			χάρις	28
τρέπω	27	φάγομαι	16	χάρισμα	28
τρέφω	27	φαίνω	41	χαριτόω	24
τρέχω	17	φανερός	25	χείρ	25
τρόμος	28	φανερόω	22	χήρα	41
τρόπος	35	Φαρισαῖος	2	χιλίαρχος	8
τροφή	33	φαῦλος	32	χιλιάς	34
τυγχάνω	40	φέρω	3	χιτών	35
τύπος	3	φημί	39	χοϊκός	21
τύπτω	22†	φθάνω	41	χορτάζω	29†
τυφλός	13	φθαρτός	14	χόρτος	40
		φθείρω	23	χράομαι	18
ὑγιαίνω	9	φθορά	27	χρεία	25
ὑγιής	37†	φιλέω	24	χρηστεύομαι	13†
ὕδωρ	28	φίλημα	35	χρηστός	14
υἱοθεσία	15	φιλονεικία	34	χρηστότης	28
υἱός	3	φιλοξενία	41	χρόνος	21
ὑμεῖς	6, 11	φίλος	2	χρυσίον	24
ὑμέτερος	11	φιμόω	24	χρυσός	26
ὑπάγω	18	φοβέομαι	19	χρυσοῦς	20
ὑπακοή	38	φόβος	13	χρυσόω	24
ὑπακούω	15	φονεύω	12	χωλός	36
ὑπαντάω	24	φορέω	40	χώρα	12
ὑπάρχω	23	φορτίον	15†	χωρίζω	24
ὑπέρ	9, 10	φραγμός	5	χωρίς	24
ὑπερβολή	40	φρονέω	19		
ὑπερλίαν	24	φρόνημα	38	ψάλλω	2
ὑπεροράω	38	φρόνιμος	12	ψευδομάρτυς	40†
ὑπερῷον	36†	φυγαδευτήριον	32	ψευδοπροφήτης	35
ὑπηρετέω	25	φυλακή	7	ψευδόχριστος	35
ὑπηρέτης	31†	φυλακτήριον	15†	ψεύδω	35

152

ψεύστης	14	ὦμος	15†	ὥσπερ	19
ψυχή	11	ὥρα	7	ὥστε	16
ψυχρός	39	ὡραῖος	36	ὠφελέω	24, 25
ψωμίζω	35	ὡς	3	ὠφέλιμος	30
		ὡσαύτως	33		
ὧδε	11, 14	ὡσεί	36		

Alphabetisches Verzeichnis der deutschen Wörter

aber	2, 8, 17	Berg	31	eigen			4
absenden	4, 23	berufen	19	einander			10
abwenden	14, 31	besiegen	18	der eine – der			
alle	30	beten	4	andere			8
allein	19	bevor	27	einer			29
allzeit	1, 11	bewundern	3	eingehen			16
als (Konj.)	12	binden	24	einmal		9,	39
als (beim Komp.)	13	Bischof	3	einschreiben			27
ein anderer	8	bleiben	1	einsetzen			38
annehmen	4, 14, 16	blind	13	einziggeboren			31
sich annehmen	16	böse	4	Eltern			33
anrufen	21	Bote	2	empfangen		7,	16
antworten	30	Botschaft (frohe)	3	Ende		8,	31
anziehen	14, 16	Bräutigam	37	eng			6
Apostel	1	Brief	6	Engel			2
arbeiten	4	bringen	4	sich erbarmen			19
arm	11	Brot	1	Erde			7
Art	31, 35	Bruder	4	erfüllen		20,	30
aufbauen	36	Buch	5, 27	erhöhen			21
aufbewahren	19			erkennen		2,	37
Auferstehung	32	Christ	1	erlangen	7, 16, 40,		41
auferwecken	6, 38			erlauben			27
auffordern	6, 28	daher	16	erlaubt sein			13
auflösen	6	damit	17	Erlöser			25
aufnehmen	4, 14	Dank sagen	19	ermahnen			19
aufziehen	27	Danksagung	7	erretten		1,	14
Auge	5	darbringen	3	der erste			5
aus	1	dein	11	erwarten		4,	21
auserwählen	14	denn	6, 15	erzählen			31
ausziehen (=hinaus-		Diakon	1	Evangelium			3
gehen)	4, 12, 39	dienen	2, 12, 22	ewig			12
		Diener	1	Ewigkeit			29
barmherzig	26	dieser	15				
Baum	3, 16	doppelt	20	Feigenbaum			18
befreien	30	Dorf	10	Feind			4
beginnen	14	durchziehen	9	Feld			9
begraben	27			finden			5
behüten	2, 19	edel	31	Fisch			32
bei	4	Ehre	7	flehen			4
beobachten	19, 29	ehren	4	Fleisch			26

Verzeichnis der Eigennamen

'Ααρών (indekl.)   Aaron
'Αβιά (indekl.)   Abia
'Αβιληνή, ῆς f.   Abilene
'Αβιμέλεχ (indekl.) Abimelech
'Αβραάμ (indekl.)   Abraham
'Αγρίππας, α m.   Agrippa
'Αθῆναι, ῶν f.   Athen
'Αθηναῖος, α, ον   athenisch
ὁ 'Αθηναῖος, ου   der Athener
Αἰγύπτιος, α, ον   ägyptisch
ὁ Αἰγύπτιος, ου   der Ägypter
Αἴγυπτος, ου f.   Ägypten
ὁ Αἰθίοψ, οπος   der Äthiopier
'Ακύλας,Akk.-αν m. Aquila
'Ανανίας, ου m.   Ananias
"Αννας, α m.   Annas, Hannas
'Αντιόχεια, ας f.   Antiochia
'Απολλῶς, ῶ m.   Apollos
'Ασία, ας f.   Asien (die römi-
                 sche Provinz)
'Αχαΐα, ας f.   Achaia (die rö-
                 mische Prov.)

Βαβυλών, ῶνος f.   Babylon
Βαλαάμ (indekl.)   Balaam, Bileam
Βαραββᾶς, ᾶ m.   Barabbas
Βαρναββᾶς, ᾶ m.   Barnabas
Βεεζεβούλ (indekl.) Beezebul
Βέροια, ας f.   Beröa
Βηθανία, ας f.   Bethanien
Βηθλέεμ (indekl.)   Bethlehem
Βιθυνία, ας f.   Bithynien
Βίτων, ωνος m.   Biton

Γαβριήλ (indekl.)   Gabriel
ὁ Γαλάτης, ου   der Galater
Γαλιλαία, ας f.   Galiläa
Γαλιλαῖος, α, ον   galiläisch
ὁ Γαλιλαῖος, ου   der Galiläer
Γόμορρα, ων n.   Gomorrha
   Γόμορρα, ας f.

Δαμασκός, οῦ f.   Damaskus
Δαυίδ, Δαυείδ (in- David
   dekl.)
Δημήτριος, ου m.   Demetrius
Δίδυμος, ου m.   Didymus (Zwil-
                 ling)
Δρούσιλλα, ης f.   Drusilla

'Εδέμ (indekl.)   Edem, Eden
'Ελισάβετ (indekl.) Elisabeth
ὁ "Ελλην, ηνος   der Grieche
'Ελύμας, α m.   Elymas
'Εμμαοῦς f.   Emmaus
Εὐοδία, ας f.   Evodia
"Εφεσος, ου f.   Ephesus
"Εφηβος, ου m.   Ephebus

Ζακχαῖος, ου m.   Zachäus
Ζαχαρίας, ου m.   Zacharias

'Ηλίας, ου m.   Elias
'Ηρώδης, ου m.   Herodes
'Ηρωδιάς, άδος f.   Herodias
'Ησαΐας, ου m.   Isaias, Jesaja

Θεσσαλονίκη, ης f. Thessalonich
Θυάτ(ε)ιρα, ωε n.   Thyatira
Θωμᾶς, ᾶ m.   Thomas

'Ιακώβ (indekl.)   Jakob
'Ιάκωβος, ου m.   Jakobus
'Ιερεμίας, ου m.   Jeremias
'Ιεριχώ (indekl.)   Jericho
'Ιεροσόλυμα, ης f.   Jerusalem
   ων n.
   'Ιερουσαλήμ (in-
   dekl.)
'Ικόνιον, ου n.   Ikonium
'Ιορδάνης, ου m.   Jordan
'Ιουδαία, ας f.   Judäa
'Ιουδαῖος, α, ον   jüdisch

ὁ Ἰουδαῖος, ου   der Jude
ὁ Ἰουδαϊσμός, ου   das Judentum
Ἰούδας, α m.   Judas
Ἰσαάκ (indekl.)   Isaak
Ἰσκαριώτης, ου m.   Iskariot (aus
   Ἰσκαριώθ (in-   Keriot stam-
   dekl.)   mend?)
Ἰσραήλ (indekl.)   Israel
Ἰτουραία, ας f.   Ituräa
Ἰωάννης, ου m.   Johannes
Ἰωήλ (indekl.)   Joel
Ἰωνᾶς, ᾶ m.   Jonas
Ἰωσῆς, ῆτος (ῆ) m. Joses
Ἰωσήφ (indekl.)   Joseph

Καϊάφας, α m.   Kaiphas
Κάϊν (indekl.)   Kain
Καῖσαρ, αρος m.   Caesar, der
      Kaiser
Καισάρεια, ας f.   Caesarea
Κανᾶ Κανά (in-   Kana
   dekl.)
Κανδάκη, ης f.   Kandake
Καφαρναούμ (in-   Kapharnaum,
   dekl.)   Kapernaum
Κηφᾶς, ᾶ m.   Kephas
Κιλικία, ας f.   Cilicien
Κλαύδιος, ου m.   Klaudius
ὁ Κορίνθιος, ου   der Korinther
Κόρινθος, ου f.   Korinth
Κύπρος, ου f.   Cypern
ὁ Κυρηναῖος, ου   der Cyrenäer

Λάζαρος, ου m.   Lazarus
ὁ Λευίτης, ου   der Levit
ὁ Λιβερτῖνος, ου   der Libertiner
Λουκᾶς, ᾶ m.   Lukas
Λούκιος, ου m.   Lucius
Λυσανίας, ου m.   Lysanias
Λυσίας, ου m.   Lysias
Λύστρα (Akk. -αν,   Lystra
   Dat. -οις)

Μαγδαληνή, ῆς f.   Magdalene (von
      Magdale
      stammend)

Μακεδονία, ας f.   Mazedonien
Μαναήν(indekl.)m. Manaen
Μάρθα, ας f.   Martha
Μαρία, ας f.   Maria
   Μαριάμ (indekl.)
Μᾶρκος, ου m.   Markus
Μεσοποταμία, ας f. Mesopotamien
Μεσσίας, ου m.   der Messias
Μυσία, ας f.   Mysien
Μωϋσῆς, έως, εῖ u. Moses
   ῆ (ῃ), έα u. ῆν, ῆ

Ναζαρέθ (indekl.)   Nazareth
   Ναζαρέτ (indekl.)
ὁ Ναζαρηνός, οῦ   der Nazarener
ὁ Ναζωραῖος, ου   der Nazoräer
      (=Nazarener?)
Ναθαναήλ (indekl.) Nathanael
Νικόδημος, ου m.   Nikodemus
ὁ Νικολαΐτης, ου   der Nikolait
ὁ Νινευίτης, ου   der Ninivit
Νῶε (indekl.)   Noe, Noah

Ὀνήσιμος, ου m.   Onesimus
Ὀνησίφορος, ου m. Onesiphorus
Οὐαλέριος, ου m.   Valerius

Παῦλος, ου m.   Paulus
Πέτρος, ου m.   Petrus
Πιλᾶτος, ου m.   Pilatus
Πόντιος, ου m.   Pontius
Πόπλιος, ου m.   Publius
Πρίσκα, ης f.   Prisca
Πρίσκιλλα, ης f.   Priscilla

Ῥωμαῖος, α, ον   römisch
ὁ Ῥωμαῖος, ου   der Römer
Ῥώμη, ης f.   Rom

ὁ Σαδδουκαῖος, ου der Sadduzäer
Σαμάρεια, ας f.   Samaria
ὁ Σαμαρίτης, ου   der Samariter
Σαούλ (indekl.) m. Saul
Σάρρα, ας f.   Sara
Σαῦλος, ου m.   Saulus
Σέργιος, ου m.   Sergius

159

Σιδών, ῶνος f.	Sidon	Τιμόθεος, ου m.	Timotheus
Σίλας, α m.	Silas	Τίτος, ου m.	Titus
Σιλᾶς, ᾶ m.		Τραχωνῖτις, ιδος f.	Trachonitis
Σιλουανός, οῦ m.	Silvanus	Τύρος, ου f.	Tyrus
Σιλωάμ (indekl.)	Siloam,	Τυχικός, οῦ m.	Tychicus
	Schiloach		
Σίμων, ωνος m.	Simon	Φαραώ (indekl.)	Pharao
Σιών (indekl.)	Sion	ὁ Φαρισαῖος, ου	der Pharisäer
Σμύρνα, ης f.	Smyrna	Φῆλιξ, ικος m.	Felix
Σόδομα, ων n.	Sodoma	Φῆστος, ου m.	Festus
Στέφανος, ου m.	Stephanus	ὁ Φιλιππήσιος, ου	der Philipper
Συμεών (indekl.)	Symeon	Φίλιππος, ου m.	Philippus
Συντύχη, ης f.	Syntyche	Φορτουνᾶτος, ου m.	Fortunatus
Συρία, ας f.	Syrien		
		Χαναναῖος, α, ον	kananäisch
Ταρσός, οῦ f.	Tarsus	ὁ Χριστιανός, οῦ	der Christ
Τιβέριος, ου m.	Tiberius	Χριστός, οῦ m.	Christus

160

Stichwortverzeichnis zu den Regeln der einzelnen Übungsstücke

Die Zahl vor dem Doppelpunkt gibt die Nummer des Übungsstücks an.

Beispiele zur Formenlehre

1. Das griechische Alphabet

Zeichen groß	klein	Laut	Name	Zeichen groß	klein	Laut	Name
A	α	a	Alpha	N	ν	n	Ny	Nῦ
B	β	b	Beta	Ξ	ξ	x	Xi	Ξεῖ Ξῖ
Γ	γ	g	Gamma	O	o	ŏ	Omīkron	Ὃ μῑκρόν
Δ	δ	d	Delta	Π	π	p	Pi	Πεῖ Πῖ
E	ε	ĕ	Epsīlon	P	ρ	r	Rho	Ῥῶ
Z	ζ	z	Zēta	Σ	σ ς	s	Sigma	Σῑγμα
H	η	ē, ä	Eta	T	τ	t	Tau	Ταῦ
Θ	ϑ	th	Thēta	Υ	υ	y, ü	Ypsilon	Ὗ ψῑλόν
I	ι	i	Jōta	Φ	φ	ph	Phi	Φεῖ Φῖ
K	ϰ	k	Kappa	X	χ	ch	Chi	Χεῖ Χῖ
Λ	λ	l	Lambda	Ψ	ψ	ps	Psi	Ψεῖ Ψῖ
M	μ	m	My	Ω	ω	ō	Omega	Ὦ μέγα

2. Die Einteilung der Konsonanten

Laut-Eigenschaften	Lautstufe	Gutturale Kehllaute K-Laute	Labiale Lippenlaute P-Laute	Dentale Zahnlaute T-Laute
mutae, stumme oder explosivae, momentane Laute	tenues, harte	ϰ	π	τ
	mediae, weiche	γ	β	δ
	aspiratae, gehauchte	χ	φ	ϑ
semivocales, tönende oder continuae, Dauerlaute	liquidae, flüssige	λ	ρ	
	nasales, nasalierte	γ vor ϰ, γ, χ = ng	μ	ν
	spirantes, hauchende	(j)	(Ϝ) = w	σ

3. Der Artikel

Singular	masc.	fem.	neutr.	Plural	masc.	fem.	neutr.
Nom.	ὁ	ἡ	τό	Nom.	οἱ	αἱ	τά
Gen.	τοῦ	τῆς	τοῦ	Gen.	τῶν	τῶν	τῶν
Dat.	τῷ	τῇ	τῷ	Dat.	τοῖς	ταῖς	τοῖς
Akk.	τόν	τήν	τό	Akk.	τούς	τάς	τά

4. Erste oder A-Deklination

(handwritten annotation)

	1) ἡ οἰκία das Haus	2) ἡ χώρα das Land	3) ἡ δόξα der Glanz	4) ἡ θάλασσα das Meer	5) ἡ γραφή die Schrift
Stamm	οἰκιᾱ-	χωρᾱ-	δοξᾰ-	θαλασσᾰ-	γραφᾱ-
Sing. Nom. Vok.	οἰκίᾱ	χώρᾱ	δόξα	θάλασσα	γραφή
Gen.	οἰκίᾱς	χώρᾱς	δόξης	θαλάσσης	γραφῆς
Dat.	οἰκίᾳ	χώρᾳ	δόξῃ	θαλάσσῃ	γραφῇ
Akk.	οἰκίᾱν	χώρᾱν	δόξαν	θάλασσαν	γραφήν
Plur. Nom. Vok.	οἰκίαι	χῶραι	δόξαι	θάλασσαι	γραφαί
Gen.	οἰκιῶν	χωρῶν	δοξῶν	θαλασσῶν	γραφῶν
Dat.	οἰκίαις	χώραις	δόξαις	θαλάσσαις	γραφαῖς
Akk.	οἰκίᾱς	χώρᾱς	δόξᾱς	θαλάσσᾱς	γραφᾱς

5. Masculina auf -ας und -ης

	1) ὁ νεανίας d. Jüngling	2) ὁ δεσπότης der Herr
Stamm	νεᾱνιᾱ-	δεσποτᾱ-
Sing. N.	νεανίᾱς	δεσπότης
G.	νεανίου	δεσπότου
D.	νεανίᾳ	δεσπότῃ
A.	νεανίᾱν	δεσπότην
V.	νεανίᾱ	δέσποτα
Plur. N.	νεανίαι	δεσπόται
G.	νεανιῶν	δεσποτῶν
D.	νεανίαις	δεσπόταις
A.	νεανίᾱς	δεσπότᾱς
V.	νεανίαι	δεσπόται

6. Contracta der A-Deklination

	1) ἡ μνᾶ die Mine	2) ἡ γῆ die Erde
Stamm	μναα- μνᾱ-	γεα- γη-
Sing. N.	μνᾶ	γῆ
G.	μνᾶς	γῆς
D.	μνᾷ	γῇ
A.	μνᾶν	γῆν
V.	μνᾶ	γῆ
Plur. N.	μναῖ	
G.	μνῶν	
D.	μναῖς	
A.	μνᾶς	
V.	μναῖ	

7. Zweite oder O-Deklination

	1) ὁ λόγος das Wort	2) ὁ δοῦλος der Sklave	3) ὁ ἄνθρωπος der Mensch	4) ἡ ὁδός der Weg	5) τὸ δῶρον die Gabe
Stamm	λογο-	δουλο-	ἀνθρωπο-	ὁδο-	δωρο-
Sing. N.	λόγος	δοῦλος	ἄνθρωπος	ὁδός	δῶρον
G.	λόγου	δούλου	ἀνθρώπου	ὁδοῦ	δώρου
D.	λόγῳ	δούλῳ	ἀνθρώπῳ	ὁδῷ	δώρῳ
A.	λόγον	δοῦλον	ἄνθρωπον	ὁδόν	δῶρον
V.	λόγε	δοῦλε	ἄνθρωπε	ὁδέ	δῶρον
Plur. N. V.	λόγοι	δοῦλοι	ἄνθρωποι	ὁδοί	δῶρα
G.	λόγων	δούλων	ἀνθρώπων	ὁδῶν	δώρων
D.	λόγοις	δούλοις	ἀνθρώποις	ὁδοῖς	δώροις
A.	λόγους	δούλους	ἀνθρώπους	ὁδούς	δῶρα

8. Adjektive der ersten und zweiten Deklination

	1) καλός, ή, όν gut			2) ἅγιος, ία, ιον heilig		
Stamm	καλο-	καλᾱ-	καλο-	ἁγιc-	ἁγιᾱ-	ἁγιο-
Sing. N.	καλός	καλή	καλόν	ἅγιος	ἁγίᾱ	ἅγιον
G.	καλοῦ	καλῆς	καλοῦ	ἁγίου	ἁγίας	ἁγίου
D.	καλῷ	καλῇ	καλῷ	ἁγίῳ	ἁγίᾳ	ἁγίῳ
A.	καλόν	καλήν	καλόν	ἅγιον	ἁγίᾱν	ἅγιον
V.	καλέ	καλή	καλόν	ἅγιε	ἁγίᾱ	ἅγιον
Plur. N.V.	καλοί	καλαί	καλά	ἅγιοι	ἅγιαι	ἅγια
G.	καλῶν	καλῶν	καλῶν	ἁγίων	ἁγίων	ἁγίων
D.	καλοῖς	καλαῖς	καλοῖς	ἁγίοις	ἁγίαις	ἁγίοις
A.	καλούς	καλᾱ́ς	καλά	ἁγίους	ἁγίᾱς	ἅγια

9. Contracta der O-Deklination

	1) ὁ νοῦς der Sinn		2) τὸ ὀστοῦν der Knochen		3) εὔνους, εὔνουν wohlgesinnt	
					masc. fem.	neutr.
Stamm	νοο-	νου-	ὀστεο-	ὀστου-	εὐνοο-	εὐνου-
Sing. N.	νόος	νοῦς	ὀστέον	ὀστοῦν	εὔνους	εὔνουν
G.	νόου	νοῦ νοός	ὀστέου	ὀστοῦ	εὔνου	εὔνου
D.	νόῳ	νῷ νοΐ	ὀστέῳ	ὀστῷ	εὔνῳ	εὔνῳ
A.	νόον	νοῦν	ὀστέον	ὀστοῦν	εὔνουν	εὔνουν
Plur. N.	νόοι	νοῖ	ὀστέα	ὀστᾶ	εὔνοι	εὔνοα
G.	νόων	νῶν	ὀστέων	ὀστῶν	εὔνων	εὔνων
D.	νόοις	νοῖς	ὀστέοις	ὀστοῖς	εὔνοις	εὔνοις
A.	νόους	νοῦς	ὀστέα	ὀστᾶ	εὔνους	εὔνοα

10. Adiectiva contracta der 1. und 2. Deklination

	1) ἀργυροῦς, ᾶ, οῦν silbern			2) χρυσοῦς, ῆ, οῦν golden		
	ἀργύρεος	ἀργυρέᾱ	ἀργύρεον	χρύσεος	χρυσέᾱ	χρύσεον
Sing. N.	ἀργυροῦς	ἀργυρᾶ	ἀργυροῦν	χρυσοῦς	χρυσῆ	χρυσοῦν
G.	ἀργυροῦ	ἀργυρᾶς	ἀργυροῦ	χρυσοῦ	χρυσῆς	χρυσοῦ
D.	ἀργυρῷ	ἀργυρᾷ	ἀργυρῷ	χρυσῷ	χρυσῇ	χρυσῷ
A.	ἀργυροῦν	ἀργυρᾶν	ἀργυροῦν	χρυσοῦν	χρυσῆν	χρυσοῦν
Plur. N.	ἀργυροῖ	ἀργυραῖ	ἀργυρᾶ	χρυσοῖ	χρυσαῖ	χρυσᾶ
G.	ἀργυρῶν	ἀργυρῶν	ἀργυρῶν	χρυσῶν	χρυσῶν	χρυσῶν
D.	ἀργυροῖς	ἀργυραῖς	ἀργυροῖς	χρυσοῖς	χρυσαῖς	χρυσοῖς
A.	ἀργυροῦς	ἀργυρᾶς	ἀργυρᾶ	χρυσοῦς	χρυσᾶς	χρυσᾶ

165

Dritte oder konsonantische Deklination
11. Stämme auf Liquidae

	1) ὁ σωτήρ d. Retter	2) ἡ χείρ die Hand	3) ὁ πατήρ der Vater	4) ἡ μήτηρ d. Mutter	5) ἡ θυγάτηρ d. Tochter	6) ὁ ἀνήρ der Mann
Stamm	σωτηρ-	χειρ-	πατερ-	μητερ-	θυγατερ-	ἀνερ-
Sing. N.	σωτήρ	χείρ	πατήρ	μήτηρ	θυγάτηρ	ἀνήρ
G.	σωτῆρος	χειρός	πατρός	μητρός	θυγατρός	ἀνδρός
D.	σωτῆρι	χειρί	πατρί	μητρί	θυγατρί	ἀνδρί
A.	σωτῆρα	χεῖρα	πατέρα	μητέρα	θυγατέρα	ἄνδρα
V.	σῶτερ	χείρ	πάτερ	μῆτερ	θύγατερ	ἄνερ
Pl.N. V.	σωτῆρες	χεῖρες	πατέρες	μητέρες	θυγατέρες	ἄνδρες
G.	σωτήρων	χειρῶν	πατέρων	μητέρων	θυγατέρων	ἀνδρῶν
D.	σωτῆρσι(ν)	χερσί(ν)	πατράσι(ν)	μητράσι(ν)	θυγατράσι(ν)	ἀνδράσι(ν)
A.	σωτῆρας	χεῖρας	πατέρας	μητέρας	θυγατέρας	ἄνδρας

12. Stämme auf Gutturale (κ, γ, χ,), Labiale (π, β, φ) und Dentale (τ, δ, θ)

	1) ὁ κῆρυξ d. Herold	2) ἡ λαῖλαψ d. Sturm	3) ἡ ἐσθής d. Kleid	4) ἡ ἐλπίς die Hoffnung	5) ἡ χάρις die Gnade	6) τὸ πνεῦμα der Geist
Stamm	κηρυκ-	λαιλαπ-	ἐσθητ-	ἐλπιδ-	χαριτ-	πνευματ-
Sg. N. V.	κῆρυξ	λαῖλαψ	ἐσθής	ἐλπίς	χάρις	πνεῦμα
G.	κήρυκος	λαίλαπος	ἐσθῆτος	ἐλπίδος	χάριτος	πνεύματος
D.	κήρυκι	λαίλαπι	ἐσθῆτι	ἐλπίδι	χάριτι	πνεύματι
A.	κήρυκα	λαίλαπα	ἐσθῆτα	ἐλπίδα	χάριν (χάριτα)	πνεῦμα
Pl. N. V.	κήρυκες	λαίλαπες	ἐσθῆτες	ἐλπίδες	χάριτες	πνεύματα
G.	κηρύκων	λαιλάπων	ἐσθήτων	ἐλπίδων	χαρίτων	πνευμάτων
D.	κήρυξι(ν)	λαίλαψι(ν)	ἐσθῆσι(ν)	ἐλπίσι(ν)	χάρισι(ν)	πνεύμασι(ν)
A.	κήρυκας	λαίλαπας	ἐσθῆτας	ἐλπίδας	χάριτας	πνεύματα

13. Stämme auf -ν   14. Komparative auf -ίων

	1) ὁ μήν d. Monat	2) ὁ ποιμήν der Hirt	3) εὐδαίμων glücklich masc. fem. neutr.		κακίων schlechter masc. fem. neutr.	
Stamm	μην-	ποιμεν-	εὐδαιμον-		κακῑον-	
Sg. N.	μήν	ποιμήν	εὐδαίμων	εὔδαιμον	κακίων	κάκιον
G.	μηνός	ποιμένος	εὐδαίμονος	εὐδαίμονος	κακίονος	κακίονος
D.	μηνί	ποιμένι	εὐδαίμονι	εὐδαίμονι	κακίονι	κακίονι
A.	μῆνα	ποιμένα	εὐδαίμονα	εὔδαιμον	κακίονα κάκιον	
V.	μήν	ποιμήν	εὔδαιμον	εὔδαιμον	κακίω	
Pl.N.V.	μῆνες	ποιμένες	εὐδαίμονες	εὐδαίμονα	κακίονες κακίονα κακίους κακίω	
G.	μηνῶν	ποιμένων	εὐδαιμόνων	εὐδαιμόνων	κακιόνων	κακιόνων
D.	μησί(ν)	ποιμέσι(ν)	εὐδαίμοσι(ν)	εὐδαίμοσι(ν)	κακίοσι(ν)	κακίοσι(ν)
A.	μῆνας	ποιμένας	εὐδαίμονας	εὐδαίμονα	κακίονας κακίονα κακίους κακίω	

15. Stämme auf -ντ

	1) ὁ γίγας der Riese	2) ὁ ὀδούς der Zahn	3) ὁ λέων der Löwe	4) ἄκων unfreiwillig masc.	fem.	neutr.
Stamm	γιγαντ-	ὀδοντ-	λεοντ-	ἀκοντ-		
Sing. N.	γίγᾱς	ὀδούς	λέων	ἄκων	ἄκουσα	ἄκον
G.	γίγαντος	ὀδόντος	λέοντος	ἄκοντος	ἀκούσης	ἄκοντος
D.	γίγαντι	ὀδόντι	λέοντι	ἄκοντι	ἀκούσῃ	ἄκοντι
A.	γίγαντα	ὀδόντα	λέοντα	ἄκοντα	ἄκουσαν	ἄκον
V.	γίγαν		λέον			
Plur. N.V.	γίγαντες	ὀδόντες	λέοντες	ἄκοντες	ἄκουσαι	ἄκοντα
G.	γιγάντων	ὀδόντων	λεόντων	ἀκόντων	ἀκουσῶν	ἀκόντων
D.	γίγᾱσι(ν)	ὀδοῦσι(ν)	λέουσι(ν)	ἄκουσι(ν)	ἀκούσαις	ἄκουσι(ν)
A.	γίγαντας	ὀδόντας	λέοντας	ἄκοντας	ἀκούσας	ἄκοντα

	5) λυθείς gelöst (Part. Aor. Pass.) masc. fem. neutr.			6) πᾶς jeder, ganz masc. fem. neutr.		
Stamm	λυθεντ-			παντ-		
Sing. N.V.	λυθείς	λυθεῖσα	λυθέν	πᾶς	πᾶσα	πᾶν
G.	λυθέντος	λυθείσης	λυθέντος	παντός	πάσης	παντός
D.	λυθέντι	λυθείσῃ	λυθέντι	παντί	πάσῃ	παντί
A.	λυθέντα	λυθεῖσαν	λυθέν	πάντα	πᾶσαν	πᾶν
Plur. N.V.	λυθέντες	λυθεῖσαι	λυθέντα	πάντες	πᾶσαι	πάντα
G.	λυθέντων	λυθεισῶν	λυθέντων	πάντων	πασῶν	πάντων
D.	λυθεῖσι(ν)	λυθείσαις	λυθεῖσι(ν)	πᾶσι(ν)	πάσαις	πᾶσι(ν)
A.	λυθέντας	λυθείσας	λυθέντα	πάντας	πάσας	πάντα

16. Σ- oder elidierende Stämme

	1) τὸ γένος das Geschlecht		2) εὐγενής edelgeboren masc. fem.	neutr.	3) Sosthenes, Perikles St. Σωσθενεσ-
Stämme	γενος	γενεσ-	εὐγενεσ-		Περικλεεσ-
Sing. N.	γένος		εὐγενής	εὐγενές	Σωσθένης
G.	(γένεος)	γένους	εὐγενοῦς	εὐγενοῦς	Σωσθένους
D.	(γένεϊ)	γένει	εὐγενεῖ	εὐγενεῖ	Σωσθένει
A.	γένος		εὐγενῆ	εὐγενές	Σωσθένη (Σωσθένην)
V.			εὐγενές	εὐγενές	Σώσθενες
Plur. N.	(γένεα)	γένη	εὐγενεῖς	εὐγενῆ	Περικλῆς
G.	(γενέων)	γενῶν	εὐγενῶν	εὐγενῶν	Περικλέους
D.	(γένεσσιν)	γένεσι(ν)	εὐγενέσι(ν)	εὐγενέσι(ν)	Περικλεῖ
A.	(γένεα)	γένη	εὐγενεῖς	εὐγενῆ	Περικλέα
V.			εὐγενεῖς	εὐγενῆ	Περίκλεις

17. Stämme auf ι   18. Stämme auf υ   19. Stämme auf ευ

	ἡ πόλις die Stadt	1) ὁ ἰχθύς der Fisch	2) εὐθύς gerade masc.	fem.	neutr.	ὁ βασιλεύς der König
Stämme	πολι-, πολε-	ἰχθυ-	εὐθυ-, εὐθε-	εὐθεια-	εὐθυ-, εὐθε-	βασιλευ-, βασιλε(F)-
Sing. N.	πόλις	ἰχθύς	εὐθύς	εὐθεῖα	εὐθύ	βασιλεύς
G.	πόλεως	ἰχθύος	εὐθέως(-ος)	εὐθείας	εὐθέως(-ος)	βασιλέως
D.	πόλει	ἰχθύι	εὐθεῖ	εὐθείᾳ	εὐθεῖ	βασιλεῖ
A.	πόλιν	ἰχθῦν -ύν	εὐθύν	εὐθεῖαν	εὐθύ	βασιλέα
V.	πόλι	ἰχθύς				βασιλεῦ
Plur.N.V.	πόλεις	ἰχθύες	εὐθεῖς	εὐθεῖαι	εὐθέα	βασιλεῖς
G.	πόλεων	ἰχθύων	εὐθέων	εὐθειῶν	εὐθέων	βασιλέων
D.	πόλεσι(ν)	ἰχθύσι(ν)	εὐθέσι(ν)	εὐθείαις	εὐθέσι(ν)	βασιλεῦσι(ν)
A.	πόλεις	ἰχθύας (ἰχθῦς)	εὐθεῖς	εὐθείας	εὐθέα	βασιλεῖς (βασιλέας)

20. Unregelmäßige Adjektive

	1) μέγας groß			2) πολύς viel		
Stämme	μεγα- μεγαλο-	μεγαλᾱ-	μεγα- μεγαλο-	πολυ- πολλο-	πολλᾱ-	πολυ- πολλο-
Sing. N.	μέγας	μεγάλη	μέγα	πολύς	πολλή	πολύ
G.	μεγάλου	μεγάλης	μεγάλου	πολλοῦ	πολλῆς	πολλοῦ
D.	μεγάλῳ	μεγάλῃ	μεγάλῳ	πολλῷ	πολλῇ	πολλῷ
A.	μέγαν	μεγάλην	μέγα	πολύν	πολλήν	πολύ
Plur. N.	μεγάλοι	μεγάλαι	μεγάλα	πολλοί	πολλαί	πολλά
G.	μεγάλων	μεγάλων	μεγάλων	πολλῶν	πολλῶν	πολλῶν
D.	μεγάλοις	μεγάλαις	μεγάλοις	πολλοῖς	πολλαῖς	πολλοῖς
A.	μεγάλους	μεγάλας	μεγάλα	πολλούς	πολλάς	πολλά

168

21. Die Steigerung der Adjektive

ἰσχυρός	stark	ἰσχυρο-	ἰσχυρότερος	ἰσχυρότατος
ἔνδοξος	berühmt	ἐνδοξο-	ἐνδοξότερος	ἐνδοξότατος
ἄξιος	würdig	ἀξιο-	ἀξιώτερος	ἀξιώτατος
εὐλαβής	fromm	εὐλαβεσ-	εὐλαβέστερος	εὐλαβέστατος
βαρύς	schwer	βαρυ-	βαρύτερος	βαρύτατος
σώφρων	klug	σωφρον-	σωφρονέστερος	σωφρονέστατος
ἁπλοῦς	einfach	ἁπλοο-	ἁπλούστερος	ἁπλούστατος

ἡδύς	angenehm	ἡδίων, ἥδιον	ἥδιστος
ταχύς	schnell	θάσσων, θᾶσσον	τάχιστος
		θάττων, θᾶττον	
καλός	gut	καλλίων, κάλλιον	κάλλιστος
ἀγαθός	gut	ἀμείνων, ἄμεινον	ἄριστος
		βελτίων, βέλτιον	βέλτιστος
		κρείσσων, κρεῖσσον	κράτιστος
		κρείττων, κρεῖττον	
κακός	schlecht	κακίων, κάκιον	κάκιστος
		χείρων, χεῖρον	χείριστος
		ἥσσων, ἧσσον	ἥκιστα (Adv.)
		ἥττων, ἧττον	
μέγας	groß	μείζων, μεῖζον	μέγιστος
μικρός	klein	μικρότερος	μικρότατος
		ἐλάσσων, ἔλασσον	ἐλάχιστος
		ἐλάττων, ἔλαττον	
ὀλίγος	wenig	ἐλάσσων, ἔλασσον	ἐλάχιστος
		ἐλάττων, ἔλαττον	
		μείων, μεῖον	
πολύς	viel	πλείων, πλέον	πλεῖστος

22. Die Bildung und Steigerung des Adverbs

σοφός	weise	σοφῶς	σοφώτερον	σοφώτατα
δίκαιος	gerecht	δικαίως	δικαιότερον	δικαιότατα
περισσός	überflüssig	περισσῶς	περισσοτέρως	
		sehr	περισσότερον	
ἁπλοῦς	einfach	ἁπλῶς	ἁπλούστερον	ἁπλούστατα
σώφρων	klug	σωφρόνως	σωφρονέστερον	σωφρονέστατα
πᾶς	ganz	πάντως		
σαφής	deutlich	σαφῶς	σαφέστερον	σαφέστατα
ἡδύς	angenehm	ἡδέως	ἥδιον	ἥδιστα
	gut	εὖ, καλῶς	κρεῖσσον	
	sehr	μάλα	μᾶλλον	μάλιστα

Das Pronomen

	Singular				Plural			
	1. Person		**2. Person**		**1. Person**		**2. Person**	
N.	ἐγώ	ich	σύ	du	ἡμεῖς	wir	ὑμεῖς	ihr
G.	ἐμοῦ, μου	meiner	σοῦ, σου	deiner	ἡμῶν	unser	ὑμῶν	euer
D.	ἐμοί, μοι	mir	σοί, σοι	dir	ἡμῖν	uns	ὑμῖν	euch
A.	ἐμέ, με	mich	σέ, σε	dich	ἡμᾶς	uns	ὑμᾶς	euch

stark
betont

schwach
betont

169

24. Das Reflexivpronomen

	Singular			Plural
	1. Person	2. Person	3. Person	1., 2., 3. Person
G.	ἐμαυτοῦ, -ῆς	σεαυτοῦ, -ῆς	ἑαυτοῦ, -ῆς	ἑαυτῶν
D.	ἐμαυτῷ, -ῇ	σεαυτῷ, -ῇ	ἑαυτῷ, -ῇ	ἑαυτοῖς, -αῖς
A.	ἐμαυτόν, -ήν	σεαυτόν, -ήν	ἑαυτόν, -ήν, -ό	ἑαυτούς, -άς, -ά

25. Die Demonstrativpronomina

ὅδε, ἥδε, τόδε   der da, dieser
οὗτος, αὕτη, τοῦτο   dieser, derjenige (welcher)
ἐκεῖνος, ἐκείνη, ἐκεῖνο   jener

	Singular			Plural		
N.	οὗτος	αὕτη	τοῦτο	οὗτοι	αὗται	ταῦτα
G.	τούτου	ταύτης	τούτου	τούτων	τούτων	τούτων
D.	τούτῳ	ταύτῃ	τούτῳ	τούτοις	ταύταις	τούτοις
A.	τοῦτον	ταύτην	τοῦτο	τούτους	ταύτας	ταῦτα

26. Das bestimmte Relativpronomen

	Singular			Plural		
N.	ὅς	ἥ	ὅ	οἵ	αἵ	ἅ
G.	οὗ	ἧς	οὗ	ὧν	ὧν	ὧν
D.	ᾧ	ᾗ	ᾧ	οἷς	αἷς	οἷς
A.	ὅν	ἥν	ὅ	οὕς	ἅς	ἅ

27. Das Fragepronomen

	Singular		Plural	
N.	τίς;	τί;	τίνες;	τίνα;
G.	τίνος;	τίνος;	τίνων;	τίνων;
D.	τίνι;	τίνι;	τίσι(ν);	τίσι(ν);
A.	τίνα;	τί;	τίνας;	τίνα;

28. Das unbestimmte Pronomen

Sing. N.	τὶς	τὶ
G.	τινός	τινός
D.	τινί	τινί
A.	τινά	τὶ
Plur. N.	τινές	τινά
G.	τινῶν	τινῶν
D.	τισί(ν)	τισί(ν)
A.	τινάς	τινά

29. Das (unbestimmte) Relativpronomen

ὅστις	ἥτις	ὅ τι
οὗτινος, ὅτου	ἧστινος	οὗτινος, ὅτου
ᾧτινι, ὅτῳ	ᾗτινι	ᾧτινι, ὅτῳ
ὅντινα	ἥντινα	ὅ τι
οἵτινες	αἵτινες	ἅτινα, ἅττα
ὧντινων	ὧντινων	ὧντινων
οἷστισι(ν)	αἷστισι(ν)	οἷστισι(ν)
οὕστινας	ἅστινας	ἅτινα, ἅττα

30. Das Zahlwort

		Kardinalzahlen	Ordinalzahlen	Zahladverbien
α'	1	εἷς, μία, ἕν	πρῶτος, η, ον	ἅπαξ
β'	2	δύο	δεύτερος, ᾱ, ον	δίς
γ'	3	τρεῖς, τρία	τρίτος	τρίς
δ'	4	τέσσαρες	τέταρτος	τετράκις
ε'	5	πέντε	πέμπτος	πεντάκις
ϛ'	6	ἕξ	ἕκτος	ἑξάκις
ζ'	7	ἑπτά	ἕβδομος	ἑπτάκις
η'	8	ὀκτώ	ὄγδοος	ὀκτάκις
θ'	9	ἐννέα	ἔν(ν)ατος	ἐνάκις
ι'	10	δέκα	δέκατος	δεκάκις
ια'	11	ἕνδεκα	ἑνδέκατος	ἑνδεκάκις
ιβ'	12	δώδεκα, δεκαδύο	δωδέκατος	δωδεκάκις
ιγ'	13	τρεῖς καὶ δέκα δεκατρεῖς	τρίτος καὶ δέκατος τρεισκαιδέκατος	τρισκαιδεκάκις
ιδ'	14	τέσσαρες καὶ δέκα δεκατέσσαρες	τέταρτος καὶ δέκατος	τετρακαιδεκάκις
ιε'	15	πεντεκαίδεκα δεκαπέντε	πέμπτος καὶ δέκατος	
ιϛ'	16	ἑκκαίδεκα	ἕκτος καὶ δέκατος	
ιζ'	17	ἑπτακαίδεκα	ἕβδομος καὶ δέκατος	
ιη'	18	ὀκτωκαίδεκα	ὄγδοος καὶ δέκατος	
ιθ'	19	ἐννεακαίδεκα	ἔνατος καὶ δέκατος	
κ'	20	εἴκοσι(ν)	εἰκοστός	εἰκοσάκις
λ'	30	τριάκοντα	τριᾱκοστός	τριᾱκοντάκις
μ'	40	τεσσαράκοντα	τεσσαράκοστός	
ν'	50	πεντήκοντα	πεντηκοστός	
ξ'	60	ἑξήκοντα	ἑξηκοστός	
ο'	70	ἑβδομήκοντα	ἑβδομηκοστός	
π'	80	ὀγδοήκοντα	ὀγδοηκοστός	
ϟ'	90	ἐνενήκοντα	ἐνενηκοστός	
ρ'	100	ἑκατόν	ἑκατοστός	ἑκατοντάκις
σ'	200	διᾱκόσιοι, αι, α	διᾱκοσιοστός	
τ'	300	τριᾱκόσιοι	τριακοσιοστός	
υ'	400	τετρᾱκόσιοι	τετρακοσιοστός	
φ'	500	πεντᾱκόσιοι	πεντακοσιοστός	
χ'	600	ἑξᾱκόσιοι	ἑξακοσιοστός	
ψ'	700	ἑπτᾱκόσιοι	ἑπτακοσιοστός	
ω'	800	ὀκτᾱκόσιοι	ὀκτακοσιοστός	
ϡ'	900	ἐνᾱκόσιοι	ἐνακοσιοστός	
,α	1000	χῑλιοι, αι, α	χιλιοστός	χῑλιάκις
,β	2000	δισχίλιοι, αι, α	δισχιλιοστός	δισχῑλιάκις
,ι	10000	μῡριοι, αι, α	μυριοστός	μυριάκις

N.	εἷς	μία	ἕν	δύο	δύο	τρεῖς	τρία	τέσσαρες	τέσσα(ε)ρα
G.	ἑνός	μιᾶς	ἑνός	δυοῖν	δύο	τριῶν	τριῶν	τεσσάρων	τεσσάρων
D.	ἑνί	μιᾷ	ἑνί	δυοῖν	δυσί(ν)	τρισί(ν)	τρισί(ν)	τέσσαρσι(ν)	τέσσαρσι(ν)
A.	ἕνα	μίαν	ἕν	δύο	δύο	τρεῖς	τρία	τέσσαρας (-ες)	τέσσαρα

31. Konjugation auf -ω (Verba vocalia) Aktiv

Präsens, Imperf.

	Indikativ Haupttempora	Indikativ Nebentempora	Konjunktiv	Optativ	Imperativ	Infinitiv / Partizip
	ich erziehe	ich erzog	(damit) ich erziehe	möge ich erziehen!	erziehe!	(zu) erziehen
S. 1.	παιδεύ-ω	ἐ-παίδευ-ο-ν	παιδεύ-ω	παιδεύ-οι-μι		παιδεύ-ειν
2.	παιδεύ-εις	ἐ-παίδευ-ε-ς	παιδεύ-ῃς	παιδεύ-οι-ς	παίδευ-ε	erziehend
3.	παιδεύ-ει	ἐ-παίδευ-ε(ν)	παιδεύ-ῃ	παιδεύ-οι	παιδευ-έ-τω	παιδεύ-ων, -ο-ντος
Pl. 1.	παιδεύ-ο-μεν	ἐ-παιδεύ-ο-μεν	παιδεύ-ω-μεν	παιδεύ-οι-μεν		παιδεύ-ουσα, -ούσης
2.	παιδεύ-ε-τε	ἐ-παιδεύ-ε-τε	παιδεύ-η-τε	παιδεύ-οι-τε	παιδεύ-ε-τε	παιδεῦ-ον, -ο-ντος
3.	παιδεύ-ουσι(ν)	ἐ-παίδευ-ο-ν	παιδεύ-ωσι(ν)	παιδεύ-οι-εν -οι-σαν	παιδευ-ό-ντων -έ-τωσαν	

Futur

	Indikativ Haupttempora			Optativ		Infinitiv / Partizip
	ich werde erziehen			ich würde erziehen		erziehen (zu) werden
S. 1.	παιδεύ-σω			παιδεύ-σοι-μι		παιδεύ-σειν
2.	παιδεύ-σεις			παιδεύ-σοι-ς		einer, der erziehen wird
						παιδεύ-σων

Aorist I

		Indikativ Nebentempora	Konjunktiv	Optativ	Imperativ	Infinitiv / Partizip
		ich erzog	(damit) ich erziehe	möge ich erziehen!	erziehe!	(zu) erziehen, erzogen (zu) haben
S. 1.		ἐ-παίδευ-σα	παιδεύ-σω	παιδεύ-σαι-μι		παιδεῦ-σαι
2.		ἐ-παίδευ-σα-ς	παιδεύ-σῃς	παιδεύ-σαι-ς, -σειας	παίδευ-σον	erziehend habend
3.		ἐ-παίδευ-σε(ν)	παιδεύ-σῃ	παιδεύ-σαι, -σειε(ν)	παιδευ-σά-τω	παιδεύ-σας, -σαντος
Pl. 1.		ἐ-παιδεύ-σα-μεν	παιδεύ-σω-μεν	παιδεύ-σαι-μεν		παιδεύ-σασα, -σάσης
2.		ἐ-παιδεύ-σα-τε	παιδεύ-ση-τε	παιδεύ-σαι-τε	παιδεύ-σα-τε	παιδεῦ-σαν, -σαντος
3.		ἐ-παίδευ-σα-ν	παιδεύ-σωσι(ν)	παιδεύ-σαιε-ν, -σειαν	παιδευ-σά-ντων -σά-τωσαν	

Perfekt, Plusquamperf.

	Indikativ Haupttempora	Indikativ Nebentempora	Konjunktiv	Optativ		Infinitiv / Partizip
	ich habe erzogen	ich hatte erzogen	(damit) ich erzogen habe	möge ich erzogen haben!		erzogen (zu) haben
S. 1.	πε-παίδευ-κα	ἐ-πε-παιδεύ-κει-ν	πε-παιδεύ-κω	πε-παιδεύ-κοι-μι		πε-παιδευ-κέ-ναι
2.	πε-παίδευ-κα-ς	ἐ-πε-παιδεύ-κει-ς	πε-παιδεύ-κῃς	πε-παιδεύ-κοι-ς		erzogen habend
3.	πε-παίδευ-κε(ν)	ἐ-πε-παιδεύ-κει	usw.	usw.		πε-παιδευ-κώς, -κότος
Pl. 1.	πε-παιδεύ-κα-μεν	ἐ-πε-παιδεύ-κε-μεν, -κειμεν	dafür gewöhnlich:	dafür gewöhnlich:		πε-παιδευ-κυῖα, -κυίας
2.	πε-παιδεύ-κα-τε	ἐ-πε-παιδεύ-κε-τε, -κειτε	πεπαιδευκὼς ὦ, ᾖς, ᾖ usw.	πεπαιδευκὼς εἴην, εἴης, εἴη usw.		πε-παιδευ-κός, -κότος
3.	πε-παιδεύ-κα-σι(ν)	ἐ-πε-παιδεύ-κεσαν, -κεισαν				

Medium

	Indikativ Haupttempora	Indikativ Nebentempora	Konjunktiv	Optativ	Imperativ	Infinitiv / Partizip
Präsens, Imperfekt	ich erziehe für mich S. 1. παιδεύ-ο-μαι 2. παιδεύ-η (-ει, -εσαι) 3. παιδεύ-ε-ται Pl. 1. παιδευ-ό-μεθα 2. παιδεύ-ε-σθε 3. παιδεύ-ο-νται	ich erzog für mich ἐ-παιδευ-ό-μην ἐ-παιδεύ-ου ἐ-παιδεύ-ε-το ἐ-παιδευ-ό-μεθα ἐ-παιδεύ-ε-σθε ἐ-παιδεύ-ο-ντο	(damit) ich für mich erziehe! παιδεύ-ω-μαι παιδεύ-η παιδεύ-η-ται παιδευ-ώ-μεθα παιδεύ-η-σθε παιδεύ-ω-νται	möge ich für mich erziehen! παιδεύ-οί-μην παιδεύ-οι-ο παιδεύ-οι-το παιδευ-οί-μεθα παιδεύ-οι-σθε παιδεύ-οι-ντο	erziehe für dich! παιδεύ-ου παιδευ-έ-σθω παιδεύ-ε-σθε παιδευ-έ-σθων -έ-σθωσαν	für sich (zu) erziehen παιδεύ-ε-σθαι für sich erziehend παιδευ-ό-μενος παιδευ-ο-μένη παιδευ-ό-μενον
Futur	ich werde für mich erziehen S. 1. παιδεύ-σο-μαι 2. παιδεύ-ση			ich würde für mich erziehen παιδευ-σοί-μην παιδεύ-σοι-ο		für sich erziehen (zu) werden παιδεύ-σε-σθαι einer, der für sich erziehen wird παιδευ-σό-μενος
Aorist I		ich erzog für mich S. 1. ἐ-παιδευ-σά-μην 2. ἐ-παιδεύ-σω 3. ἐ-παιδεύ-σα-το Pl. 1. ἐ-παιδευ-σά-μεθα 2. ἐ-παιδεύ-σα-σθε 3. ἐ-παιδεύ-σα-ντο	(damit) ich für mich erziehe παιδεύ-σω-μαι παιδεύ-ση παιδεύ-ση-ται παιδευ-σώ-μεθα παιδεύ-ση-σθε παιδεύ-σω-νται	möge ich für mich erziehen! παιδευ-σαί-μην παιδεύ-σαι-ο παιδεύ-σαι-το παιδευ-σαί-μεθα παιδεύ-σαι-σθε παιδεύ-σαι-ντο	erziehe für dich! παίδευ-σαι παιδευ-σά-σθω παιδεύ-σα-σθε παιδευ-σά-σθων -σά-σθωσαν	für sich erzogen (zu) haben παιδεύ-σα-σθαι für sich erz. habend παιδευ-σά-μενος παιδευ-σα-μένη παιδευ-σά-μενον
Perf. Plusquamperf.	ich habe für mich erzogen S. 1. πε-παίδευ-μαι 2. πε-παίδευ-σαι 3. πε-παίδευ-ται Pl. 1. πε-παιδεύ-μεθα 2. πε-παίδευ-σθε 3. πε-παίδευ-νται	ich hatte für mich erzogen S. 1. ἐ-πε-παιδεύ-μην 2. ἐ-πε-παίδευ-σο 3. ἐ-πε-παίδευ-το Pl. 1. ἐ-πε-παιδεύ-μεθα 2. ἐ-πε-παίδευ-σθε 3. ἐ-πε-παίδευ-ντο	(damit) ich für mich erzogen habe πεπαιδευμένος ὦ ᾖς ᾖ πεπαιδευμένοι ὦμεν ἦτε ὦσι(ν)	möchte ich für mich erz. haben! πεπαιδευμένος εἴην εἴης εἴη πεπαιδευμένοι εἴημεν εἴητε εἴησαν	habe für dich erzogen! πε-παίδευ-σο πε-παιδεύ-σθω πε-παίδευ-σθε πε-παιδεύ-σθων -σθωσαν	für sich erzogen (zu) haben πε-παιδεῦ-σθαι für sich erz. habend πε-παιδευ-μένος πε-παιδευ-μένη πε-παιδευ-μένον

173

		Indikativ PRÄSENS Haupttempora	Indikativ IMPERFEKT Nebentempora	Konjunktiv	Optativ	Imperativ	Infinitiv Partizip
Präs. Imperfekt		ich werde erzogen	ich wurde erzogen	(damit) ich erzogen werde	möge ich erzogen werden!	werde erzogen! laß dich erziehen!	erzogen (zu) werden παιδεύ-ε-σθαι / erzogen werdend παιδευ-ό-μενος
	S. 1.	παιδεύ-ο-μαι	ἐ-παιδευ-ό-μην	παιδεύ-ω-μαι	παιδευ-οί-μην		
	2.	παιδεύ-ῃ, -ει, -ε-σαι	ἐ-παιδεύ-ου	παιδεύ-ῃ	παιδεύ-οι-ο	παιδεύ-ου	
				gleichlautend mit dem Medium			
Futur		ich werde erzogen werden			ich würde erzogen werden		(in Zukunft) erzogen (zu) werden παιδευ-θή-σε-σθαι / einer, der erzogen werden wird παιδευ-θη-σό-μενος, παιδευ-θη-σο-μένη, παιδευ-θη-σό-μενον
	S. 1.	παιδευ-θή-σο-μαι			παιδευ-θη-σοί-μην		
	2.	παιδευ-θή-σῃ			παιδευ-θή-σοι-ο		
	3.	παιδευ-θή-σε-ται			παιδευ-θή-σοι-το		
	Pl. 1.	παιδευ-θη-σό-μεθα			παιδευ-θη-σοί-μεθα		
	2.	παιδευ-θή-σε-σθε			παιδευ-θή-σοι-σθε		
	3.	παιδευ-θή-σο-νται			παιδευ-θή-σοι-ντο		
Aorist I			ich wurde erzogen	(damit) ich erzogen werde	möge ich erzogen werden!	werde erzogen! laß dich erziehen!	erzogen (zu) werden erzogen worden (zu) sein παιδευ-θῆ-ναι / erzogen παιδευ-θείς, -θέντος; παιδευ-θεῖσα, -θείσης; παιδευ-θέν, -θέντος
	S. 1.		ἐ-παιδεύ-θη-ν	παιδευ-θῶ	παιδευ-θείη-ν		
	2.		ἐ-παιδεύ-θη-ς	παιδευ-θῇς	παιδευ-θείη-ς	παιδεύ-θη-τι	
	3.		ἐ-παιδεύ-θη	παιδευ-θῇ	παιδευ-θείη	παιδευ-θή-τω	
	Pl. 1.		ἐ-παιδεύ-θη-μεν	παιδευ-θῶ-μεν	παιδευ-θείη-μεν, -θεῖμεν		
	2.		ἐ-παιδεύ-θη-τε	παιδευ-θῆ-τε	παιδευ-θείη-τε, -θεῖτε	παιδεύ-θη-τε	
	3.		ἐ-παιδεύ-θη-σαν	παιδευ-θῶσι(ν)	παιδευ-θείη-σαν, -θεῖεν	παιδευ-θέ-ντων -θή-τωσαν	
Perf. Plusquamp.		ich bin erzogen	ich war erzogen	(damit) ich erzogen sei	möge ich erzogen sein!	sei erzogen!	erzogen (zu) sein πε-παιδεῦ-σθαι / erzogen πε-παιδευ-μένος
	S. 1.	πε-παίδευ-μαι	ἐ-πε-παιδεύ-μην	πεπαιδευμένος ὦ	πεπαιδευμένος εἴην		
	2.	πε-παίδευ-σαι	ἐ-πε-παίδευ-σο	ᾖς	εἴης	πε-παίδευ-σο	
				gleichlautend mit dem Medium			

Konjugation der kontrahierten Verben:

- **auf -άω:** α + E-Laut (ε, η, ει, ῃ) gibt α (ᾳ), α + O-Laut (ο, ω, οι, ου) gibt ω (ῳ).
- **auf -έω:** ε + ε gibt ει, ε + ο gibt ου, ε vor langem Vokal oder Diphthong wird verschlungen.
- **auf -όω:** ο + ε oder ο oder ω gibt ου, ο + η oder ω gibt ω, ο + ι-Diphthong (ει, οι, ῃ) gibt οι.

		-άω Aktiv	-άω Med./Pass.	-έω Aktiv	-έω Med./Pass.	-όω Aktiv	-όω Med./Pass.
Indikativ	S. 1.	τιμῶ	τιμῶμαι	ποιῶ	ποιοῦμαι	πληρῶ	πληροῦμαι
	2.	τιμᾷς	τιμᾷ	ποιεῖς	ποιῇ	πληροῖς	πληροῖ
	3.	τιμᾷ	τιμᾶται	ποιεῖ	ποιεῖται	πληροῖ	πληροῦται
	Pl. 1.	τιμῶμεν	τιμώμεθα	ποιοῦμεν	ποιούμεθα	πληροῦμεν	πληρούμεθα
	2.	τιμᾶτε	τιμᾶσθε	ποιεῖτε	ποιεῖσθε	πληροῦτε	πληροῦσθε
	3.	τιμῶσι(ν)	τιμῶνται	ποιοῦσιν(ν)	ποιοῦνται	πληροῦσι(ν)	πληροῦνται
Imperfekt	S. 1.	ἐτίμων	ἐτιμώμην	ἐποίουν	ἐποιούμην	ἐπλήρουν	ἐπληρούμην
	2.	ἐτίμας	ἐτιμῶ	ἐποίεις	ἐποιοῦ	ἐπλήρους	ἐπληροῦ
	3.	ἐτίμα	ἐτιμᾶτο	ἐποίει	ἐποιεῖτο	ἐπλήρου	ἐπληροῦτο
	Pl. 1.	ἐτιμῶμεν	ἐτιμώμεθα	ἐποιοῦμεν	ἐποιούμεθα	ἐπληροῦμεν	ἐπληρούμεθα
	2.	ἐτιμᾶτε	ἐτιμᾶσθε	ἐποιεῖτε	ἐποιεῖσθε	ἐπληροῦτε	ἐπληροῦσθε
	3.	ἐτίμων	ἐτιμῶντο	ἐποίουν	ἐποιοῦντο	ἐπλήρουν	ἐπληροῦντο
Konjunktiv	S. 1.	τιμῶ	τιμῶμαι	ποιῶ	ποιῶμαι	πληρῶ	πληρῶμαι
	2.	τιμᾷς	τιμᾷ	ποιῇς	ποιῇ	πληροῖς	πληροῖ
	3.	τιμᾷ	τιμᾶται	ποιῇ	ποιῆται	πληροῖ	πληρῶται
	Pl. 1.	τιμῶμεν	τιμώμεθα	ποιῶμεν	ποιώμεθα	πληρῶμεν	πληρώμεθα
	2.	τιμᾶτε	τιμᾶσθε	ποιῆτε	ποιῆσθε	πληρῶτε	πληρῶσθε
	3.	τιμῶσι(ν)	τιμῶνται	ποιῶσιν(ν)	ποιῶνται	πληρῶσι(ν)	πληρῶνται
Optativ	S. 1.	τιμῷμι -ῴην	τιμῴμην	ποιοῖμι -οίην	ποιοίμην	πληροῖμι -οίην	πληροίμην
	2.	τιμῷς -ῴης	τιμῷο	ποιοῖς -οίης	ποιοῖο	πληροῖς -οίης	πληροῖο
	3.	τιμῷ -ῴη	τιμῷτο	ποιοῖ -οίη	ποιοῖτο	πληροῖ -οίη	πληροῖτο
	Pl. 1.	τιμῷμεν	τιμῴμεθα	ποιοῖμεν	ποιοίμεθα	πληροῖμεν	πληροίμεθα
	2.	τιμῷτε	τιμῷσθε	ποιοῖτε	ποιοῖσθε	πληροῖτε	πληροῖσθε
	3.	τιμῷεν	τιμῷντο	ποιοῖεν	ποιοῖντο	πληροῖεν	πληροῖντο
Imperativ	S. 2.	τίμα	τιμῶ	ποίει	ποιοῦ	πλήρου	πληροῦ
	3.	τιμάτω	τιμάσθω	ποιείτω	ποιείσθω	πληρούτω	πληρούσθω
	Pl. 2.	τιμᾶτε	τιμᾶσθε	ποιεῖτε	ποιεῖσθε	πληροῦτε	πληροῦσθε
	3.	τιμώντων	τιμάσθων	ποιούντων	ποιείσθων	πληρούντων	πληρούσθων
Inf.		τιμᾶν	τιμᾶσθαι	ποιεῖν	ποιεῖσθαι	πληροῦν	πληροῦσθαι
Partizip		τιμῶν, τιμῶσα, τιμῶν	τιμώμενος	ποιῶν, ποιοῦσα, ποιοῦν	ποιούμενος	πληρῶν, πληροῦσα, πληροῦν	πληρούμενος

33. Übersicht über die Tempusbildung der verba vocalia

Die verba vocalia haben vom Futur an durch alle Tempora langen Stammauslaut, und zwar die Verben auf -άω nach ε, ι, ρ: ᾱ, sonst: η, die Verben auf -έω: η, die Verben auf -όω: ω, die Verben auf -ίω: ῑ, die Verben auf -ύω: ῡ.

Präs. Akt.	παιδεύ-ω ich erziehe	θηρά-ω ich jage	τιμά-ω ich ehre
Fut. Akt.	παιδεύ-σω	θηρά-σω	τιμή-σω
Aor. I Akt.	ἐ-παίδευ-σα	ἐ-θήρᾱ-σα	ἐ-τίμη-σα
Perf. Akt.	πε-παίδευ-κα	τε-θήρᾱ-κα	τε-τίμη-κα
Perf.Med./Pass.	πε-παίδευ-μαι	τε-θήρᾱ-μαι	τε-τίμη-μαι
Aor. I Pass.	ἐ-παιδεύ-θην	ἐ-θηρά-θην	ἐ-τιμή-θην
Fut. I Pass.	παιδευ-θήσομαι	θηρᾱ-θήσομαι	τιμη-θήσομαι
Verbaladj.	παιδευ-τός	θηρᾱ-τός	τιμη-τός
	παιδευ-τέος	θηρᾱ-τέος	τιμη-τέος

Präs. Akt.	ποιέ-ω ich tue	πληρό-ω ich fülle an	μηνύ-ω ich zeige an
Fut. Akt.	ποιή-σω	πληρώ-σω	μηνύ-σω
Aor. I Akt.	ἐ-ποίη-σα	ἐ-πλήρω-σα	ἐ-μήνῡ-σα
Perf. Akt.	πε-ποίη-κα	πε-πλήρω-κα	με-μήνῡ-κα
Perf. Med./Pass.	πε-ποίη-μαι	πε-πλήρω-μαι	με-μήνῡ-μαι
Aor. I Pass.	ἐ-ποιή-θην	ἐ-πληρώ-θην	ἐ-μηνύ-θην
Fut. I Pass.	ποιη-θήσομαι	πληρω-θήσομαι	μηνῡ-θήσομαι
Verbaladj.	ποιη-τός	πληρω-τός	μηνῡ-τός
	ποιη-τέος	πληρω-τέος	μηνῡ-τέος

34. Übersicht über die Tempusbildung der verba liquida

Bei der Bildung der Tempora und der Formen des Perf. und Plusquamperf. im Med./ Pass. gelten folgende Regeln: 1. auslautendes ν vor κ wird zu γ; 2. auslautendes ν vor μ wird zu σ, aber im NT. Part. Perf. -μμένος: ξηραίνω (St. ξηραν-) – ἐξηραμμένος; 3. σ zwischen zwei Konsonanten wird ausgestoßen; 4. das ε einsilbiger Stämme hat den Ablaut α.

Stamm	zeigen φαν-	melden ἀγγελ-	senden στελ-	säen σπερ-
Präs. Akt.	φαίνω	ἀγγέλλω	στέλλω	σπείρω
Fut. Akt.	φανῶ	ἀγγελῶ	στελῶ	σπερῶ
Aor. Akt.	ἔφηνα, ἔφᾱνα	ἤγγειλα	ἔστειλα	ἔσπειρα
Perf. Akt.	πέφαγκα	ἤγγελκα	ἔσταλκα	ἔσπαρκα
Perf. Med./Pass.	πέφασμαι	ἤγγελμαι	ἔσταλμαι	ἔσπαρμαι
Aor. Pass.	ἐφάνθην, ἐφάνην	ἠγγέλθην, ἠγγέλην	ἐστάλην	ἐσπάρην
Fut. Pass.	φανθήσομαι, φανήσομαι	ἀγγελθήσομαι	σταλήσομαι	σπαρήσομαι
Verbaladj.	φαντός φαντέος	ἀγγελτός ἀγγελτέος	σταλτός σταλτέος	σπαρτός σπαρτέος

35. Übersicht über die Tempusbildung der verba muta

Stamm	bewachen φυλακ-	verbergen κρυφ-	verherrlichen δοξαδ-
Präs. Akt.	φυλάσσω	κρύπτω	δοξάζω
Fut. Akt.	φυλάξω	κρύψω	δοξάσω
Aor. Akt.	ἐφύλαξα	ἔκρυψα	ἐδόξασα
Perf. Akt.	πεφύλαχα	κέκρυφα	δεδόξακα
Perf. Med./Pass.	πεφύλαγμαι	κέκρυμμαι	δεδόξασμαι
Aor. Pass.	ἐφυλάχθην	ἐκρύφθην, ἐκρύβην	ἐδοξάσθην
Fut. Pass.	φυλαχθήσομαι	κρυφθήσομαι	δοξασθήσομαι
Verbaladj.	φυλακτός	κρυπτός	δοξαστός
	φυλακτέος	κρυπτέος	δοξαστέος

36. Perfekt und Plusquamperfekt Med./Pass. der verba muta

Endung	μ	σ	τ	ϑ
Gutturalstamm	γμ	ξ	κτ	χϑ
Labialstamm	μμ	ψ	πτ	φϑ
Dentalstamm	σμ	σ	στ	σϑ

	Indikativ d. Perf.	Plusquamperfekt	Imperativ	Inf. Part.
πράσσω tun πραγ-	πέπραγ-μαι πέπραξαι πέπρακ-ται πεπράγ-μεϑα πέπραχ-ϑε πεπραγμένοι εἰσί(ν)	ἐπεπράγ-μην ἐπέπραξο ἐπέπρακ-το ἐπεπράγ-μεϑα ἐπέπραχ-ϑε πεπραγμένοι ἦσαν	πέπραξο πεπράχ-ϑω πέπραχ-ϑε τεπράχ-ϑων τεπράχ-ϑωσαν	πεπρᾶχ-ϑαι πεπραγ-μένος πεπραγ-μένη πεπραγ-μένον
γράφω schreiben γραφ-	γέγραμ-μαι γέγραψαι γέγραπ-ται γεγράμ-μεϑα γέγραφ-ϑε γεγραμμένοι εἰσί(ν)	ἐγεγράμ-μην ἐγέγραψο ἐγέγραπ-το ἐγεγράμ-μεϑα ἐγέγραφ-ϑε γεγραμμένοι ἦσαν	γέγραψο γεγράφ-ϑω γέγραφ-ϑε γεγράφ-ϑων γεγράφ-ϑωσαν	γεγράφ-ϑαι γεγραμ-μένος γεγραμ-μένη γεγραμ-μένον
ψεύδω täuschen φευδ-	ἔψευσ-μαι ἔψευ-σαι ἔψευσ-ται ἐψεύσ-μεϑα ἔψευ-σϑε ἐψευσμένοι εἰσί(ν)	ἐψεύσ-μην ἔψευ-σο ἔψευσ-το ἐψεύσ-μεϑα ἔψευ-σϑε ἐψευσμένοι ἦσαν	ἔψευ-σο ἐψεύ-σϑω ἔψευ-σϑε ἐψεύ-σϑων ἐψεύ-σϑωσαν	ἐψεῦ-σϑαι ἐψευσ-μένος ἐψευσ-μένη ἐψευσ-μένον

Konjugation auf -μι

37. 1. Verba auf -μι mit Präsensreduplikation

δίδωμι geben Verbalstamm δο-, δω-, δε-, δε-; Präsensstamm διδο-, διδω-, διδε-.

	Präsens und Imperfekt Aktiv	Präsens und Imperfekt Medium/Passiv	Aorist Aktiv	Aorist Medium	Tempusbildung
Indikativ	δί-δω-μι δί-δω-ς δί-δω-σι(ν) δί-δο-μεν δί-δο-τε δι-δό-ᾱσι(ν)	δί-δο-μαι δί-δο-σαι δί-δο-ται δι-δό-μεθα δί-δο-σθε δί-δο-νται	ἔ-δω-κα ἔ-δω-κα-ς ἔ-δω-κε(ν) ἐ-δώ-κα-μεν ἐ-δώ-κα-τε ἔ-δω-κα-σαν	ἐ-δό-μην ἔ-δου ἔ-δο-το ἔ-δε-το ἐ-δό-μεθα ἔ-δο-σθε ἔ-δο-ντο	δίδωμι δώσω δώσομαι ἔδωκα ἐδόμην δέδωκα δέδομαι ἐδόθην δοθήσομαι δοτός δοτέος
Imperfekt	ἐ-δί-δου-ν ἐ-δί-δου-ς ἐ-δί-δου ἐ-δί-δο-μεν ἐ-δί-δο-τε ἐ-δί-δο-σαν	ἐ-δι-δό-μην ἐ-δί-δο-σο ἐ-δί-δο-το ἐδίδετο ἐ-δι-δό-μεθα ἐ-δί-δο-σθε ἐ-δί-δο-ντο			
Konjunktiv	δι-δῶ δι-δῷς δι-δῷ δι-δῶ-μεν δι-δῶ-τε δι-δῶ-σι(ν)	δι-δῶ-μαι δι-δῷ δι-δῶ-ται δι-δώ-μεθα δι-δῶ-σθε δι-δῶ-νται	δῶ δῷς δῷ δοῖ, δοίη, δόῃ δῶ-μεν δῶ-τε δώσωσιν δῶ-σι(ν) δώσωσι(ν)	δῶ-μαι δῷ δῶ-ται δώ-μεθα δῶ-σθε δῶ-νται	
Optativ	δι-δοίη-ν δι-δοίη-ς δι-δοίη δι-δοῖ-μεν δι-δοῖ-τε δι-δοῖ-εν	δι-δοί-μην δι-δοῖ-ο δι-δοῖ-το δι-δοί-μεθα δι-δοῖ-σθε δι-δοῖ-ντο	δοίη-ν δοίη-ς δοίη δοῖ-μεν δοῖ-τε δοῖ-εν	δοί-μην δοῖ-ο δοῖ-το δοί-μεθα δοῖ-σθε δοῖ-ντο	
Imperat.	δί-δου δι-δό-τω δί-δο-τε δι-δό-ντων	δί-δο-σο δι-δό-σθω δί-δο-σθε δι-δό-σθων	δό-ς δό-τω δό-τε δό-ντων	δοῦ δό-σθω δό-σθε δό-σθων	
Inf.	δι-δό-ναι	δί-δο-σθαι	δοῦ-ναι	δό-σθαι	
Part.	δι-δούς, διδόντος δι-δοῦσα, διδούσης	δι-δό-μενος	δούς, δόντος δοῦσα, δούσης	δό-μενος	

178

ἵημι senden

Stämme: ᾑ-, ἑ-; ἧ-, ἕ-; εἷ-, ἷε-.

	Präsens und Imperfekt — Aktiv	Präsens und Imperfekt — Medium/Passiv	Aorist — Aktiv	Aorist — Medium	Tempusbildung
Indikativ	ἵ-η-μι / ἵ-η-ς / ἵ-η-σι(ν) / ἵ-ε-μεν / ἵ-ε-τε / ἱ-ᾶσι(ν)	ἵ-ε-μαι / ἵ-ε-σαι / ἵ-ε-ται / ἱ-έ-μεθα / ἵ-ε-σθε / ἵ-ε-νται	ἧ-κα / ἧ-κας / ἧ-κε(ν) / εἷ-μεν / εἷ-τε / εἷ-σαν	εἵ-μην / εἷ-σο / εἷ-το / εἵ-μεθα / εἷ-σθε / εἷ-ντο	τί-θη-μι
Imperfekt / Perfekt	ἵ-η-ν / ἵ-ει-ς / ἵ-ει / ἵ-ε-μεν / ἵ-ε-τε / ἵ-ε-σαν	ἱ-έ-μην / ἵ-ε-σο / ἵ-ε-το / ἱ-έ-μεθα / ἵ-ε-σθε / ἵ-ε-ντο	ἧκα / ἧκας / ἧκε(ν) / ἥκαμεν / ἥκατε / ἧκαν		θή-σω
Konjunktiv	ἱ-ῶ / ἱ-ῇς / ἱ-ῇ / ἱ-ῶμεν / ἱ-ῆτε / ἱ-ῶσι(ν)	ἱ-ῶμαι / ἱ-ῇ / ἱ-ῆται / ἱ-ώμεθα / ἱ-ῆσθε / ἱ-ῶνται	ὧ / ᾗς / ᾗ / ὧμεν / ἧτε / ὧσι(ν)	ὧμαι / ᾗ / ἧται / ὥμεθα / ἧσθε / ὧνται	ἔ-θη-κα
Optativ	ἱ-είην / ἱ-είης / ἱ-είη / ἱ-εῖμεν / ἱ-εῖτε / ἱ-εῖεν	ἱ-είμην / ἱ-εῖο / ἱ-εῖτο / ἱ-είμεθα / ἱ-εῖσθε / ἱ-εῖντο	εἵ-ην / εἵ-ης / εἵ-η / εἷ-μεν / εἷ-τε / εἷ-εν	εἵ-μην / εἷ-ο / εἷ-το / εἵ-μεθα / εἷ-σθε / εἷ-ντο	τέ-θη-κα
Imperativ	ἵ-ει / ἱ-έ-τω / ἵ-ε-τε / ἱ-έ-ντων	ἵ-ε-σο / ἱ-έ-σθω / ἵ-ε-σθε / ἱ-έ-σθων	ἕ-ς / ἕ-τω / ἕ-τε / ἕ-ντων	οὗ / ἕ-σθω / ἕ-σθε / ἕ-σθων	ἐ-τέθην, τεθήσομαι
Infinitiv	ἱ-έ-ναι	ἵ-ε-σθαι	εἷ-ναι	ἕ-σθαι	εἷ-ναι
Partizip	ἱ-είς, ἱ-εῖσα, ἱ-έν	ἱ-έ-μενος, -η, -ον	εἵς, εἷσα, ἕν	ἕ-μενος, -η, -ον	ἔν-τος

ἵστημι stellen
Verbalstamm στη-, στα-; Präsensstamm ἱστη-, ἱστα-.

| | Präsens und Imperfekt | | | intransitiver |
	Aktiv	Medium/Passiv		Aorist
Indikativ	ἵ-στη-μι ἵ-στη-ς ἵ-στη-σι(ν) ἵ-στα-μεν ἵ-στα-τε ἱ-στᾶσι(ν)	ἵ-στα-μαι ἵ-στα-σαι ἵ-στα-ται ἱ-στά-μεθα ἵ-στα-σθε ἵ-στα-νται		
Imperfekt	ἵ-στη-ν ἵ-στη-ς ἵ-στη ἵ-στα-μεν ἵ-στα-τε ἵ-στα-σαν	ἱ-στά-μην ἵ-στα-σο ἵ-στα-το ἱ-στά-μεθα ἵ-στα-σθε ἵ-στα-ντο	**Indikativ**	ἔ-στη-ν ich stellte mich, ἔ-στη-ς ich trat ἔ-στη ἔ-στη-μεν ἔ-στη-τε ἔ-στη-σαν
Konjunktiv	ἱ-στῶ ἱ-στῇς ἱ-στῇ ἱ-στῶ-μεν ἱ-στῆ-τε ἱ-στῶσι(ν)	ἱ-στῶ-μαι ἱ-στῇ ἱ-στῆ-ται ἱ-στώ-μεθα ἱ-στῆ-σθε ἱ-στῶ-νται	**Konjunktiv**	στῶ στῇς στῇ στῶ-μεν στῆ-τε στῶσι(ν)
Optativ	ἱ-σταίη-ν ἱ-σταίη-ς ἱ-σταίη ἱ-σταίη-μεν, ἱσταῖμεν ἱ-σταίη-τε, ἱσταῖτε ἱ-σταίη-σαν, ἱσταῖεν	ἱ-σταί-μην ἱ-σταῖ-ο ἱ-σταῖ-το ἱ-σταί-μεθα ἱ-σταῖ-σθε ἱ-σταῖ-ντο	**Optativ**	σταίη-ν σταίη-ς σταίη σταίη-μεν, σταῖμεν σταίη-τε, σταῖτε σταίη-σαν, σταῖεν
Imp.	ἵ-στη ἱ-στά-τω ἵ-στα-τε ἱ-στά-ντων	ἵ-στα-σο ἱ-στά-σθω ἵ-στα-σθε ἱ-στά-σθων	**Imp.**	στῆ-θι, -στα στή-τω στῆ-τε στά-ντων
Inf.	ἱ-στά-ναι	ἵ-στα-σθαι	**Inf.**	στῆ-ναι
Part.	ἱ-στάς, ἱστάντος ἱ-στᾶσα, ἱστάσης ἱ-στάν, ἱστάντος	ἱ-στά-μενος ἱ-στα-μένη ἱ-στά-μενον	**Part.**	στάς, στάντος στᾶσα, στάσης στάν, στάντος

180

38. κεῖμαι liegen St. κει-

Präsens	Imperfekt	Imperativ	
κεῖ-μαι	ἐ-κεί-μην		Inf. κεῖ-σθαι
κεῖ-σαι	ἔ-κει-σο	κεῖ-σο	
κεῖ-ται	ἔ-κει-το	κεί-σθω	Part. κεί-μενος
κεί-μεθα	ἐ-κεί-μεθα		Fut. κεί-σο-μαι
κεῖ-σθε	ἔ-κει-σθε	κεῖ-σθε	
κεῖ-νται	ἔ-κει-ντο	κεί-σθων	

39. κάθημαι sitzen St. καθη-

Präsens	Imperfekt	Imperativ	
κάθη-μαι	ἐ-καθή-μην		Inf. καθῆ-σθαι
κάθη-σαι, κάθη	ἐ-κάθη-σο	κάθη-σο, κάθου	Part. καθή-μενος
κάθη-ται	ἐ-κάθη-το	καθή-σθω	
καθή-μεθα	ἐ-καθή-μεθα		Fut. καθή-σο-μαι, καθεδοῦμαι
κάθη-σθε	ἐ-κάθη-σθε	κάθη-σθε	
κάθη-νται	ἐ-κάθη-ντο	καθή-σθων	

40. Wurzelaoriste

	γινώσκω erkennen St. γνω-, γνο-	δύνω (δύω) untergehen St. δῦ-, δυ-		γινώσκω erkennen St. γνω-, γνο-	δύνω (δύω) untergehen St. δῦ-, δυ-
Indikativ	ἔ-γνω-ν	ἔ-δῡ-ν	**Optativ**	γνοίη-ν	
	ἔ-γνω-ς	ἔ-δῡ-ς		γνοίη-ς	
	ἔ-γνω	ἔ-δῡ		γνοίη	
	ἔ-γνω-μεν	ἔ-δῡ-μεν		γνοῖ-μεν	
	ἔ-γνω-τε	ἔ-δῡ-τε		γνοῖ-τε	
	ἔ-γνω-σαν	ἔ-δῡ-σαν		γνοῖε-ν	
Konjunktiv	γνῶ	δύω	**Imp.**	γνῶ-θι	δῦ-θι
	γνῷς, γνοῖς	δύῃς		γνώ-τω	δύ-τω
	γνῷ, γνοῖ	δύῃ		γνῶ-τε	δῦ-τε
	γνῶ-μεν	δύωμεν		γνό-ντων	δύ-ντων
	γνῶ-τε	δύητε	**Part.**	γνούς, γνόντος	δύς, δύντος
	γνῶσι(ν)	δύωσι(ν)		γνοῦσα, γνούσης	δῦσα, δύσης
Inf.	γνῶ-ναι	δῦ-ναι		γνόν, γνόντος	δύν, δύντος

181

41. οἶδα ich weiß (**defektives Perfekt mit Präsensbedeutung**)

Perfekt	Plusquamperfekt	
οἶδ-α	ᾔδ-η, ᾔδειν	Konj. εἰδῶ, εἰδῇς
οἶσθα	ᾔδ-ησθα, ᾔδεις	Opt. εἰδείην, εἰδείης
οἶδ-ε(ν)	ᾔδ-ει	Imp. ἴσ-θι, ἴσ-τω
ἴσ-μεν, οἴδαμεν	ᾔδ-ε-μεν	ἴσ-τε, ἴσ-των
ἴσ-τε, οἴδατε	ᾔδ-ε-τε, ᾔδειτε	Inf. εἰδ-έ-ναι
ἴσᾱσι(ν), οἴδασι(ν)	ᾔδ-ε-σαν, ᾔδεισαν	Part. εἰδώς, εἰδυῖα, εἰδός
Fut. εἴ-σομαι, εἰδή-σομαι		εἰδότος, εἰδυίας, εἰδότος

42. εἶμι gehen St. εἰ-, ἰ-

Ind. Präs.	Imperfekt	Konjunktiv	Optativ	Imperativ
εἶ-μι	ᾖ-α	ἴ-ω	ἴ-οι-μι	
εἶ	ᾖ-εις	ἴ-η-ς	ἴ-οι-ς	ἴ-θι
εἶ-σι(ν)	ᾖ-ει	ἴ-η	ἴ-οι	ἴ-τω
ἴ-μεν	ᾖ-μεν	ἴ-ω-μεν	ἴ-οι-μεν	
ἴ-τε	ᾖ-τε	ἴ-η-τε	ἴ-οι-τε	ἴ-τε
ἴ-ᾱσι(ν)	ᾖ-σαν, ᾔεσαν	ἴ-ωσι(ν)	ἴ-οι-εν	ἰ-ό-ντων
Inf. ἰ-έναι; Part. ἰών, ἰοῦσα, ἰόν; ἰόντος, ἰούσης, ἰόντος				

43. εἰμί sein St. ἐσ-

Ind. Präs.	Imperfekt	Konjunktiv	Optativ	Imperativ
εἰ-μί	ἦν, ἤμην	ὦ	εἴη-ν	
εἶ	ἦσθα, ἦς	ᾖ-ς	εἴη-ς	ἴσ-θι
ἐσ-τί(ν)	ἦν	ᾖ	εἴη	ἔστω, ἤτω
ἐσ-μέν	ἦμεν, ἤμεθα	ὦ-μεν	εἴη-μεν, εἶμεν	
ἐσ-τέ	ἦτε, ἦστε	ᾖ-τε	εἴη-τε, εἶτε	ἔστε
εἰσί(ν)	ἦσαν	ὦσι(ν)	εἴη-σαν, εἶε-ν	ἔσ-των, ἔστωσαν
Inf. εἶναι; Part. ὤν, οὖσα, ὄν; ὄντος, οὔσης, ὄντος				

44. Die Stammbildung wichtiger und unregelmäßiger Verben

Die Verben sind nach den üblichen Klassen geordnet und mit einer fortlaufenden Zahl versehen; mit dieser stehen sie im vorausgehenden alphabetischen Verzeichnis. Formen, die im NT. nicht vorkommen, sind z.T. ergänzt. Nicht immer berücksichtigt sind Formen, die in einzelnen Handschriften stehen, aber nicht in die neueren Ausgaben übernommen sind. Im allgemeinen stehen Komposita beim Verbum simplex.

35. ἄγω	31. διώκω	90. λαμβάνω	95. πυνθάνομαι
12. αἰνέω	106. δοκέω	91. λανθάνω	
119. αἱρέω	5. δουλόω	92. ἐπιλανθά-	30. ῥέω
72. αἴρω		νομαι	24. ῥύομαι
20. ἀκούω	6. ἐάω	33.124. λέγω	
46. ἀλλάσσω	73. ἐγείρω	34. διαλέγομαι	17. σπάω
88. ἁμαρτάνω	108. ἐθέλω	57. λείπω	71. σπείρω
36. ἀνοίγω	87. ἐλαύνω	21. λούω	58. στρέφω
98. ἀποθνῄσκω	48. ἕλκω	9. λύω	69. σῴζω
81. ἀποκτείνω	64. ἐργάζομαι		
128. ἀπόλλυμαι	126. ἔρχομαι	93. μανθάνω	41. ταράσσω
127. ἀπόλλυμι	120. ἐσθίω	113. μέλει	40. τάσσω
53. ἅπτομαι	96. εὑρίσκω	114. μεταμέλομαι	18. τελέω
52. ἅπτω	115. ἔχω	111. μέλλω	74. τέλλω
97. ἀρέσκω	116. ἀνέχομαι	77. μένω	86. τέμνω
19. ἀρκέω		76. μιαίνω	102. τίκτω
47. ἁρπάζω	14. ζάω	105. μιμνῄσκομαι	3. τιμάω
38. ἄρχομαι		104. ἀναμιμνῄσκω	59. τρέπω
37. ἄρχω	56. θάπτω		60. τρέφω
89. αὐξάνω	108. θέλω	63. νομίζω	118. τρέχω
	2. θηράω		94. τυγχάνω
85. βαίνω	8. θύω	130. ὄμνυμι	
75. βάλλω		121. ὁράω	83. φαίνομαι
112. βούλομαι	67. καθέζομαι		82. φαίνω
	68. κάθημαι	1. παιδεύω	122. φέρω
107. γαμέω	66. καθίζομαι	123. πάσχω	32. φεύγω
16. γελάω	65. καθίζω	62. πείθομαι	125. φημί
100. γίνομαι	26. καίω	61. πείθω	84. φθάνω
103. γινώσκω	25. καλέω	15. πεινάω	43. φυλάσσω
51. γράφω	55. καλύπτω	50. πέμπω	11. φύομαι
	39. κηρύσσω	117. πίνω	10. φύω
109. δεῖ	27. κλαίω	101. πίπτω	
129. δείκνυμι	23. κλείω	44. πλήσσω	80. χαίρω
110. δέομαι	79. κλίνω	45. ἐκπλήσσομαι	29. χέω
70. δέρω	54. κόπτω	28. πνέω	13. χράομαι
7. δέω	49. κράζω	4. ποιέω	22. χρίω
99. διδάσκω	78. κρίνω	42. πράσσω	

Präsens	Verbalstamm	Futur Akt. (und Med.)	Aorist Akt. (und Med.)

I. Verba vocalia

a) regelmäßige

1. παιδεύω erziehen	παιδευ-	παιδεύσω	ἐπαίδευσα
2. θηράω jagen	θηρᾱ-	θηράσω	ἐθήρᾱσα
3. τῑμάω ehren	τῑμη-	τιμήσω	ἐτίμησα
4. ποιέω tun	ποιη-	ποιήσω	ἐποίησα
5. δουλόω knechten	δουλω-	δουλώσω	ἐδούλωσα

b) mit Besonderheiten

6. ἐάω lassen	ἐᾱ-	ἐάσω	εἴᾱσα
7. δέω binden	δη-, δε-	δήσω	ἔδησα
8. θύω opfern	θῡ-, θῠ-	θύσω	ἔθῡσα
9. λύω lösen	λῡ-, λῠ-	λύσω	ἔλῡσα
10. φύω erzeugen	φῡ-, φῠ-	φύσω	ἔφῡσα
11. φύομαι Med. entstehen		φύσομαι	ἔφῡν
12. αἰνέω loben	αἰνε-, αἰνη-	αἰνέσομαι αἰνέσω	ᾔνεσα
13. χράομαι gebrauchen	χρη(σ)-	χρήσομαι	ἐχρησάμην
14. ζάω leben	ζη-	ζήσω ζήσομαι	ἔζησα
15. πεινάω hungern	πεινα-	πεινάσω	ἐπείνᾱσα

184

Perfekt Akt.	Perfekt Med./Pass.	Aorist Pass.	Verbaladjektiv
πεπαίδευκα	πεπαίδευμαι	ἐπαιδεύθην	παιδευτός παιδευτέος
τεθήρᾱκα	τεθήρᾱμαι	ἐθηράθην	θηρᾱτός
τετίμηκα	τετίμημαι	ἐτιμήθην	τιμητός
πεποίηκα	πεποίημαι	ἐποιήθην	ποιητός
δεδούλωκα	δεδούλωμαι	ἐδουλώθην	δουλωτός
εἷᾱκα	εἷᾱμαι	εἱάθην	ἑᾱτός
δέδεκα	δέδεμαι	ἐδέθην	δετός
τέθῠκα	τέθῠμαι	ἐτύθην	θῠτός
λέλῠκα	λέλῠμαι	ἐλύθην	λῠτός
πέφῡκα			φῡτός
ἤνεκα	ἤνημαι	ἠνέθην	αἰνετός
	κέχρημαι	ἐχρήσθην	χρηστός

Präsens	Verbalstamm	Futur Akt. (und Med.)	Aorist Akt. (und Med.)
16. γελάω lachen	γελα(σ)-	γελάσω γελάσομαι	ἐγέλασα
17. σπάω ziehen	σπα(σ)-	σπάσω	ἔσπασα
18. τελέω vollenden	τελε(σ)-	τελῶ	ἐτέλεσα
19. ἀρκέω genügen	ἀρκε(σ)-	ἀρκέσω	ἤρκεσα
20. ἀκούω hören	ἀκου(σ)-	ἀκούσω ἀκούσομαι	ἤκουσα
21. λούω waschen	λου(σ)-	λούσω	ἔλουσα
22. χρίω salben	χρῑ(σ)-	χρίσω	ἔχρῑσα
23. κλείω schließen	κλει(σ)-	κλείσω	ἔκλεισα
24. ῥύομαι retten	ῥυ(σ)-	ῥῦσομαι	ἐρ(ρ)ῡσάμην
25. καλέω rufen	καλε-, κλη-	καλέσω καλῶ	ἐκάλεσα
26. καίω anbrennen (tr.)	καυ(σ)-	καύσω	ἔκαυσα
27. κλαίω weinen	κλαϝ-, κλαυ(σ)-	κλαύσω κλαύσομαι	ἔκλαυσα
28. πνέω wehen	πνεϝ-, πνευ-	πνεύσομαι	ἔπνευσα
29. χέω, χύν(ν)ω gießen	χεϝ-, χυ(ν)-	χεῶ, χέω	ἔχεα
30. ῥέω fließen	ῥεϝ-, ῥευ-, ῥυη-	ῥεύσω ῥεύσομαι ῥυήσομαι	ἐρρύην

Perfekt Akt.	Perfekt Med./Pass.	Aorist Pass.	Verbaladjektiv
	γεγέλασμαι	ἐγελάσθην	γελαστός
ἔσπακα	ἔσπασμαι	ἐσπάσθην	σπαστός
τετέλεκα	τετέλεσμαι	ἐτελέσθην	τελεστός
		ἀρκεσθήσομαι (Futur)	
ἀκήκοα	ἤκουσμαι	ἠκούσθην	ἀκουστός
	λέλουσμαι λέλουμαι	ἐλούθην	λουτός
κέχρῑκα	κέχρῑμαι	ἐχρίσθην	χρῑστός
κέκλεικα	κέκλεισμαι κέκλειμαι	ἐκλείσθην	κλειστός
		ἐρ(ρ)ύσθην	
κέκληκα	κέκλημαι	ἐκλήθην	κλητός
κέκαυκα	κέκαυμαι	ἐκαύθην ἐκάην	καυστός
κέκλαυκα	κέκλαυμαι	ἐκλαύ(σ)θην	κλαυστός
κέχυκα	κέχυμαι	ἐχύθην	χυτός

187

Präsens	Verbalstamm	Futur Akt. (und Med.)	Aorist Akt. (und Med.)

II. Verba muta und liquida

a) gutturalia

31. διώκω verfolgen	διωκ-	διώξω	ἐδίωξα
32. φεύγω fliehen	φευγ-, φυγ-	φεύξομαι	ἔφυγον
33. λέγω (auf-) lesen, sammeln; sagen, sprechen, nennen	λεγ-, λογ-	λέξω	ἔλεξα
34. δια-λέγομαι sich unterreden	-λεγ-	-λέξομαι	-ελεξάμην -ελέχθην
35. ἄγω führen	ἀγ-	ἄξω	ἤγαγον ἦξα
36. ἀν-οίγω öffnen	-οιγ-	ἀνοίξω	ἀνέῳξα ἠνέῳξα ἤνοιξα[1]
37. ἄρχω herrschen	ἀρχ-	ἄρξω	ἦρξα
38. ἄρχομαι anfangen		ἄρξομαι	ἠρξάμην
39. κηρύσσω verkünden	κηρυκ-	κηρύξω	ἐκήρυξα
40. τάσσω festsetzen	ταγ-	τάξω	ἔταξα
41. ταράσσω verwirren	ταραχ-	ταράξω	ἐτάραξα
42. πράσσω tun	πραγ-	πράξω	ἔπρᾶξα
43. φυλάσσω bewachen	φυλακ-	φυλάξω	ἐφύλαξα
44. πλήσσω schlagen	πληγ-	πλήξω	ἔπληξα
45. ἐκπλήσσομαι erschrecken (intr.)		ἐκπλᾰγήσομαι[4]	

---

[1] Inf. ἀνοῖξαι

[4] Fut. II Pass.

188

Perfekt Akt.	Perfekt Med./Pass.	Aorist Pass.	Verbaladjektiv
δεδίωκα	δεδίωγμαι	ἐδιώχθην	
πέφευγα			
εἴλοχα	λέλεγμαι εἴλεγμαι	ἐλέχθην ἐλέγην	λεκτός
ἦχα	ἦγμαι	ἤχθην	ἀκτός
ἀνέῳγα	ἀνέῳγμαι ἠνέῳγμαι διήνοιγμαι	ἀνεῴχθην[2] ἠνεῴχθην ἠνοίχθην[3] ἠνοίγην	
ἦρχα	ἦργμαι	ἤρχθην	ἀρκτός
		ἐκηρύχθην	
τέταχα	τέταγμαι	ἐτάχθην ἐτάγην	τακτός
τετάραχα	τετάραγμαι	ἐταράχθην	
πέπρᾱχα πέπρᾱγα	πέπρᾱγμαι	ἐπράχ&ην	πρᾱκτός
πεφύλαχα	πεφύλαγμαι	ἐφυλάχθην	
πέπληγα	πέπληγμαι	ἐπλήγην	
	ἐκπέπληγμαι	ἐξεπλά-γην	

[2] Inf. ἀνεῳχθῆναι   [3] Inf. ἀνοιχθῆναι

189

Präsens	Verbalstamm	Futur Akt. (und Med.)	Aorist Akt. (und Med.)
46. ἀλλάσσω verändern	ἀλλαγ-	ἀλλάξω	ἤλλαξα
47. ἁρπάζω rauben	ἁρπαγ-	ἁρπάσω	ἥρπασα
48. ἕλκω [5] ziehen	ἑλκ-, ἑλκυ-	ἑλκύσω ἕλξω	εἵλκυσα
49. κράζω schreien	κρᾰγ-, κρᾱγ-	κράξω κράξομαι	ἔκραξα ἔκρᾱγον

b) labialia

50. πέμπω schicken	πεμπ-, πομπ-	πέμψω	ἔπεμψα
51. γράφω schreiben	γραφ-	γράψω	ἔγραψα
52. ἅπτω anzünden	ἁφ-	ἅψω	ἧψα
53. ἅπτομαι berühren		ἅψομαι	ἡψάμην
54. κόπτω schlagen	κοπ-	κόψω κόψομαι	ἔκοψα ἐκόψάμην
55. καλύπτω verhüllen	καλυπ-	καλύψω	ἐκάλυψα
56. θάπτω begraben	θαφ-	θάψω	ἔθαψα
57. λείπω zurück- lassen	λειπ-, λιπ-, λοιπ-	λείψω	ἔλιπον ἔλειψα
58. στρέφω wenden	στρεφ-	στρέψω	ἔστρεψα
59. τρέπω wenden	τρεπ-, τραπ-, τροπ-	τρέψω	ἔτρεψα
60. τρέφω ernähren	θρεφ-, θραφ-, θροφ-	θρέψω	ἔθρεψα

---

[5] Impf. 3. Pl. εἷλκον

190

Perfekt Akt.	Perfekt Med./Pass.	Aorist Pass.	Verbaladjektiv
ἤλλαχα	ἤλλαγμαι	ἠλλάγην	
		ἡρπάσθην ἡρπάγην	
κέκρᾱγα[6]			
πέπομφα	πέπεμμαι	ἐπέμφθην	πεμπτός
γέγραφα	γέγραμμαι	ἐγράφην	γραπτός
κέκοφα	κέκομμαι	ἐκόπην	κοπτός
	κεκάλυμμαι		
τέταφα	τέθαμμαι	ἐτάφην	
λέλοιπα	λέλειμμαι	ἐλείφθην	
ἔστροφα	ἔστραμμαι	ἐστράφην	στρεπτός
τέτροφα	τέτραμμαι	ἐτράπην ἐτρέφθην	τρεπτός
τέτροφα	τέθραμμαι	ἐτράφην	θρεπτός

---

[6] Pf. mit Präsens-Bedeutung

Präsens	Verbalstamm	Futur Akt. (und Med.)	Aorist Akt. (und Med.)

c) dentalia

61. πείθω   πειθ-   πείσω   ἔπεισα
    überreden, überzeugen

62. πείθομαι   πείσομαι
    gehorchen, glauben

63. νομίζω   νομιδ-   νομιῶ   ἐνόμισα
    meinen

64. ἐργάζομαι[8]   ἐργαδ-   ἐργάσομαι   ἠργασάμην
    arbeiten   εἰργασάμην

65. καθίζω   καθ-εδ-   καθίσω   ἐκάθισα
    setzen, sich   καθ-ιζ-   καθιῶ
    setzen   καθ-εζ-

66. καθίζομαι   καθίσομαι   ἐκαθισάμην
    sich setzen   καθιζήσομαι

67. καθέζομαι   καθήσομαι   ἐκαθεζόμην[9]
    sich setzen   καθεδοῦμαι   ἐκαθέσθην

68. κάθημαι[10]   καθήσομαι
    sitzen

69. σῴζω   σῳ(δ)-, σω-   σώσω   ἔσωσα
    retten

d) liquida

70. δέρω   δερ-, δαρ-   δερῶ   ἔδειρα
    schlagen

71. σπείρω   σπερ-, σπαρ-   σπερῶ   ἔσπειρα
    säen

72. αἴρω   ἀρ-   ἀρῶ   ἦρα
    aufheben

73. ἐγείρω   ἐγερ-   ἐγερῶ   ἤγειρα
    aufwecken

74. τέλλω   τελ-, ταλ-   τελῶ   ἔτειλα
    aufgehen
    (ἀνατέλλω)

---

[8] Impf. ἠργαζόμην   [9] Impf. und Aor.
[10] 2. Sg. κάθη; Imp. κάθου; Impf. ἐκαθήμην

Perfekt Akt.	Perfekt Med./Pass.	Aorist Pass.	Verbaladjektiv
πέπεικα	πέπεισμαι	ἐπείσθην	πειστός
πέποιθα [7]	πέπεισμαι	ἐπείσθην	
	εἴργασμαι		
κεκάθικα			
σέσωκα	σέσῳσμαι σέσωμαι	ἐσώθην	
δέδαρκα	δέδαρμαι	ἐδάρην	δαρτός
ἔσπαρκα	ἔσπαρμαι	ἐσπάρην	σπαρτός
ἦρκα	ἦρμαι	ἤρθην	
ἐγρήγορα ich bin wach	ἐγήγερμαι	ἠγέρθην	
τέταλκα			

---

7 Pf. mit Präsens-Bedeutung: ich vertraue

Präsens	Verbalstamm	Futur Akt. (und Med.)	Aorist Akt. (und Med.)
75. βάλλω werfen	βαλ-, βλη-	βαλῶ	ἔβαλον
76. μιαίνω beflecken	μιαν-	μιανῶ	ἐμίᾱνα
77. μένω bleiben	μεν-, μενε-	μενῶ	ἔμεινα
78. κρίνω unter- scheiden	κριν-, κρι-	κρινῶ	ἔκρῑνα
79. κλίνω neigen	κλιν-, κλι-	κλινῶ	ἔκλῑνα
80. χαίρω sich freuen	χαρ-	χαρήσομαι[12]	ἐχάρην[13]
81. ἀποκτείνω -κτέννω, -κτένω töten	-κτεν-, -κτον-	ἀποκτενῶ	ἀπέκτεινα
82. φαίνω zeigen	φαν-, φην-	φανῶ	ἔφᾱνα ἔφηνα
83. φαίνομαι scheinen		φανήσομαι[14] φανοῦμαι	ἐφάνην[15]

III. Nasal-Klasse

a) Erweiterung durch Nasal im Präsens

84. φθάνω zuvor- kommen	φθη-, φθα-	φθήσομαι	ἔφθασα
85. βαίνω gehen	βη-, βα-	βήσομαι	ἔβην
86. τέμνω schneiden	τεμ(ε)-, τμη-	τεμῶ	ἔτεμον
87. ἐλαύνω treiben	ἐλα-	ἐλῶ	ἤλασα

[12] Fut. II Pass.
[13] Aor. II Pass.

[14] Fut. II Pass.
[15] Aor. II Pass.

Perfekt Akt.	Perfekt Med./Pass.	Aorist Pass.	Verbaladjektiv
βέβληκα	βέβλημαι	ἐβλήθην	βλητέον
μεμίαγκα	μεμίασμαι[11]	ἐμιάνθην	
μεμένηκα			
κέκρικα	κέκριμαι	ἐκρίθην	
κέκλικα	κέκλιμαι	ἐκλίθην	
ἀπέκτονα			
πέφαγκα	πέφασμαι	ἐφάνθην	
ἔφθακα			
βέβηκα			
τέτμηκα	τέτμημαι	ἐτμήθην	τμητός
ἐλήλακα	ἐλήλα(σ)μαι	ἠλάθην	ἐλατός

---

[11] Part. μεμιαμμένος

Präsens	Verbalstamm	Futur Akt. (und Med.)	Aorist Akt. (und Med.)

b) Präsens auf -άν-ω

88. ἁμαρτάνω   ἁμαρτ-   ἁμαρτήσω   ἥμαρτον
    sündigen   ἡμάρτησα

89. αὐξάνω αὔξω   αὐξη-   αὐξήσω   ηὔξησα
    vermehren,   αὐξήσομαι
    wachsen

c) Präsens auf -άν-ω und Nasal in der Stammsilbe

90. λαμβάνω   λαβ-, ληβ-   λήμψομαι   ἔλαβον
    nehmen   λήψομαι

91. λανθάνω   λαθ-, ληθ-   λήσω   ἔλαθον
    verborgen
    sein

92. ἐπιλανθάνο-   ἐπιλήσομαι   ἐπελαθόμην
    μαι vergessen

93. μανθάνω   μαθ-, μαθη-   μαθήσομαι   ἔμαθον
    lernen

94. τυγχάνω   τυχ-, τυχη-, τευχ-   τεύξομαι   ἔτυχον
    treffen

95. πυνθάνομαι   πυθ-, πευθ-   πεύσομαι   ἐπυθόμην
    erfragen

IV. -σκω-Klasse

Erweiterung durch -σκ-, -ισκ- im Präsens

96. εὑρίσκω   εὑρ-, εὑρη-, εὑρε-   εὑρήσω   εὗρον, ηὗρον
    finden   εὗρα

97. ἀρέσκω   ἀρε-   ἀρέσω   ἤρεσα
    gefallen

98. ἀπο-θνήσκω   -θαν-, -θνη-   ἀποθανοῦμαι   ἀπέθανον
    sterben

99. διδάσκω   διδαχ-   διδάξω   ἐδίδαξα
    lehren

Perfekt Akt.	Perfekt Med./Pass.	Aorist Pass.	Verbaladjektiv

ἡμάρτηκα

ηὔξηκα   ηὔξημαι   ηὐξήθην

εἴληφα[16]   εἴλημμαι   ἐλή(ι)φθην   ληπτός

λέληθα

        ἐπιλέλησμαι

μεμάθηκα

τέτ(ε)υχα
τετύχηκα

        πέπυσμαι

εὕρηκα   εὕρημαι   εὑρέθην
ηὕρηκα   ηὕρημαι   ηὑρέθην

                                        ἀρεστός

τέθνηκα[17]

δεδίδαχα   δεδίδαγμαι   ἐδιδάχθην   διδακτός

---

[16] 2. Sg. εἴληφας εἴληφες; Part. εἰληφώς   [17] Inf. τεθνάναι; Part. τεθνηκώς

197

Präsens	Verbalstamm	Futur Akt. (und Med.)	Aorist Akt. (und Med.)

V. Reduplikations-Klasse

Reduplikation im Präsens

100. γίνομαι γίγνομαι werden	γεν-, γενη-, γν-, γον-	γενήσομαι	ἐγενόμην ἐγενήθην
101. πίπτω fallen	πεσ(ε)-, πτω-	πεσοῦμαι	ἔπεσον ἔπεσα
102. τίκτω gebären	τεκ-, τοκ-	τέξομαι	ἔτεκον
103. γινώσκω γιγνώσκω erkennen	γνω(σ)-	γνώσομαι	ἔγνων
104. ἀνα-μιμνή-σκω erinnern	-μνη(σ)-	ἀναμνήσω	ἀνέμνησα
105. μιμνήσκομαι sich er-innern			

VI. E-Klasse

a) Erweiterung durch E-Laut im Präsens

106. δοκέω scheinen, meinen	δοκ(ε)-	δόξω	ἔδοξα
107. γαμέω heiraten	γαμ(ε)-, γαμη-		ἐγάμησα ἔγημα

b) Erweiterung durch E-Laut außerhalb des Präsens

108. θέλω ἐθέλω wollen	ἐθέλ-η-	ἐθελήσω	ἠθέλησα
109. δεῖ[18a] es ist nötig	δε-η-	δεήσει	ἐδέησεν

[18a] Impf. ἔδει

Perfekt Akt.	Perfekt Med./Pass.	Aorist Pass.	Verbaladjektiv
γέγονα	γεγένημαι	(ἐγενήθην)	
πέπτωκα			
τέτοκα		ἐτέχθην	
ἔγνωκα	ἔγνωσμαι	ἐγνώσθην	γνωστός
	μέμνημαι	ἐμνήσθην[18] (μνησθήσομαι)	
γεγάμηκα	γεγάμημαι	ἐγαμήθην	
ἠθέληκα			

---

[18] meistens in akt. Bedeutung

Präsens	Verbalstamm	Futur Akt. (und Med.)	Aorist Akt. (und Med.)
110. δέομαι bitten		δεήσομαι	
111. μέλλω[19] im Begriff sein	μελλ-η-	μελλήσω	ἐμέλλησα
112. βούλομαι wollen	βουλ-η-	βουλήσομαι	
113. μέλει es liegt daran	μελ-η-	μελήσει	ἐμέλησεν
114. μεταμέλομαι Reue empfinden			

VII. Mischklasse

Präsens	Verbalstamm	Futur Akt. (und Med.)	Aorist Akt. (und Med.)
115. ἔχω[20] haben	ἐχ-, σχ-, σχ-η-	ἔξω σχήσω	ἔσχον
116. ἀν-έχομαι ertragen		ἀνέξομαι	ἀνεσχόμην
117. πίνω trinken	πῑ-, πι-, πω-, πο-	πίομαι	ἔπιον
118. τρέχω laufen	θρεχ-, δραμ-η-	δραμοῦμαι	ἔδραμον
119. αἱρέω nehmen	αἱρη-, αἱρε-, ἑλ-	αἱρήσω	εἷλον
120. ἐσθίω, ἔσθω essen	ἐσθι-, φαγ-, βρω-	φάγομαι[21]	ἔφαγον
121. ὁράω[22] sehen	ὁρᾱ-, ὀπ-, ἰδ-	ὄψομαι	εἶδον εἶδα
122. φέρω tragen	φερ-, οι(σ)-, ἐνε(γ)κ-, ἐνοκ-	οἴσω	ἤνεγκον ἤνεγκα
123. πάσχω leiden	παθ-, πενθ-, πονθ-	πείσομαι	ἔπαθον

[19] Impf. ἤμελλον ἔμελλον
[20] Impf. 1. Pl. εἴχομεν εἴχαμεν; 3. Pl. εἶχον εἶχαν εἴχοσαν
[21] 2. Sg. φάγεσαι; att. ἔδομαι   [22] Impf. ἑώρων

Perfekt Akt.	Perfekt Med./Pass.	Aorist Pass.	Verbaladjektiv
		ἐδεήθην	
	βεβούλημαι	ἐβουλήθην	
		μετεμελήθην	
ἔσχηκα	ἔσχημαι		
πέπωκα	πέπομαι	ἐπόθην	
δεδράμηκα			
ἥρηκα	ᾕρημαι	ᾑρέθην	αἱρετός
βέβρωκα			
ἑώρᾱκα ἑόρᾱκα	ἑόρᾱμαι ὦμμαι[23]	ὤφθην	ὁρᾱτός
ἐνήνοχα	ἐνήνεγμαι	ἠνέχθην	
πέπονθα			

---

[23] 3. Sg. ὦπται

Präsens	Verbalstamm	Futur Akt. (und Med.)	Aorist Akt. (und Med.)
124. λέγω sagen, reden, sprechen, nennen	λεγ-, εἰπ-, ἐρ-, ῥη-	ἐρῶ	εἶπον εἶπα²⁴
125. φημί sagen	φη-, φα-	φήσω	ἔφησα ἔφη
126. ἔρχομαι kommen, gehen	ἐρχ-, εἰ-, ἰ-, ἐλευθ-, ἐλ(υ)θ-	ἐλεύσομαι εἶμι	ἦλθον ἦλθα

VIII. Verba auf -μι²⁵

Präsens	Verbalstamm	Futur Akt. (und Med.)	Aorist Akt. (und Med.)
127. ἀπόλλῦμι verderben	-ολ(ε)-	ἀπολέσω ἀπολῶ	ἀπώλεσα
128. ἀπ-όλλυμαι umkommen		ἀπολοῦμαι	ἀπωλόμην
129. δείκνῦμι δεικνύω zeigen	δεικ-	δείξω	ἔδειξα
130. ὄμνῦμι ὀμνύω schwören	ὀμ(ο)-	ὀμοῦμαι	ὤμοσα

²⁴ Imp. εἰπόν ²⁵ S. Üb. 40

45. Die Präpositionen

ἀνά	c. acc.	auf, hinauf (Ggs.: κατά); mitten hinein, in (ἀνὰ μέσον); je (bei Zahlen)
ἀντί	c. gen.	anstatt, für
ἀπό	c. gen.	von, von – weg, von – aus, von – her; wegen; durch (instrumental)
διά	c. gen.	durch, durch – hin; während
	c. acc.	durch – hin; wegen
εἰς	c. acc.	in – hinein, nach (wohin?); gegen, zu, bis; in (wo?)
ἐκ, ἐξ	c. gen.	von, von – her, aus; gemäß, nach; von – an, seit
ἐν	c. dat.	in, an, auf; bei, mit; innerhalb, binnen, während; mit (instrumental)
ἐπί	c. gen.	auf, über, an, bei; während, in
	c. dat.	auf, in, über, zu, bei; während
	c. acc.	darüber hin, zu, an; gegen; während
κατά	c. gen.	von – herab; in – hinein, durch – hin; gegen
	c. acc.	längs – hin, über – hin, in, auf, zu, an; für; bei (örtlich distributiv); während (zeitlich distributiv); zu (final); gemäß, nach; in Beziehung auf

202

Perfekt Akt.	Perfekt Med./Pass.	Aorist Pass.	Verbaladjektiv
εἴρηκα	εἴρημαι	ἐρρέθην ἐρρήθην	ῥητός
ἐλήλυθα			
ἀπολώλεκα			
ἀπόλωλα			
δέδειχα	δέδειγμαι	ἐδείχθην	

μετά	c. gen.	mit (Begleitung, Gemeinschaft, Umstand), inmitten
	c. acc.	hinter, nach
παρά	c. gen.	von – her, von
	c. dat.	bei, neben, an
	c. acc.	an – hin, entlang, vorbei; neben, bei, an; auf; im Vergleich zu; wegen, gegen
περί	c. gen.	über, von; wegen, in Hinsicht auf; für
	c. acc.	um – herum; um, gegen (zeitlich); in Beziehung auf
πρό	c. gen.	vor (örtlich und zeitlich)
πρός	c. gen.	zum Vorteil von
	c. dat.	bei, an; zu, außer
	c. acc.	zu – hin; gegen (zeitlich); zu (final); gegen (freundlich und feindlich); gemäß; bei, neben
σύν	c. dat.	mit (zusammen), zugleich mit
ὑπέρ	c. gen.	für, anstatt; um – willen, wegen; über
	c. acc.	über – hinaus
ὑπό	c. gen.	von (kausal)
	c. acc.	unter (wo? wohin?); um (zeitlich)